新能源汽车产业
人才需求预测报告

(第2版)

中国汽车工程学会　主编

Talent Demand Forecast Report on
the New Energy Vehicle Industry
(2nd Edition)

版权专有　侵权必究

图书在版编目(CIP)数据

新能源汽车产业人才需求预测报告 / 中国汽车工程学会主编. --2 版. --北京:北京理工大学出版社，2024.6.（2025.1 重印）

ISBN 978-7-5763-4243-7

Ⅰ. F426.471

中国国家版本馆 CIP 数据核字第 20242C4L89 号

责任编辑：申玉琴		文案编辑：申玉琴	
责任校对：周瑞红		责任印制：李志强	

出版发行 / 北京理工大学出版社有限责任公司
社　　址 / 北京市丰台区四合庄路 6 号
邮　　编 / 100070
电　　话 / (010) 68944439（学术售后服务热线）
网　　址 / http://www.bitpress.com.cn

版 印 次 / 2024 年 6 月第 2 版第 2 次印刷
印　　刷 / 廊坊市印艺阁数字科技有限公司
开　　本 / 710 mm × 1000 mm　1/16
印　　张 / 21.75
字　　数 / 338 千字
定　　价 / 118.00 元

图书出现印装质量问题，请拨打售后服务热线，负责调换

顾问委员会

付于武　中国汽车工程学会
赵福全　清华大学汽车产业与技术战略研究院
吴志新　中国汽车技术研究中心有限公司
肖成伟　中国电子科技集团
周　欣　蔚来汽车（安徽）有限公司
陈小沐　广州汽车集团股份有限公司
廉玉波　比亚迪汽车工业有限公司

专家咨询委员会

高镇海	吉林大学汽车工程学院
王建强	清华大学车辆与运载学院
张立军	同济大学汽车学院
席军强	北京理工大学机械与车辆学院
杨世春	北京航空航天大学交通科学与工程学院
颜伏伍	武汉理工大学汽车工程学院
古惠南	广汽埃安新能源汽车有限公司
朱必宽	广州汽车集团股份有限公司
凌和平	比亚迪汽车工业有限公司
钟益林	比亚迪汽车工业有限公司
刘作梅	上汽通用五菱汽车股份有限公司
孙晓飞	黑芝麻智能科技有限公司

编写委员会

主编

赵立金　中国汽车工程学会

副主编

张　宁　中国汽车工程学会

产业现状研究组

梁　艺　中国汽车工程学会

纪佩宁　中国汽车工程学会

李晓龙　中国汽车工程学会

段　聪　中国汽车工程学会

赵佳琦　中国汽车工程学会

张　博　国际汽车工程科技创新战略研究院

任英杰　国际汽车工程科技创新战略研究院

白安琪　中国汽车芯片产业创新战略联盟

人才现状研究组

王永环　中国汽车工程学会

赵艳娇　中国汽车工程学会

余宝星　中国汽车工程学会

院校供给研究组

王军年　吉林大学汽车工程学院

吴　坚　吉林大学汽车工程学院

孟德建　同济大学汽车学院

胡　杰　武汉理工大学汽车工程学院

李琳辉　大连理工大学机械工程学院

徐念峰　中国汽车工程学会

刘　备　湖北交通职业技术学院

人才需求预测组
刘宗巍　清华大学汽车产业与技术战略研究院
宋昊坤　清华大学汽车产业与技术战略研究院
许志昊　清华大学汽车产业与技术战略研究院

问题与建议编制组
薄　颖　中国汽车工程学会

大数据分析组
马　丽　同道猎聘集团
姜海峰　北京纳人网络科技有限公司
尹若然　中国汽车工程学会
李　壮　襄阳达安汽车检测中心有限公司
李　波　重庆理工大学

参 与 单 位

中国汽车工程学会
国际汽车工程科技创新战略研究院
电动汽车产业技术创新战略联盟
中国智能网联汽车产业创新联盟
吉林大学汽车工程学院
清华大学汽车产业与技术战略研究院
同济大学汽车学院
武汉理工大学汽车工程学院
大连理工大学机械工程学院
中国汽车工程学会技术教育分会
中国汽车工程学会汽车应用与服务分会
教育部教育质量评估中心
同道猎聘集团
北京纳人网络科技有限公司

支 持 单 位

北京华汽汽车文化基金会
广州汽车集团股份有限公司
比亚迪汽车工业有限公司

编写说明

一、研究背景

党的二十大报告提出"加快构建新发展格局，着力推动高质量发展"，《国务院办公厅关于印发新能源汽车产业发展规划（2021—2035年）的通知》（国办发〔2020〕39号）指出"新能源汽车融汇新能源、新材料和互联网、大数据、人工智能等多种变革性技术""坚持电动化、网联化、智能化发展方向，深入实施发展新能源汽车国家战略"。在国家大政方针的指引下，中国汽车产业加快了高水平自立自强发展的步伐，全球新一轮科技革命，为汽车产业实现低碳化、电动化、智能化、网联化发展提供了契机，促进了汽车与能源、交通、信息通信等领域相关产业的加速融合，具有智能化特征的新能源汽车正在快速发展。

2023年，新能源汽车和智能网联汽车延续了2022年的良好发展势头。2023年我国新能源汽车实现销量949.5万辆，同比增长37.9%，连续9年位居全球第一，市场占有率达到31.6%。我国汽车出口491万辆，其中新能源汽车出口120.3万辆，占比24.5%。L2级燃油乘用车的市场占有率进一步提升，2023年新上市新能源汽车全部具有智能网联特征。2023年11月工信部等四部委联合发布的《关于开展智能网联汽车准入和上路通行试点工作的通知》，开启了L3级及以上智能汽车商业化试点的进程。可以预见，具有智能网联的新能源汽车将成为未来汽车市场的主体。

党的二十大报告指出，"教育、科技、人才是全面建设社会主义现代化国家的基础性、战略性支撑"，要"实施科教兴国战略，强化现代化建设人才支撑"。未来 10~15 年，是全球汽车产业加快向低碳化、电动化、智能化、网联化转型和重塑产业竞争格局的关键时期，也是进一步巩固提升我国汽车产业国际竞争力、实现汽车强国目标的战略窗口期和决胜期，因此，对汽车产业人才队伍建设数量和质量方面提出了更高的要求，本课题将聚焦构建面向未来的高质量新能源汽车和智能网联汽车人才队伍建设，摸清我国新能源汽车产业人才队伍现状，梳理当前和未来 5 年新能源汽车产业人才需求和紧缺岗位，科学研判未来产业人才发展趋势和需求，研究并提出加强新能源汽车产业人才培养的可行性政策建议。

二、研究边界

与燃油汽车相同的是，新能源汽车同样由车身、动力系统和底盘构成，从产品开发、制造到使用，需要材料、装备、化工、电子等产业的支撑，也需要综合考虑车辆的能源来源与供给、车辆使用成本、维修方便性、运营管理、低成本回收再利用等因素。与燃油汽车不同的是，新能源汽车的动力系统发生重大改变，燃油不再是汽车唯一的能源来源，动力蓄电池（除燃料电池）（以下简称"动力蓄电池"）、燃料电池、电驱动系统、车载电源等零部件/总成供应商替代了或部分替代了原有的发动机和变速器供应商；而智能网联技术的融入，使得更多的信息与通信技术企业（Information and Communications Technology，以下简称 ICT 企业）进入到汽车产业链中，"无车不智能"是 2023 年新上市的新能源汽车最真实的写照。

通过对不同类别人才的主要特征进行研究可以发现，与燃油汽车产业相比，新能源汽车人才类别总体上并未发生根本性改变。本次研究仍延续了 2021 年研究工作的思路[①]，将

---

① 《新能源汽车产业人才需求预测报告》，中国汽车工程学会编著，北京理工大学出版社。

新能源汽车人才按职业岗位序列划分为四类：研发人员、生产制造人员、销售与服务（售后服务）人员、其他人员。根据人才类型将其分为技术人员与技能人员两大类。

基于以上分析，本次研究工作的边界确定如下。

在产业边界上：包含新能源汽车［包括纯电动、插电式混合动力（含增程式）、燃料电池汽车］、智能网联汽车上游的核心零部件、中游整车制造（含车端充电技术）和下游的营销与售后服务等。研究对象包括产业链中的整车企业和新旧供应链企业（指传统的供应链企业和新兴的、新入局的供应链企业）以及它们的设计开发、生产制造和销售/服务（售后服务）环节，但其中的整车和零部件企业仅限规模以上企业；经销商含一级经销商、二级经销商，但不含平行进口经销商；售后服务企业含一类、二类、三类维修企业，不含独立的金融、保险、租赁和充换电服务企业。

基于以下考虑，对产业的研究未包含运营服务环节。其一，运营服务环节一部分是能源服务产业，虽然其与新能源汽车强相关，但仍属于能源产业，诸如电力公司、充电设备供应商及运营商、氢燃料生产及运输企业等，都应视为汽车相关产业。针对这一环节，汽车企业需要做的工作包括提供满足供能储能技术需求的电池规格、充电接口等，而这部分工作已涵盖在车辆的设计开发环节中。其二，运营服务环节的另一部分是信息服务、金融服务、出行服务等增值服务，但这些服务不属于汽车产业，而应归于服务类行业。

在人才边界上：人才数量分析研究的对象包括新能源汽车、智能网联汽车的相关研发（含测试）人员，生产制造人员，营销与售后服务人员等，即新能源汽车、智能网联汽车产业链上全部的技术人员和技能人员。人才质量分析和目标年度人才缺口预测分析的重点，放在了以下两类人才上，一是知识结构变化最大的人群——研发人员，二是国家和行业高度关注的技能人才。

对新能源汽车研发人员的研究，聚焦在传统整车及零部件企业以及电池、电机公司等两类企业形成交集的、具有车端新增核心技术能力如动力蓄电池技术、燃料电池技术、电驱动技术、使用/服务（车载电源）四大技术领域相关技术的人员。

对智能网联汽车研发人员的研究，聚焦在传统汽车实现智能化、网联化的新增功能和与之相关的关键技术，包括自动驾驶技术、智能座舱技术、车联网技术三大技术领域相关技术的人员。

对新能源汽车（含氢能源产业，下同）及智能网联汽车产业技能人员的研究，包括以下四类人员：①研发辅助人员，指新能源及智能网联汽车整车和关键零部件企业的研发辅助人员，其中，由于技能人员中的研发辅助人员与研发人员中的仿真测试岗位族人员很难拆分，因此，在进行人才数量预测时，将其合并到研发人员中进行分析；②生产制造人员，指新能源及智能网联汽车整车和关键零部件企业的生产制造人员；③销售服务人员，指在一线从事新能源及智能网联汽车销售及相关服务的人员，包括经销商销售服务人员（含二级网点、不含平行进口车）和直营模式的销售服务人员；④售后服务人员，指在一线从事新能源及智能网联汽车售后维修、保养、美容等相关服务的人员，包括一类、二类、三类维修企业的售后服务人员，直营模式的售后服务人员，但不包括独立的金融、保险、租赁和充换电服务企业人员。

三、研究思路

结合新能源汽车、智能网联汽车的特点，本次研究的基本思路如下。

通过多样化的信息采集手段，准确研判新能源汽车和智能网联汽车的发展现状、产业布局、产值规模、发展趋势。

通过大量的统计数据，归纳分析从业人员数量（样本企业）、人才队伍现状、人才队伍建设、重要职业岗位序列、紧缺职业岗位序列、任职资格标准等产业人才需求端现状。

通过梳理院校相关专业类和学科布点、学科/专业改革情况、专业建设支撑条件、毕业生规模、流入比等信息，分析产业人才供给端情况。

以上述分析结果为支撑，综合运用定性分析与定量分析，进行新能源汽车产业人才结构与特征预测、需求数量预测、岗位族和知识结构供需分析，为提出产业人才缺口、紧缺岗位需求目录等提供参考和依据。

基于以上分析，针对新能源汽车、智能网联汽车发展中面临的主要问题，对院校专业优化建设思路和新能源汽车、智能网联汽车人才队伍建设提供对策建议。

四、研究方法

课题组主要采取以下方式开展工作。

采用文献研究、会议研讨、专家访谈、企业访谈、问卷调查、大数据分析和模型预测等信息采集方式，从多个维度分析了我国新能源汽车、智能网联汽车研发人员和技能人员的主要特征。

通过专家访谈和企业访谈，获取了研究关键词。以此为基础，依托北京纳人网络科技有限公司（以下简称"纳人"）和同道猎聘集团（以下简称"猎聘"）的大数据平台，获取了新能源汽车、智能网联汽车人才画像、薪酬、区域分布、紧缺岗位、专业分布、毕业生流入比等数据信息。

通过大数据和企业访谈、专家访谈等方式，掌握了企业研发岗位设置情况、研发人员的专业背景分布和对高、中级专业人才知识结构的要求。在针对未来人才缺口的分析中，课题组根据公开数据、企业问卷数据和专家调研等，估算了人才整体存量和研发人员存量；根据纳人提供的高校毕业生求职大数据，计算出了新能源汽车、智能网联汽车研发人员流入比；根据教育部教育统计数据计算了高校2024—2028年累计供给量；采用清华大学汽车产业技术战略研究院开发的人才需求预测模型，对人才结构和人才特征进行了系统分析，对 2028 年前各年度人才需求数量进行了预测，从而得到人才缺口数据。

从人才分类看，尽管新能源汽车人才的类别并未发生根本性改变，但新能源汽车整车架构、动力系统的改变和智能化、网联化技术的融入，都对人才的知识结构和能力素质提出了更高要求。为此，课题组通过问卷调研获取了高校课程、师资、教材、实训基地、产教融合等数据信息。通过对 24 所重点高校的车辆工程专业、智能车辆工程专业、新能源汽车工程专业培养方案、专业核心课程设置情况的分析，结合专家访谈、企业调研、研发人员个人问卷等，分析了高校课程设置与行业需求间的差异。

在走访调研中，课题组以多种方式获取了一汽集团、东风集团、上汽集团、比亚迪、吉利汽车、长城汽车、重汽集团、岚图汽车、质子汽车、特斯拉（中国）等企业对新能源汽车、智能网联汽车人才的需求信息，听取了企业研发部门和人力资源部门对新能源汽车、智能网联汽车产业人才队伍建设的意见和建议。

在数据处理中，课题组采用了频次分析、描述统计、方差分析、成长函数预测等方法对数据进行了整理、分析与预测，为报告核心观点的形成提供了有力支撑。

本次研究发出企业问卷 532 份，收回有效问卷 261 份，包括整车及零部件企业 162 份，销售与售后服务企业 80 份，研究机构企业 19 份，覆盖了新能源汽车产业全产业链；发出院校问卷 635 份，收回有效问卷 556 份，覆盖了全类别的普通高等学校、职业院校；个人问卷回收有效问卷 553 份。

目 录

核心观点

第1章 新能源汽车产业发展现状和预测

一、新能源汽车和智能网联汽车的内涵及产业布局 ……… 10
 （一）新能源汽车的内涵和产业布局 …………………… 10
 （二）智能网联汽车产业链和产业布局 ………………… 14
二、国内外新能源汽车产业发展现状 ……………………… 19
 （一）全球发展现状 ……………………………………… 19
 （二）我国发展现状 ……………………………………… 28
三、2023年新能源汽车和智能网联汽车产值测算 ………… 38
 （一）新能源汽车产值测算 ……………………………… 38
 （二）智能网联汽车产值测算 …………………………… 39
四、2028年新能源汽车和智能网联汽车产值测算 ………… 43
 （一）新能源汽车产值测算 ……………………………… 43
 （二）智能网联汽车产值测算 …………………………… 45
五、未来汽车产业发展趋势和竞争格局 …………………… 47
 （一）技术演进方向 ……………………………………… 47
 （二）国际国内竞争格局 ………………………………… 49

第2章 我国新能源汽车产业人才现状

一、人才队伍现状 …………………………………………… 56
 （一）从业人员数量和劳动生产率 ……………………… 56

（二）人才队伍基本状况和地域分布 ·· 57
　　（三）人才队伍能力状况和岗位分布 ·· 62
　　（四）人才队伍质量 ·· 67
二、人才队伍建设 ··· 91
　　（一）主要来源 ·· 91
　　（二）薪酬水平 ·· 99
　　（三）人员流动性 ··· 107
　　（四）岗位培训 ·· 110
　　（五）岗位激励 ·· 112
三、人才职业岗位序列 ·· 114
　　（一）职业岗位序列 ·· 114
　　（二）2023年紧缺职业岗位序列 ··· 115
　　（三）2028年紧缺职业岗位序列 ··· 118
　　（四）关键职业岗位序列 ·· 120

第3章　院校人才供给分析

一、普通高等学校人才供给分析 ·· 124
　　（一）普通高等学校相关学科（专业）建设情况 ···························· 124
　　（二）普通高等学校相关专业人才培养方案典型案例 ···················· 157
　　（三）普通高等学校毕业生规模和供给预测 ···································· 169
二、职业院校人才供给分析 ·· 172
　　（一）职业院校相关专业建设情况 ·· 172
　　（二）职业院校相关专业现有支撑条件 ·· 176
　　（三）职业院校相关专业人才培养方案典型案例 ···························· 182
　　（四）职业院校的招生和毕业生规模 ·· 192
　　（五）职业院校人才供给预测 ·· 198

第4章　新能源汽车产业人才需求预测

一、需求预测研究方法 ·· 202

（一）挑战与对策 …………………………………………… 202
　　（二）预测方法 ……………………………………………… 203
　　（三）研究思路 ……………………………………………… 204
二、人才需求数量预测 …………………………………………… 204
　　（一）预测模型构建 ………………………………………… 204
　　（二）人才需求预测过程 …………………………………… 210
三、新能源汽车产业人才需求数量预测及分析 ………………… 212
　　（一）新能源汽车各大业务模块的发展度 ………………… 212
　　（二）新能源汽车产业人才需求数量 ……………………… 213
　　（三）不同情景需求分析 …………………………………… 214
四、人才缺口预测 ………………………………………………… 217
　　（一）研发人员缺口预测 …………………………………… 217
　　（二）技能人员缺口预测 …………………………………… 218

第 5 章　存在的主要问题和原因分析

第 6 章　对策建议

附录一　产业人才需求预测关键指标

附录二　院校相关学科（专业）人才培养方案优秀案例

附录三　紧缺人才需求目录（研发人员）

附录四　紧缺人才需求目录（技能人员）

附录五　技能人员主要岗位目录及任职资格标准

附录六　参与调研企业名录

附录七　参与调研院校名录

核心观点

1. 新能源汽车人才队伍不断扩大，并呈现年轻化特征，人才队伍走向成熟仍在过程中

根据调研结果测算，2022年，我国汽车产业规模以上生产企业从业人员约550万人。调研问卷数据①显示，截至2022年年底，被调研企业的从业人员约143.4万人，其中，新能源汽车和智能网联汽车从业人员54.6万人，新能源汽车和智能网联汽车研发人员11.6万人，新能源汽车和智能网联汽车生产制造人员32.1万人，市场销售和售后人员6.7万人。

调研企业中，新能源汽车和智能网联汽车研发人员占新能源汽车和智能网联汽车从业人员的21.2%，生产制造人员占新能源汽车和智能网联汽车从业人员的58.8%，销售/服务人员占新能源汽车和智能网联汽车从业人员的12.3%，其他人员占新能源汽车和智能网联汽车从业人员的7.7%。这些数据基本反映了我国新能源汽车和智能网联汽车人才队伍的岗位结构状况。

2022年代表性新能源汽车和智能网联汽车乘用车整车企业平均劳动生产率为13.9台/(人·年)，较2020年提高9.4%，但较2022年行业乘用车整车企业平均水平（32.6台/(人·年)）仍有差距。新势力汽车企业人均劳动生产力普遍较低。

研发人员年龄35岁及以下占比约为50%，其人才分布与汽车产业布局强相关，其中上海、广东、江苏三省汇集了近50%的研发人员，学历以本科及以上为主，占比约为90%。技能人员年龄更加年轻，35岁及以下占比约为70%，主要分布在华东、西南地区，高职专科学历占比最高，约为40%。

课题组按照技术研究、产品开发、生产制造、销售、售后服务的汽车全生命周期，将新能源汽车产业从业者划分为领军人才、研发技术人才、生产制造人才、销售/服务人员及其他人才等。

2. 研发人员中具有交叉专业/学科背景的人才呈增长趋势，企业对当前研发人员知识结构的满意度相对较高，其他能力尚待提升

从新能源汽车研发人员的专业门类或学科分布看，本科生专业类分布

---

① 为开展研究工作，课题组对新能源汽车和智能网联汽车上中下游代表性企业（参与调研企业目录见附录六）进行问卷调查，本次调研企业的新能源汽车销量占总销量的74.6%，本次调研企业的动力蓄电池装车量占总装车量的84.6%。说明调研企业在新能源汽车产业中属于头部企业，更具有代表性。

中，机械类遥遥领先，约占36.0%，其中机械设计制造及其自动化专业约占17.1%，车辆工程约占7.6%。除机械类外，电子信息类（11.0%）、电气类（7.8%）等相关背景的人员占比也相对较高。研究生学科分布中，机械工程占比最高，约为46.7%，其中车辆工程专业约占25.1%，除机械工程外，电气工程（6.8%）、材料科学与工程（5.4%）等学科人员占比也较高。

从智能网联汽车研发人员专业门类或学科分布看，本科生专业类分布中，计算机类遥遥领先，约占23.8%，除计算机类外，电子信息类（15.4%）、机械类（12.8%）等相关背景的人员占比也相对较高。研究生学科分布中，机械工程占比最高，约为30.4%，其中车辆工程专业约占9.9%，除机械工程外，软件工程（10.5%）、计算机科学与技术（8.2%）等学科人员占比也较高。

与2021年的研究结果相比，尽管研发人员中本科生的专业门类和研究生的学科没有发生根本性变化，但无论是本科生还是研究生，车辆工程专业（二级学科）占比均有所提高。其中，新能源汽车研发人员中，硕士学历车辆工程二级学科占比较2021年提高3.9个百分点，这体现了随着新能源汽车市场竞争的加剧，企业更加重视产品的性能开发，"懂汽车"成为企业选人、用人的重要考量。新能源汽车企业技能人员专业背景排名前5的是新能源汽车技术、汽车制造与检测、机械设计与制造、汽车制造与试验技术以及新能源汽车制造与检测；零部件企业技能人员排名前5的专业为机械设计与制造、机电技术应用、汽车制造与检测、新能源汽车技术以及新能源汽车制造与检测等装备制造类专业；销售及售后技能人员中，新能源汽车检测与维修相关专业、新能源汽车技术相关专业及汽车电子技术相关专业的占比较高。

新能源汽车和智能网联汽车对人才队伍要求的一个最显著特征是复合交叉，而跨专业学历背景是复合型人才的重要标志之一。本次研究发现，研发人员中，复合型人才占比显著提升。新能源汽车研发人员中具有跨专业背景的比例是29.2%，较2021年提高15.4个百分点。智能网联汽车研发人员中具有跨专业背景的比例是35.0%，较2020年提高12.2个百分点。

来自企业的调研数据表明，企业对当前研发人员的知识结构满意度较高，但在素质能力方面的满意度仍然偏低。具体而言，调研数据显示，企业对应届毕业生工程相关能力的满意度评价中，对工程知识的满意度最高，其次为工具的使用能力和研究能力，对问题分析能力、设计/开发解决方案能力的满意度相对较低。

3. 研发人员对个人的职业追求正在从重薪酬向重氛围转变，但企业仍需在营造人才成长良好环境方面持续发力

与之前的研究结果比较，新能源汽车和智能网联汽车研发人员更加看重工作氛围，对薪酬和跳槽的看法正在发生改变。

调研显示，新能源、智能网联汽车研发领域较其他行业仍然保持一定的薪酬优势，所调研的代表性专业（学科）（计算机科学与技术、软件工程、电子信息工程、能源与动力工程、车辆工程等）中，除通信与信息系统学科外，其他专业（学科）从事新能源汽车或智能网联汽车研发的，其平均月薪均高于其专业（学科）平均值。

相对而言，智能网联汽车研发人员的年薪高于新能源汽车研发人员。新能源汽车研发人员的年薪中位数在 10 万～20 万元区间，智能网联汽车研发人员的年薪中位数在 20 万～30 万元区间。车辆工程专业的本科生、研究生毕业三年后，从事智能网联汽车研发工作人才月薪约为从事新能源汽车研发工作人才月薪的 1.5 倍。

对于技能人员，从事新能源汽车整车及零部件制造人员的平均月薪在 5 000～6 999 元，从事新能源汽车销售及售后的人员月薪（含销售奖金）主要分布在 7 000～8 999 元的区间，从事智能网联汽车测试及制造相关工作的人员月薪主要分布在 8 000～9 999 元，这些数据表明新能源汽车产业技能人员的薪酬水平在我国技能人员中处于中等及中等偏下水平。

调研还显示，新能源汽车和智能网联汽车研发人员面对正在从事的职业，薪酬不再是第一关注要素，而被排在了第三位，研发人员更看重健康向上、团结合作、充满活力和创造力的工作氛围，企业文化、良好的职业晋升和发展通道。新能源汽车行业为了留住人才应采取弹性的薪酬体系，保持薪酬竞争优势的同时，还应关注研发人员的"软需求"。

调研结果显示，新能源汽车和智能网联汽车企业研发人员的离职率明显下降。72.1% 的企业离职率在 10% 以下，而 2020 年的调研中，新能源汽车企业的离职率在 20% 左右。

与之相比，新能源汽车企业和智能网联汽车企业技能人员的平均离职率仍在 15%～20% 的水平，营销及售后服务企业技能人员的离职率更是高达20%~25%，而零部件生产制造企业从业人员平均离职率相对较低，为5%~10%。导致这一局面的原因，主要是目前技能人员以"90后""00后"为主，对重复性高、环境比较艰苦的工作接受度不高，加上缺乏系统的职业规划，入职后发现实际工作与预期差距较大。

4. 高等院校课程体系改革取得成效，但毕业生的工程能力培养和教师工程能力的提升均需加强

近年来，各高校与汽车企业建立了广泛且紧密的联系，不断根据企业人才需求调整专业培养方案。从人才培养的知识体系角度看，高校的课程体系没有明显的架构缺失，但在学生工程实践能力培养方面仍有不足，具体如下。

在本科知识类课程方面，各高校均开设了数学、物理、化学、力学/热流体学、电工电子学、信息科学、机械设计/机械制造、汽车数字化开发与评价、系统结构原理与设计、汽车电子与智能网联等领域的课程，知识广度或深度能够覆盖企业的需求，部分骨干高校的课程要求甚至略高于企业需求；但在材料科学、计算机科学、机电液控制/工程测试、汽车能源与驱动系统、汽车整车与系统测试这5个企业有较高需求的知识领域，高校的开课比例尚显不足。

在本科工程实践类课程方面，制图和汽车测试能力培养已经纳入高校必修课，但高校对学生软件应用能力和工程实践能力的培养尚不能满足企业需求，差距较大的有数学分析、系统仿真、软件开发、硬件开发和汽车通信等。面对企业对复合交叉型人才需求快速增长而高校对本科教学学时有严格要求的局面，如何兼顾知识广度和知识深度要求，仍有待进一步研究。

高校面向研究生开设的课程涉及的学科较为广泛，且在数学类、工程基础类、专业基础类、专业类四个领域下的大类综合开课比例较高，从开课范围和数量来看基本能够满足企业当前对高校研究生毕业生的要求。

5. 新能源汽车和智能网联汽车人才的专业背景需求多元化，但流入比仍偏低，人才供给仍面临巨大挑战

如前所述，无论是新能源汽车还是智能网联汽车，对人才专业背景的需求都是多元化的，除机械、电子信息、电气、计算机等工科门类外，也包括力学、化学等理科门类。

在高等学校端，预计2024—2028年理学、工学的毕业生人数，本科约为 1 052.8 万人，硕士研究生约为 189.5 万人，博士研究生约为 24.6 万人。经测算，理学、工学本科毕业生流入新能源汽车产业的比例约为 0.256%，流入智能网联汽车产业的比例为 0.343%；理学、工学硕士研究生毕业后流入新能源汽车产业的比例为 0.848%，流入智能网联汽车产业的比例为 0.830%；理学、工学博士研究生毕业后流入新能源汽车产业的比例为 1.231%，流入智能网联汽车产业的比例为 1.004%。据此，预计 2024—2028 年，普通高等学校理学、工学毕业生流入新能源汽车产业的人才数量约为 4.6 万人，流入智能网联汽车产业的人才数量约为 5.4 万人。

在职业学校端，中职、高职和本科三个层次的职业学校均开设了新能源汽车、智能网联汽车相关专业，为汽车产业培养技能人才。经测算，高职专科 9 个新能源汽车和智能网联汽车相关专业的毕业生流入新能源汽车和智能网联汽车产业的比例为 28.3%，职业本科 4 个新能源汽车和智能网联汽车相关专业的毕业生流入新能源汽车和智能网联汽车产业的比例为 32.0%。据此，预计 2024—2028 年高职专科和职业本科的技能人员供给量为 52.3 万人，其中，高职专科 9 个相关专业毕业生数为 180.3 万人，职业本科 4 个相关专业毕业生数为 4.0 万人。由于中职学校新能源汽车和智能网联汽车相关专业的毕业生以升学为主，本次研究未对其流入情况进行测算。

经测算，2023 年我国新能源汽车和智能网联汽车研发人员存量约为 30.4 万人。按照新能源汽车缓慢、稳步和快速发展三种情境，2028 年新能源汽车和智能网联汽车研发人员需求量分别约为 47.3 万人、52.6 万人和 58.3 万人。而从高校端看，2024—2028 年高等学校毕业生流入新能源汽车和智能网联汽车产业的总人数约 10 万人。据此，2028 年新能源汽车和智能网联汽车研发人员净缺口分别约为 17.9 万人、12.2 万人和 6.9 万人。

经测算，2023 年我国新能源汽车和智能网联汽车技能人员存量约为 135.2 万人。按照新能源汽车缓慢、稳步和快速发展三种情境，2028 年技能人员需求量为 193.9 万人、224.1 万人和 256.6 万人。从高校端来看，2024—2028 年高职专科和职业本科学校流入新能源和智能网联汽车产业的人数为 52.3 万人。据此，2028 年新能源汽车和智能网联汽车技能人员净缺口分别约为 6.4 万人、36.6 万人和 69.1 万人。

6. 未来汽车产业将朝着技术路线多元化、国际竞争日趋激烈的方向发展，对人才知识结构和能力素质提出更高要求

低碳化是当前全球汽车产业发展的主旋律。各国整车企业正多管齐下,加紧推进节能汽车、电动汽车、氢燃料电池汽车多技术路线的发展进步,为"双碳"目标的达成提供支撑。

当前,中国汽车企业正面临国际、国内两个市场与知名跨国汽车企业的激烈竞争。在"双碳"目标和政策、市场等多重因素的推动下,全球知名跨国汽车企业纷纷提出了电动化战略时间表,反映出他们加快向低碳化、电动化、智能化转型的决心,也表明了他们在中国汽车市场持续深耕的决心,"在中国,为中国""中国是中国,全球是全球"正在成为越来越多跨国汽车企业发展的指导思想。与此同时,中国汽车品牌开始走向世界,与知名跨国汽车企业的竞争,也从中国市场走向了世界市场。

面对这一局面,中国新能源汽车产品走向世界面临着极大挑战,对国际化人才的培养和储备也更加急迫。比如:要求有更多的跨文化管理专家,帮助企业理解和适应当地的商业文化,促进跨国合作和沟通;要求有更多的国际销售和市场营销专家,帮助企业制定有效的市场推广策略,建立销售渠道,并与当地经销商、合作伙伴进行合作;要求有更多的跨国合规专家,以确保企业的业务在合法合规的框架下进行,并避免潜在的法律风险;要求有更优秀的研发和技术专家,包括汽车工程师、电气工程师、软件工程师等,为企业开发符合当地法规和消费者偏好的产品,提出技术解决方案,并付诸实施。这一切都要求我们在国际化人才队伍建设的体系和机制方面有更多创新,以助力中国汽车在海外的发展。

7. 政府、行业组织、高校和企业共同努力,构建面向未来的高质量新能源汽车人才队伍

人才是第一生产力,构建面向未来的我国新能源汽车人才队伍,需要政府、行业组织、高校和企业的共同努力。

政府方面:批准将车辆工程设置为一级交叉学科;出台相关政策,明确鼓励和支持全国科技社团开展本领域工程师能力评价工作;加快推进国家资历框架制度建设。

行业方面:持续开展人才需求研究;完善细分领域工程师能力标准,推动中国工程师国际互认;组织制定并提出车辆相关专业建设指导意见;联合社会力量,完善人才岗位培训平台;搭建推进科技、人才、教育"三位一体"的工作平台。

企业方面:进一步紧密与各类社会团队、普通高等学校和职业院校的合作,为行业开展人才需求研究提供支撑,为学校确立更加清晰的培养目标、完善课程体系、丰富学生工程实践渠道、提升教师工程能力提供支撑；完善内部培训机制，并充分利用行业资源，丰富员工知识扩展和能力提升的渠道；同时，针对员工职业发展的诉求，丰富激励手段。

学校方面：充分利用行业资源，不断深化对未来人才需求的认识；强化知识扩展，强化问题分析、设计/开发解决方案和工程实践能力的培养；强化项目管理、沟通协调、工程伦理等能力的培养。

第1章 新能源汽车产业发展现状和预测

一、新能源汽车和智能网联汽车的内涵及产业布局

（一）新能源汽车的内涵和产业布局

1. 新能源汽车的内涵

任何一个汽车产品，都包括车身、动力系统和底盘三大系统。新能源汽车是指采用新型动力系统，完全或主要依靠新型能源驱动的汽车，主要包括纯电动汽车、插电式混合动力汽车（含增程式）和燃料电池汽车。

纯电动汽车是指以车载电源为动力，用电机驱动车轮行驶的车辆，需要充电设备进行充电。

插电式混合动力汽车是指将燃油动力系统和纯电动动力系统相结合的车辆，既可以在纯电动模式下行驶，也可以在发动机与驱动电动机共同工作的混合动力模式下行驶。

燃料电池汽车是指将车载燃料电池装置产生的电力作为动力的车辆。燃料电池是一种将存在于燃料与氧化剂中的化学能直接转化为电能的发电装置。燃料电池系统除了燃料电池电堆外，还包括燃料供应子系统、氧化剂供应子系统、水热管理子系统及电管理与控制子系统等。

《国务院办公厅关于印发新能源汽车产业发展规划（2021—2035年）的通知》（国办发〔2020〕39号）指出"新能源汽车融汇新能源、新材料和互联网、大数据、人工智能等多种变革性技术"，"坚持电动化、网联化、智能化发展方向，深入实施发展新能源汽车国家战略"。在国家政策的推动下，我国装备L2级智能网联技术的新能源汽车的市场占有率正在快速提升，2023年1—5月，L2级新能源汽车的市场占有率达到45.7%，"无车不智联"成为2023年新上市的新能源汽车产品的最主要特征。因此，本次研究对新能源汽车产业内涵的理解有所扩大，包括了智能网联汽车、纯电动汽车、插电式混合动力汽车（含增程式）和燃料电池汽车。

2. 新能源汽车产业链

新能源汽车产业链如图1.1所示，上游主要涵盖核心零部件，包括关键零部件（芯片、元器件）、关键总成（电空调、电制动、电转向）、动力蓄电池、燃料电池、电驱动系统、插电式混合动力系统等；中游是指整车制造；下游主要涵盖车辆销售、售后服务和充电基础设施、加氢基础设施等。

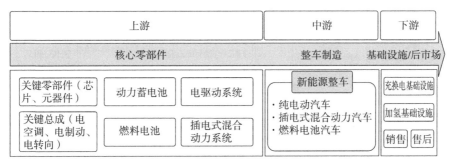

图1.1 新能源汽车产业链

动力蓄电池产业链如图1.2所示，上游主要涵盖原材料，包括镍、钴、锰原材料和锂原材料等；中游主要涵盖电池材料，包括正极材料、负极材料、电解液、铝塑膜、极耳、隔膜、PVDF黏结剂、铜箔/铝箔、终止胶带、导电剂等；下游主要涵盖电芯单体及系统，包括电芯生产、系统集成、制造装备和性能检测等。

图1.2 动力蓄电池产业链

燃料电池汽车产业链如图1.3所示，上游主要涵盖核心零部件及关键材料，包括燃料电池系统、燃料电池电堆、储氢系统、氢气循环系统、空气压缩机、膜电极、双极板等核心部件，以及质子交换膜、催化剂、扩散层等关键材料；中游主要是指整车制造；下游主要涵盖销售、售后服务和加氢站等基础设施。

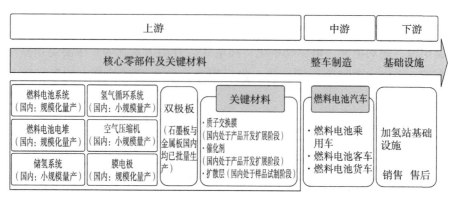

图 1.3　燃料电池汽车产业链

电驱动系统产业链如图 1.4 所示。电驱动系统主要分为驱动电机和电机控制器。驱动电机产业链：上游关键原材料为稀土，中游为核心零部件，主要涵盖永磁体、硅钢片、轴与轴承、定子、转子等。电机控制器产业链：上游关键原材料为碳化硅，中游核心零部件主要涵盖功率半导体模块（IGBT）、PCB（含元器件）、控制器模块、薄膜电容等。下游主要涵盖电驱动系统，包含驱动电机、电机控制器等。

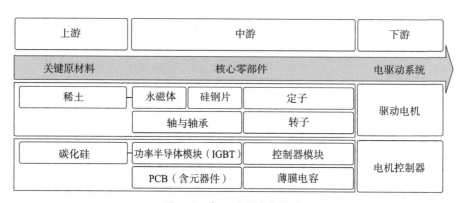

图 1.4　电驱动系统产业链

3. 我国新能源汽车的产业布局

在新能源汽车产业链中，上游核心零部件动力蓄电池代表性企业有宁德时代、比亚迪、中创新航、亿纬锂能、国轩高科、欣旺达、蜂巢能源、孚能科技、正力新能、瑞浦兰钧等；燃料电池代表性企业有亿华通、博世、上海重塑、国鸿氢能、捷氢科技、国电投氢能、爱德曼氢能、上海鲲华、锋源氢能、雄川氢能等；电驱动系统代表性企业有弗迪动力、特斯拉、日本电产、蔚来驱动科技、联合电子、中车时代电气、上海电驱动、汇川联合动力、零跑科技、巨一动力等。

中游整车制造代表性企业有：一汽集团、东风集团、长安汽车、北汽新能源、上汽集团、广汽集团、比亚迪、吉利汽车集团、奇瑞新能源、长城汽车、上汽通用五菱、江汽集团、蔚来汽车、理想汽车、小鹏汽车、零跑汽车、极氪汽车、合众汽车、特斯拉、北汽福田、吉利商用车、奇瑞商用车、重汽集团、陕汽集团、厦门金龙、郑州宇通、瑞驰汽车等。

下游销售与售后代表性企业有：湖南九城投资集团、济宁润华汽车销售服务有限公司、利星行（河北）汽车销售服务有限公司、北京博瑞祥驰汽车销售服务有限公司、北京盈之宝汽车贸易有限公司、重庆商社悦通汽车销售服务有限公司、浙江申通时代汽车销售服务有限公司、青岛蔚蓝智行、合肥博仕达汽车技术服务有限公司、安徽省易和汽车服务有限公司等。

据统计，我国目前拥有新能源整车制造企业超过 200 家，作为产业链的"链主"，这些企业形成了以上海为龙头的长三角集群，以广深为龙头的大湾区集群，以北京为龙头的京津冀集群，以成渝西安为龙头的西三角集群。四大集群以主机厂所在的核心城市为圆心，以周边 200 km 半径范围的经开区、高新区等产业园区为载体布局零部件配套企业，形成企业、人才、资本的超强引力场。

长三角地区是国内最早布局新能源汽车赛道的区域之一，2022 年长三角三省一市新能源汽车产量逾 279 万台，占全国比重超过 40%。长三角地区的新能源汽车产业链完备，整车制造企业实力雄厚，关键零部件企业规模大。

大湾区在新能源汽车领域拥有得天独厚的优势，既有传统汽车产业的制造基础，又有人工智能、通信科技等新兴产业的优势，新能源汽车产业链完整、龙头企业引领作用强。

京津冀地区作为全国整车产业集群之一，具备较强的发展基础，北京依托众多高校和科研院所，有着优质的新能源和智能网联汽车研发资源，天津和河北重点发展整车制造和零部件配套。此外，京津冀也是燃料电池汽车五大示范城市群之一。

西三角地区新能源汽车产业的总体规模相对较小，但整车生产基地数量占优,仅次于长三角。2022年重庆市新能源汽车产量约37万辆,同比增长143%,西三角地区已形成以长安系为龙头、十多家整车企业为骨干、上千家配套企业为支撑的"1+10+1 000"优势产业集群。

(二)智能网联汽车产业链和产业布局

1. 智能网联汽车产业链

智能网联汽车,是指搭载了先进的车载传感器、控制器、执行器等装置,融合现代通信与网络技术,实现车与人、车、路、后台等智能信息交换共享的燃油汽车或新能源汽车,车联网与智能车的有机联合,使车辆能够实现更安全、更舒适、更节能、更高效行驶,甚至替代人来驾驶汽车。

智能网联汽车产业链也包括上游、中游和下游,如图1.5所示。

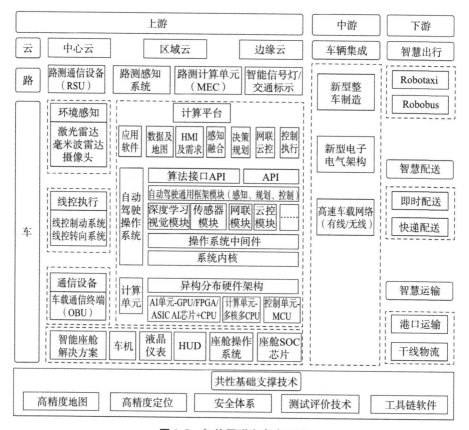

图1.5 智能网联汽车产业链

上游主要涵盖车、路、云三个领域。在车端，主要包括环境感知、线控执行、通信设备、智能座舱解决方案以及计算平台；在路端，路测基础设施包括路测通信设备、路测计算单元和路测感知系统、智能信号灯/交通标示等，是增强智能汽车感知的有效补充手段；在云端，云控平台由边缘云、区域云与中心云三级云控基础平台组成，形成逻辑协同、物理分散的云计算中心，支撑车辆行驶性能优化和运营全链路精细化管理。

中游车辆集成主要包括新型整车制造，以及相关的新型电子电气架构、高速车载网络等。

下游主要为智慧出行、智慧配送、智慧运输等应用环节。

同时，产业链各环节的发展，都需要高精度地图、高精度定位、安全体系、测试评价技术、工具链软件等共性基础技术的支撑。

2. 智能网联汽车的产业布局

我国目前的智能网联汽车生产格局呈现"总趋东南，各具特色"的集聚特征。

从企业数量上来看，上海、北京、广东、江苏等地区处于第一梯队，重庆、浙江、湖北等地区处于第二梯队，安徽、辽宁、陕西、湖南、四川、天津、福建、河北、吉林、山东等地区处于第三梯队。我国智能网联汽车重点企业（非整车）分布如图1.6所示。

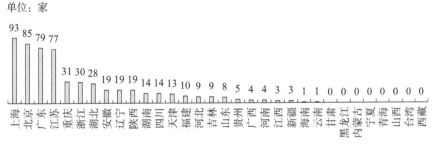

图1.6 我国智能网联汽车重点企业（非整车）分布

数据来源：国家智能网联汽车创新中心整理

从各细分领域重点企业分布情况来看，单车智能主要集中在上海、江苏、北京、广东等地，广东、江苏等在智能座舱领域具备一定优势，广东在网联赋能领域形成一定集聚趋势，北京在车联网服务领域、支撑平台领域和安全领域具备一定优势，北京开发工具链领域集聚优势凸显。由于各省（市、自治区）内部产业结构特征不同，因此各重点领域分布地区将精确到市级层面（直辖市除外）。

单车智能主要分为感知层、决策层、执行层三个层级，其感知层主要产品包括摄像头、毫米波雷达、激光雷达；决策层主要产品包括芯片、操作系统、算法、域控制器/中央计算平台；执行层主要产品包括线控驱动、线控制动、线控转向、线控悬架。从整体分布情况上来看，单车智能领域重点企业与我国智能网联汽车（非整车）整体分布特征基本保持一致。从产品属性上来看，单车智能领域重点企业主要分布在上海、苏州、北京、深圳等高密度创新资源集聚地区。单车智能领域重点企业分布如图 1.7 所示。

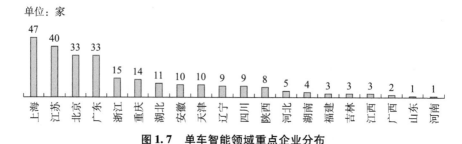

图 1.7　单车智能领域重点企业分布

数据来源：国家智能网联汽车创新中心整理

智能座舱重点产品包括 HUD、液晶中控、液晶仪表、流媒体后视镜等。智能座舱领域各产品是以创造极致用户体验为核心的人车交互的重要平台。从企业历史沿革来看，怡利电子、德赛西威等重点企业是从传统汽车零部件供应商智能化转型升级而来，这些企业在不断拓宽产业覆盖范围；未来黑科技、先锋科技等科技型企业聚焦光电类产品的研发制造，该领域总体呈现配套汽车整车制造布局的特点。重点企业主要分布在惠州、苏州、上海、武汉等地，以传统汽车整车制造企业集聚为特征的重庆、长春等地亦有分布。智能座舱领域重点企业分布如图 1.8 所示。

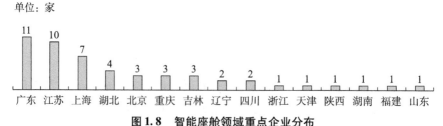

图 1.8　智能座舱领域重点企业分布

数据来源：国家智能网联汽车创新中心整理

网联赋能重点产品包括车载通信单元（OBU）、C-V2X芯片、C-V2X、路测通信单元（RSU）、路测边缘计算单元（MEC）等。一方面，路测设施的部署已在国家级示范区、先导区及部分特定园区形成示范效应，与车载C-V2X、OBU等共同支撑"人—车—路—云"系统协同。另一方面，网联赋能重点产品涉及无线通信网络、智能化基础设施等领域，具有技术尖端和系统集成的特点，对科技创新要素支撑的依赖程度较高。因此，网联赋能重点企业主要分布在深圳、北京、上海等引领智能网联汽车道路测试与示范应用发展的地区。网联赋能领域重点企业分布如图1.9所示。

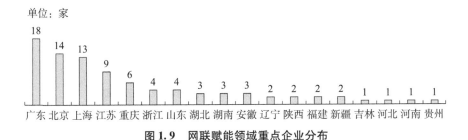

图1.9　网联赋能领域重点企业分布

数据来源：国家智能网联汽车创新中心整理

车联网服务的内容与边界不断延伸，已从最初的远程服务进化至以信息娱乐为主的联网车机系统，未来，伴随技术与生态的持续开放，车联网服务将逐渐覆盖手机—人—车—生活全场景，提供整体解决方案。该领域重点企业对技术创新、政策支撑的依赖程度较高，与智能网联汽车先导区、测试示范区等协同发展，主要分布在北京、上海、苏州、武汉等地。车联网服务领域智能网联汽车重点企业分布如图1.10所示。

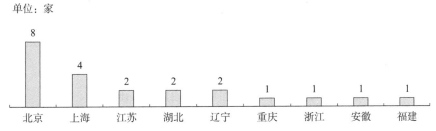

图1.10　车联网服务领域智能网联汽车重点企业分布

数据来源：国家智能网联汽车创新中心整理

支撑平台主要业务包括云控平台、高精度地图与定位两大板块。车路云一体化"中国方案"对云控平台的多位、精细、实时信息汇聚提出了更高的要求,各地先导区、测试示范区陆续建设当地的云控平台;而多类型地图采集、多元融合定位等发展已经成为高精度地图与定位的发展趋势。支撑平台重点企业的研发业务主要集中在北京、上海、深圳、苏州等创新资源集聚性强的地区,服务与运维基本遍布全国。支撑平台领域智能网联汽车重点企业分布如图1.11所示。

单位:家

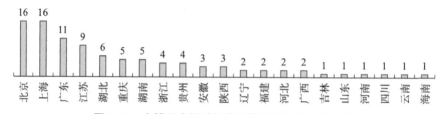

图1.11　支撑平台领域智能网联汽车重点企业分布

数据来源:国家智能网联汽车创新中心整理

安全重点业务主要包括功能与预期功能安全和网络与数据安全。功能与预期功能安全的专业化更强,汽车属性更突出,并且与信息产业资源具有伴生关系,重点企业如国汽智联、中汽研等。智能网联汽车领域网络与数据安全业务是我国信息安全企业的主要业务之一,重点企业以头部信息安全企业为主,如360、深信服等。安全领域的重点企业主要集中在北京、苏州、深圳等地。安全领域智能网联汽车重点企业分布如图1.12所示。

单位:家

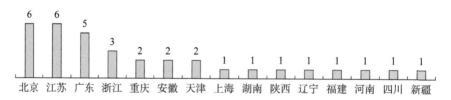

图1.12　安全领域智能网联汽车重点企业分布

数据来源:国家智能网联汽车创新中心整理

开发工具链决定了整个系统开发的效率。该领域属于软件信息服务产业内容,对教育资源、政策环境的依赖性较高,重点企业主要分布在北京、上海、西安等地区。开发工具链领域智能网联汽车重点企业分布如图1.13所示。

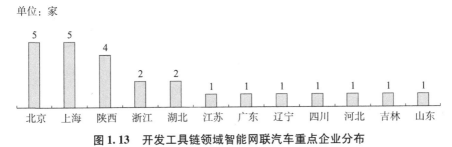

图 1.13　开发工具链领域智能网联汽车重点企业分布

数据来源：国家智能网联汽车创新中心整理

二、国内外新能源汽车产业发展现状

（一）全球发展现状

1. 新能源汽车发展总体状况

（1）新能源汽车产业发展现状

当前，全球新能源汽车已步入发展快车道。2022 年，全球新能源汽车销量 1 055.5 万辆，同比增长 63%，市场渗透率达到 13.3%，突破 10% 关键节点，进入快速增长期；2023 年 1—10 月，全球新能源汽车销量 1 090.8 万辆，同比增长 35%，市场渗透率达到 15.3%，继续保持强劲增长，但增速有所放缓。保有量方面，2022 年年底，全球新能源汽车保有量突破 2 600 万辆；截至 2023 年 6 月，全球燃料电池汽车保有量约 7.5 万辆，其中韩国、美国、中国、日本四国保有量占比达到 93%。2016—2023 年 10 月全球新能源汽车销量及保有量如图 1.14 所示。

（2）整车架构和底盘技术发展现状

随着新能源汽车需求量爆发式的增长，底盘平台化开发模式已经开始应用在产品设计和制造过程中，通过平台化实现零部件高集成度，降低开发成本，缩短开发周期，减少零部件数量。特别是在电驱动方面，对底盘系统和电驱动系统的集成设计，实现了纯电动汽车产品的平台化设计，逐

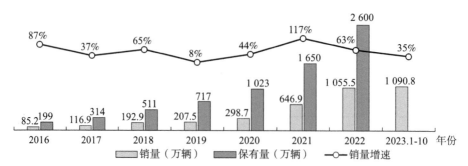

图 1.14 2016—2023 年 10 月全球新能源汽车销量及保有量

步形成了新一代动力系统的底盘平台化技术，提升了纯电动汽车的整体性能。全新一代纯电动平台以最大化电池布置空间为核心，围绕模块化、电动化、智能化、安全、空间、全新电气架构进行开发和定义。全新设计的纯电动平台成功突破了纯电动汽车整车集成技术，基于高性能的动力蓄电池、八合一电驱动总成、宽温域高效热泵系统的融合创新，使搭载该平台的高端车型可实现整车最大续驶里程超过 1 000 km，0～100 km/h 加速时间最短仅 2.9 s，低温续驶里程提升超 20%，充电 5 min 的最大行驶里程超过 150 km，给用户带来了全场景高效体验。

电池与底盘集成化是动力蓄电池系统结构创新的发展方向，其有望使成组效率达到 90% 以上，空间利用率达到 70% 以上，零件数量将进一步下降至 400 个左右。动力电池的设计大致可以分为三大阶段，分别是标准化模块的 1.0 时代、采用大模块的 CTP 2.0 时代（Cell To Pack，无模组设计）和代表目前业界最高水平的 CTC 3.0 时代（Cell To Chassis，电池与底盘集成）。CTC 技术有助于将车辆的结构平台进一步单元化，从而进一步降低制造成本。如特斯拉于 2020 年 9 月发布了全新的 CTC 整包封装技术，即取消电池包设计，直接将电芯或模块安装至车身上，配合一体化压铸技术，可以节省 370 个零部件，为车身减重 10%，每千瓦时的电池成本可降低 7%。

伴随汽车电动化的深化、智能化的发展，汽车底盘也经历了从传统底盘、电动底盘逐步过渡到智能底盘的技术变革。智能底盘的内涵和外延不断扩大，其核心支撑技术涵盖线控制动、线控转向、电控悬架、底盘域协同控制系统、电驱动系统以及与底盘深度集成的动力电池系统等，是汽车电动化和智能化两条赛道的交汇点，成为产业链、价值链不同层面的创新增长点。

(3) 动力蓄电池技术发展现状

在中、美、日和欧盟等主要国家和地区大力推动发展新能源汽车的背景下，近年来全球锂离子动力电池市场保持高速增长。根据韩国研究机构 SNE Research 公布的数据，2022 年，全球动力电池装车量达到 517.9 GW·h，同比增长 72%，宁德时代、LG 新能源和比亚迪位居全球动力电池装车量前三位。其中，宁德时代动力电池装车量为 192 GW·h，全球市场份额达 37%；LG 新能源和比亚迪的装车量相当，均为 70 GW·h，市场份额均为 14%。2022 年全球动力电池装车量 TOP10 企业如图 1.15 所示。

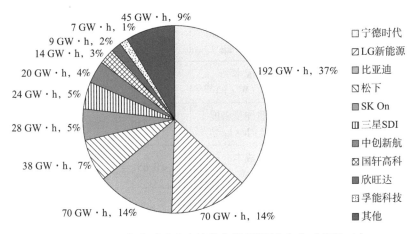

图 1.15　2022 年全球动力电池装车量 TOP10 企业（GW·h）

在动力蓄电池单体方面，能量密度、功率密度、寿命等指标基本在稳步提升，只有成本受 2022 年原料上涨影响，呈现一定上涨趋势。2022 年，国外能量型电池（普及型/商用型）质量能量密度达到 180 W·h/kg，成本达到 0.78~1 元/(W·h)；能量型电池（高端型）达到 350 W·h/kg，成本达到 0.78 元/(W·h)；能量功率兼顾型电池（兼顾型）质量能量密度达到 250 W·h/kg，成本达到 0.97 元/(W·h)；能量功率兼顾型电池（快充型）达到 230 W·h/kg，成本达到 0.97 元/(W·h)，充电时间（SOC30%~80%）达到 12 分钟。动力蓄电池单体技术指标水平如表 1.1 所示。

表 1.1 动力蓄电池单体技术指标水平

	目标类型及参数		2021年国内	2022年国内	2022年国外
技术路线	能量型电池（普及型）	质量能量密度 /(W·h·kg^{-1})	160~230	190~240	180
		成本 /[元·(W·h)$^{-1}$]	0.4~0.5	0.65~0.85	0.78
	能量型电池（商用型）	质量能量密度 /(W·h·kg^{-1})	180~240	190~255	180
		成本 /[元·(W·h)$^{-1}$]	0.45~0.5	0.7~0.85	0.8~1
	能量型电池（高端型）	质量能量密度 /(W·h·kg^{-1})	260~300	280~360	350
		成本 /[元·(W·h)$^{-1}$]	0.6	0.75~0.85	0.78
	能量功率兼顾型电池（兼顾型）	质量能量密度 /(W·h·kg^{-1})	160~230	230~255	250
		成本 /[元·(W·h)$^{-1}$]	<0.65	0.85~1	0.97
	能量功率兼顾型电池（快充型）	质量能量密度 /(W·h·kg^{-1})	220	240	230
		成本 /[元·(W·h)$^{-1}$]	0.65	0.95~1	0.97
		充电时间 /min	18~21	10~15	12

在动力蓄电池系统方面，2022年，国外电池系统成组系数为60%~70%；电池系统零部件标准化比例达30%；BMS（Battery Management System，电池管理系统）的SOX（SOC/SOH/SOP/SOE，电池状态）精度误差<3%；通过离线、在线数据融合的方式提供电池人工维护方案；安全等级普遍达到ASIL—C等级（汽车安全完整性等级）；安全性上，电池系统基本实现IP67（防尘防水等级）；热扩散时间基本达到30 min；报警响应时间达到20 s；数据融合技术与OTA技术（Over-the-Air Technology，空中下载技术）有部分应用。目前，我国动力电池系统技术在IP等级及机械滥用监控、热失控防护等方面领先国外技术，同时在成

组成本上有一定优势。动力蓄电池系统技术指标水平如表1.2所示。

表1.2 动力蓄电池系统技术指标水平

目标类型及参数		2021年国内	2022年国内	2022年国外
成组系数/%		体积：50~70 重量：70~82	体积：60~72 重量：70~82	60~70
标准化比例/%		15~25	>30	>30
BMS	SOX 精度误差/%	个别区间<5；其他<3	LFP<5；NCM<3	<3
BMS	维护	通过云计算、OTA下发等方式实现部分功能远程自动维护	通过云计算、OTA下发等方式实现部分功能远程自动维护	通过离线、在线数据融合的方式提供电池人工维护方案
BMS	功能安全等级	受成本、芯片短缺等限制，普遍非功能安全，部分达到ASIL—C	普遍达到ASIL—C，部分达到ASIL—D	普遍ASIL—C
安全性	IP等级及机械滥用监控	基本实现IP67，部分实现IP68及IP69K	基本实现IP67/IP68，初步具备机械滥用监控	IP67
安全性	预警时间	5 min	全天候24 h预警	/
安全性	热扩散时间/min	全部满足5 min国标，普遍达到30 min，部分不扩散	NCM 30 min，LFP 24 h	30
安全性	报警响应时间/s	10	<5	20
智能化（OTA）	数据融合	有部分应用	不仅限功率输出或切断充放电回路，同时启动热管理及灭火控制	有部分应用
智能化（OTA）	OTA功能	OTA技术有部分应用	实现OTA软件升级功能的配备	OTA技术有部分应用
成组成本（不含电芯）/[元·(W·h)$^{-1}$]		0.25	0.2~0.3	0.2~0.3

（4）燃料电池技术发展现状

近年来，各国已将发展氢能和燃料电池产业提升到支撑国家能源、气候、经济、科技、安全的战略高度,都在加大政策支持力度,抢占创新发展制高点。截至2022年年底,全球已有30多个国家发布了氢能战略,共计宣布了200多个大型项目,总价值超过3 000亿美元。燃料电池系统层面,商用车燃料电池系统在额定功率、最高效率、质量比功率、寿命方面有较大提升,冷启动温度仍存在提升空间。以现代XCIENT Fuel Cell搭载燃料电池系统为例,其最高效率达到60%,质量比功率达到615 W/kg,冷启动温度为-30℃。总体来说,国内商用车燃料电池系统在冷启动温度、质量比功率密度方面处于领先地位,但在寿命方面存在较大差距。商用车燃料电池系统目标完成情况如表1.3所示。

表1.3 商用车燃料电池系统目标完成情况

性能	2023年6月国内	现代XCIENT Fuel Cell搭载电池系统*
额定功率/kW	160	180
最高效率/%	56~60	60
质量比功率/(W·kg^{-1})	520~850	615
冷启动温度/℃	-30~-35	-30
寿命/h	10 000~20 000	30 000

注:现代XCIENT Fuel Cell为全球首款燃料电池重卡车型,具有较强代表性。

燃料电池电堆层面,商用车燃料电池电堆在单堆额定功率、冷启动温度、体积功率密度、寿命等方面实现了较大提升。以巴拉德FCgen-HPS为例,冷启动温度达到-30℃,寿命在15 000 h以上,体积功率密度为4.3 kW/L。总体来说,国内实现批量化应用的商用车燃料电池电堆在单堆额定功率、冷启动温度、体积功率密度、寿命方面处于领先地位。商用车燃料电池电堆发展情况如表1.4所示。

表1.4 商用车燃料电池电堆发展情况

性能	2023年6月国内	巴拉德FCgen-HPS
冷启动温度/℃	-40~-30	-30
单堆额定功率/kW	150~200	140
寿命/h	10 000~25 000	>15 000
体积功率密度/(kW·h·L^{-1})	3.4~6	4.3

车载储氢瓶层面，国外已实现Ⅳ型瓶的商业化应用，而国内实现批量化生产的储氢瓶以 35 MPa Ⅲ型瓶为主，70 MPa Ⅲ型瓶实现了小规模示范应用。国内Ⅲ型瓶产品在质量储氢密度、体积储氢密度与Ⅳ型瓶相比存在较大差距。以丰田Ⅳ型瓶（70 MPa/64.9L）为例，其质量储氢密度达到 5.7%（质量分数），体积储氢密度达到 40.8 g/L。近两年来，国内在Ⅳ型储氢瓶方面取得明显进步，国家标准于 2023 年 5 月正式发布，国内部分企业已成功研制出Ⅳ型储氢瓶，并具备批量化生产能力。随着Ⅳ型储氢瓶逐步实现产业化，产品性能指标将进一步提升，缩小与国际先进水平的差距。车载储氢瓶发展情况如表 1.5 所示。

表 1.5 车载储氢瓶发展情况

性能	2023 年 6 月	丰田Ⅳ型瓶 70 MPa/64.9 L
储氢压力/MPa	35/70	70
质量储氢密度（质量分数）/(%)	4.0～5.0	5.7
体积储氢密度/(g·L^{-1})	18.3～30	40.8

注：国内车载储氢系统调研产品主要为批量化使用的Ⅲ型瓶，包括 35 MPa/166 L、70 MPa/134 L、35 MPa/210 L、70 MPa/48 L 等规格。

（5）电驱动技术发展现状

2022 年，全球新能源汽车电驱动技术持续保持进步，在高集成度三合一/多合一电驱动总成、高效高速驱动电机技术及核心零部件、高效高密度电机控制器技术等方面取得了技术进步。

由驱动电机、功率电子单元和减速器集成的电驱动一体化驱动总成是乘用车领域发展的主要方向。现阶段的总成主要形态体现为驱动电机 + 电机控制器 + 减速器的三合一，在三合一基础上，将电机控制器、DC/DC 和 OBC 等功率电子集成的多合一方案也是重要的发展方向之一。

在驱动电机方面，具有更高槽满率和更高刚度的发卡式绕组/扁导线绕组电机逐步成为新能源汽车的应用需求，多种线型（U 形线、I—pin 型）、不同绕线形式（叠绕组、波绕组）的扁导线电机制造工艺与制造能力在不断提升，多家企业建立了扁导线定子专用生产线，多个扁导线电机产品实现了量产应用。油冷因其热传递路径短和冷却油的绝缘特性，使油冷电机成为提升电机热管理效率的途径之一，喷油冷却、转子甩油冷却、定子密闭循环油冷却等多种方式在不同机电耦合总成上获得应用。2022 年，国外电机转速达到 17 900 r/min，圆线电机在水冷条件下的质量功率密度达到 5.5 kW/kg，电机峰值效率达到 97.5% 以上，关键制造装备具备完整供应链体系。驱动电机技术指标水平如表 1.6 所示。

表 1.6　驱动电机技术指标水平

目标类型及参数		2021 年国内	2022 年国内	2022 年国外同类产品
总体情况		驱动电机在功率密度、效率等关键指标达到国际先进，最高转速达到 16 000 r/min；800 V 驱动电机开始应用；定子扁导线、转子注塑等制造工艺获得应用；普及型乘用车电机产品在运营车辆中得到应用验证	驱动电机峰值功率密度、效率等达到国际先进水平，实现高压化、高速化、先进制造工艺；扁线定子制造、下线检测等装备实现国产化；普及型乘用车电机产品实现大批量应用，具备高可靠、长寿命特征	驱动电机关键性能、高压与高速化与先进制造工艺等已达成或接近 2025 年指标，关键制造装备具备完整供应链体系
高性能乘用车电机	质量功率密度	水冷：4.8 ~ 5.8 kW/kg 油冷：5.9 ~ 7.0 kW/kg	圆线水冷：4.8 ~ 5.8 kW/kg 油冷扁线：6.0 ~ 7.0 kW/kg	5.5 kW/kg（圆线水冷）
	最高转速	16 000 ~ 18 000 r/min	16 000 ~ 18 000 r/min	17 900 r/min
	峰值效率	97.2%	97.5%	97.5%
	电机噪声	≤74 dB	72 ~ 74 dB	—

在电机控制器方面，碳化硅（SiC）器件具有高温、高效、高频的优势，可降低电机控制器损耗，提高集成度与功率密度，国外特斯拉、保时捷率先量产应用基于 SiC 器件的电机控制器。2022 年国外 Si 基电机控制器体积功率密度为 25 ~ 35 kW/L，峰值效率 98.5%，关键性能指标处于领先地位，并适用于不同电压平台；基于 SiC 宽禁带功率器件的电机控制器峰值效率达到 99% 以上，功率密度 35 ~ 45 kW/L，在多个车型上实现量产，具备完整的技术体系。电机控制器技术指标水平如表 1.7 所示。

表 1.7 电机控制器技术指标水平

目标类型及参数		2021 年国内	2022 年国内	2022 年国外同类产品
总体情况		IGBT 芯片与模块技术持续进步，Si 基电机控制器功率密度指标保持国际先进，800 V 电压平台电机控制器实现应用，SiC 芯片技术持续提升，国产 SiC 功率模块规模应用，SiC 电机控制器实现量产	Si 基电机控制器体积功率密度、效率等关键性能指标达到国际先进水平，实现高压化与功率部件高效集成等先进工艺；基于宽禁带功率器件的电机控制器实现了产业化，电驱动系统运行状态智慧监测功能实现，初步形成构架	Si 基电机控制器体积功率密度、效率等关键性能指标处于领先地位，并适用于不同电压平台；基于宽禁带功率器件的电机控制器在多个车型上实现量产，具备完整的技术体系
高性能乘用车电机控制器	体积功率密度	Si 基：25～36 kW/L SiC：35～40 kW/L	Si 基：25～36 kW/L SiC：35～40 kW/L	Si 基：25～35 kW/L SiC：35～45 kW/L
	峰值效率	Si 基：98.2%～98.5% SiC：99.0%～99.3%	Si 基：98.3%～98.5% SiC：99.0%～99.5%	Si 基：98.5% SiC：≥99%
	电机系统 EMC	Level 3—4	Level 3—4	部分产品 Level 5
	功能安全等级	ASIL—C（D）	ASIL—C（D）	部分产品达到 ASIL—D

2. 智能网联汽车发展现状

（1）美国智能网联汽车总体技术进展

美国主机厂和科技公司在智能网联汽车基础软件、核心芯片、激光雷达等方面继续保持领先优势。一是通过合作与并购，建立汽车软件能力护城河。例如，部分主机厂与车载操作系统企业加强合作，拓展产业生态，为汽车软件平台提供基本功能安全认证的操作系统；汽车软件解决方案企业通过收购、并购等方式扩展行业地位，为汽车客户提供更快、更经济的整车软件架构途径；部分自动驾驶解决方案企业开发自动驾驶 AI 训练模拟软件，通过车辆传感器仿真、自动化数据标注、自动代理等机器学习技术继续提升 AI 训练数据量。二是相关科技公司在硅光子激光雷达芯片，低成本、低功耗固态激光雷达，车规级数字激光雷达接收芯片，新一代自动驾驶平台，及包含自动驾驶、智能座舱、智能网联和云服务 4 大块功能平台的数字底盘整体解决方案等自动驾驶核心零部件上不断形成突破。

（2）欧洲智能网联汽车总体技术进展

欧洲 L3 级自动驾驶车辆开始进入市场，整车企业和汽车电子零部件供应商面向高级别自动驾驶正在加速转型。德国为相关企业的 L3 车型提供型式认证，许可在公共道路上使用 L3 级自动驾驶系统；新一代激光雷达突破 3D 图像实时生成效率，在分辨率、探测距离、视角扩大等方面的功能显著提升，并助力装配车型获得 L3 级自动驾驶认证；部分主机厂已经着手开发用于车辆通信、能源管理及 OTA 升级的 SoC 芯片。同时，在测试验证方面，CCAM 在交通产业竞争力、清洁交通出行、智能出行领域继续发挥重要作用，Autopilot、ICT4CART、TransAID、SHOW 等科技支撑项目不断深入的探索实践，为技术研发应用、商业模式探索提供了良好基础。

（3）日本智能网联汽车总体技术进展

日本基于良好的汽车电子产业基础稳步推进自动驾驶，在相关测试验证及车型规划方面形成了良好布局。

一是在自动驾驶核心零部件方面不断形成突破。激光雷达方面，探索将接收传感器分为两层，上层采用 SPAD（单光子雪崩二极管）技术，用于感知反射进传感器的激光；下层则是逻辑芯片，使用直接飞行时间（D—ToF）技术，探测距离最远可达 300 米，全面提升测试距离（实现 300 米测量距离）和图像质量（分辨率 1 200×840）。二是围绕重点场景积极开展示范应用探索。2022 年 2 月，东京成田机场开始在航站楼间试运行无人驾驶巴士，并计划在未来投入常规服务。三是相关车企围绕汽车智能化明晰中远期发展战略。部分车企发布了发展愿景图和发展路线图，拓展纯电动车型和智能互联移动出行业务，向更多消费者提供先进的辅助驾驶和智能技术，强化智能网联汽车移动出行方面的优势。

（二）我国发展现状

1. 我国新能源汽车发展现状

（1）新能源汽车产业发展现状

在"双碳"目标、新一轮科技革命和政府一系列政策的推动下，各种发展新动能相互支撑，彼此赋能，正在引领全球汽车技术创新发展。在这一背景下，我国汽车产业正在以更快的步伐向低碳化、电动化、智能化、网联化发展，新能源汽车实现了从培育示范期到商业化成长期的转型，进入市场化快速发展阶段，呈现产销高速增长态势。

2023年，我国新能源汽车销量949.5万辆，同比增长37.9%，市场占有率提升至31.6%；保有量方面，截至2023年年底，我国新能源汽车保有量达2041万辆。其中，新能源汽车出口120.3万辆，同比增长77.6%，在汽车总出口量中占比达到24.5%。2016—2023年中国新能源汽车销量及保有量如图1.16所示。

图1.16　2016—2023年中国新能源汽车销量及保有量

截至2022年年底，我国燃料电池汽车保有量近1.3万辆，同比增长64%，占全球燃料电池汽车保有量的比例为19%。国内燃料电池汽车以商用车为主，占比高达98%。此外，各示范城市群也积极探索城市公交、通勤客运、城市物流配送、城际干线物流、短倒运输、市政环卫、网约车等多种应用场景。随着车辆性能持续提升和基础设施网络逐步完善，燃料电池汽车的应用场景将进一步拓展。

（2）动力蓄电池技术发展现状

在2022年动力蓄电池全球装机量中，中国动力蓄电池厂商占前10位中的6位，市场份额已突破60%，约是日韩装机量总和的2倍，达到了一个新的高度。

中国动力蓄电池企业已成为主流供应商，纷纷进入顶级车企供应链。中国动力蓄电池企业在欧美等全球汽车工业腹地的进展较为顺利，不仅率先实现了在全球知名车企的发源地落户，而且还纷纷收到了世界级车企抛出的合作意向。实际上，中国的动力蓄电池企业不仅在装车量上占据全球主要份额，同时还更快地迈开了全球化步伐，海外工厂纷纷落地。

在动力蓄电池单体方面，2022年我国磷酸铁锂动力电池单体能量密度达到 210 W·h/kg，受原材料价格上涨影响，成本提高到 0.65 元/(W·h) 左右，2023 年恢复至 0.5 元/(W·h)，循环寿命普遍为 3 000～4 000 次；三元材料动力电池单体能量密度达到 300 W·h/kg，成本提高到 0.8 元/(W·h) 左右，2023 年恢复至 0.6 元/(W·h)，循环寿命普遍达到 1 000～1 500 次。2015—2022 年，我国磷酸铁锂动力电池单体能量密度提升了 50%，成本下降了 68%；三元材料动力电池单体能量密度提升了 82%，成本下降了 47%。2012—2023 年 8 月中国动力电池单体能量密度及价格如图 1.17 所示。

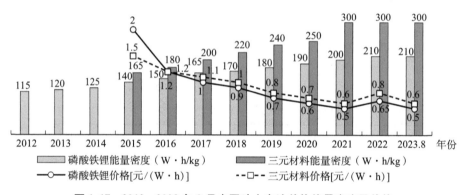

图 1.17　2012—2023 年 8 月中国动力电池单体能量密度及价格

在动力蓄电池系统方面，2022 年我国磷酸铁锂动力电池系统能量密度达到 160 W·h/kg，受原材料价格上涨影响成本提高到 0.85 元/(W·h) 左右，2023 年恢复至 0.65 元/(W·h)；三元材料动力电池系统能量密度达到 200 W·h/kg，成本提高到 1.05 元/(W·h) 左右，2023 年恢复至 0.8 元/(W·h)。2015—2022 年，我国磷酸铁锂动力电池系统能量密度提升了 88%，成本下降了 66%；三元材料动力电池系统能量密度提升了 82%，成本下降了 61%。2012—2023 年 8 月中国动力电池系统能量密度及价格如图 1.18 所示。

在新体系电池方面，2022 年我国固态电池质量能量密度达到 400 W·h/kg，循环次数达到 200 次，产业化状态处于半固态小批量应用阶段；锂硫电池质量能量密度达到 500 W·h/kg，循环次数达到 200 次；固态锂空气电池质量能量密度达到 500 W·h/kg；钠离子电池质量能量密度达到 160 W·h/kg；锌空气电池能量密度可达 300 W·h/kg。目前，我国在固态电池、锂硫电池、钠离子的质量能量密度方面已实现全球先进，但在循环寿命上还稍有差距。

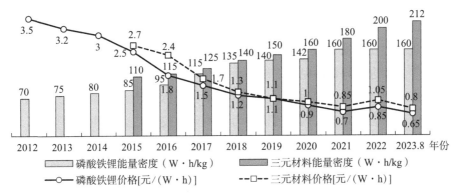

图 1.18 2012—2023 年 8 月中国动力电池系统能量密度及价格

在电池关键材料方面，2022 年我国正极材料的磷酸铁锂克容量达 150～165 mA·h/g，三元材料克容量达 195～220 mA·h/g，镍锰酸锂克容量达 135 mA·h/g，富锂锰基克容量达 270～300 mA·h/g。负极材料的石墨克容量达 350～360 mA·h/g，复合石墨达 700 mA·h/g，纯硅碳达 1 500 mA·h/g。隔膜的电化学窗口达 5 V 以上，基膜厚度可实现 3～5 μm。电解液具备轻微阻燃功能，室温电导率达 10^{-2} S/cm，固体电解质电导率达 3×10^{-3}～6×10^{-3} S/cm。目前我国在磷酸铁锂、镍锰酸锂、硅碳材料等克容量方面已实现全球领先，其他指标达到全球先进。

在动力电池制造方面，我国动力电池制造设备的精度和设备能力指数有较大提升，同时生产线的自动化程度明显提高，逐步从半自动化向组合自动化、一体机化发展。单模块产能和制造成本方面进步明显，制浆、涂布、卷绕的单机产能显著提升，涂布能力 > 120 m/min，卷绕机 > 3 m/s，高速叠片机 > 600 PPM。我国动力电池核心工序的制程能力（Complex Process Capability Index，Cpk）在 1.33～1.67，产品直通率和材料利用率提升到 94%～95%。动力电池中低端材料制造设备全部实现了国产化，但高端隔膜设备、正极材料设备、负极材料设备如混料机、窑炉、表面改性设备等核心生产装备依赖进口，在生产能力和稳定性方面与德国、日本相比有较大差距。

在动力电池测试评价方面，关键材料、电池单体、电池系统测试评价均已初步建立评价体系，定量评价能力尚不完善。关键材料评价技术方面，已建立基本指标测评方法，进行了原位 XRD（X-Ray Diffraction，X 射线衍射）及原位 SEM（Scanning Electron Microscope，扫描电子显微镜）

技术的初步研究，尚需通过大量案例积累提高靶向分析能力；电池评价技术方面，已建立电池安全可靠及耐久测试标准体系；电池系统评价技术方面，正在建立电池系统安全量化评价体系，通过热扩散影响包括热、质、电力等方面进行评价的电池系统安全评价体系。

在动力电池梯次利用方面，已具备半自动拆解能力，实现模组自动拆解成电芯状态，目前我国的退役动力电池重组技术已达到并处于行业上游水平，实现模组级重组利用及电芯级重组利用状态。在动力电池再生利用方面，铜、铁、铝回收率 >98%，金属杂质含量 <1%，开发电芯逆拆解设备，实现电芯精确拆解。正极材料回收方面，镍、钴、锰综合回收率 >98%，铁、锂回收率 >95%，2023 年将实现正极定向短流程再生技术，目前已进行多轮实验方案。负极材料回收方面，已建成石墨再生项目。

（3）燃料电池技术发展现状

在燃料电池电堆方面，国内领先的商用车用燃料电池电堆产品关键性能指标不断优化，冷启动温度达到 -40℃，寿命超过 2 000 h，体积功率密度达 5.6 kW/L，生产成本低至 1 000 元/kW。2022 年上牌车辆电堆装机量为 615.7 MW，同比增长 182.95%。从装机功率分布来看，相对 2021 年，2022 年大功率电堆比重进一步增加，80 kW 及以上功率段占据了九成以上，110 kW 及以上功率段占据了过半的比例。从细分的功率段来看，2022 年装机的电堆中，150 kW 及以上功率段装机比例从 2021 年的 19.2% 提升至 30.2%，主要应用于重型货车。从装机平均单堆功率来看，2022 年平均单堆功率达 122.9 kW。从装机电堆不同技术路线来看，2022 年发生较大的变动，金属堆装机比例从 2021 年的 37% 提升至 53%。从装机电堆本土化角度来看，2022 年装机电堆本土化程度进一步提升，从 2021 年的 82% 上涨至 96%，基本是由国内企业生产。

在燃料电池系统方面，产品集成度显著提升，商用车用大功率燃料电池系统核心技术取得进一步突破。冷启动温度达到 -35℃，系统实车预测寿命超过 1.8 万小时，系统最高效率达到 60%。燃料电池系统额定功率 110 kW 以上的占比约 58%，额定功率 180 kW 的燃料电池系统实现装车销售，先进产品额定功率超过 240 kW。车用燃料电池系统已经进入价格快速下降阶段，系统成本从 2018 年的 20 000 元/kW 下降到当前的 3 000 元/kW，预计到 2030 年下降至 500 元/kW。2022 年上牌车辆系统装机功率累计达 492.1 MW，同比增长 182.7%。由于 80 kW 以上产品有一定的补贴系数加成，因此2021年和2022年80～110 kW系统的装机量相比2020年大幅上涨，分别占据该年系统装机量的33.99%和31.2%。另外，由于110 kW及以上的产品有更高的补贴系数加成，2022年110 kW以上的系统装机比例已过半，达到52.69%。未来，在政策和技术的驱动下，大功率系统将成为行业发展的一种趋势。从装机企业角度看，市场集中度很高，2022年上牌车辆系统装机份额趋于集中，TOP5企业占据65.6%的市场份额。

在燃料电池关键材料和部件方面，国产燃料电池电堆、空压机、氢气循环系统、双极板等核心部件实现整车配套。气体扩散层炭纸、催化剂、质子交换膜、车载储氢系统碳纤维及管阀件、加氢枪等加氢设备，以及相关研发测试装备等对进口有不同程度依赖，我国自主产品多处在样品开发与小规模应用阶段。

(4) 电驱动技术发展现状

根据中国汽车工业协会统计数据，2022年我国新能源汽车产销量分别达到705.8万辆和688.7万辆，同比分别增长97%和93%。其中，新能源乘用车产销分别为671.6万辆和654.8万辆，同比分别增长98%和94%；新能源商用车产销分别为34.2万辆和33.8万辆，同比分别增长81%和79%。我国新能源商用车驱动电机及控制器全部由国内企业生产配套。在新能源乘用车领域，随着外资企业持续进入，产业集中度进一步提高，前10家驱动电机与电机控制器的配套比例分别达到73.2%和76.7%，与2021年水平相当。前10家配套企业中，生产制造驱动电机和电机控制器的国内企业占比分别达到74%和75%，总体上我国在驱动电机及控制器领域仍保持了较充分的国产化配套能力。2022年中国驱动电机及电机控制器装机量TOP10企业分别如图1.19、图1.20所示。

2022年，我国新能源汽车电驱动技术保持进步，自主电驱动产品实现大规模量产，产业综合竞争力达到国际先进水平，可持续发展能力显著增强。驱动电机、电机控制器、高速减速器等关键零部件实现国产，且指标与国际先进水平相当。

在驱动电机方面，我国在高速、高压化、高功率密度、高效率、低噪声等方面持续取得进步。电机转速进一步提升至16 000～18 000 r/min，800 V电压平台的高压驱动电机开始应用，定子扁导线电机在中大型乘用车市场的应用比例显著提升，扁线电机在油冷条件下的质量功率密度达到6.0～7.0 kW/kg，电机峰值效率达到97.5%以上，驱动电机全工况噪声降

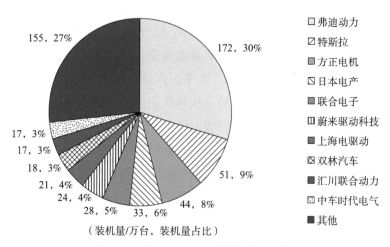

图 1.19　2022 年中国驱动电机装机量 TOP10 企业

注：装机量占比采用精确台数计算

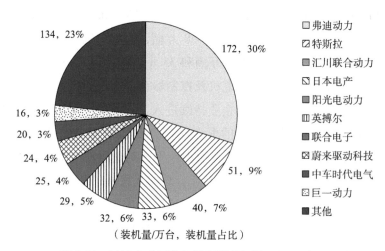

图 1.20　2022 年中国电机控制器装机量 TOP10 企业

注：装机量占比采用精确台数计算

低至 75 dB 以下。

在电机控制器方面，我国在高压化、高集成度、高效率等方面取得进展。IGBT 芯片与模块技术持续进步，Si 基电机控制器功率密度 25～36 kW/L，峰值效率 98.5%。我国 SiC 芯片技术持续提升，国产 SiC 功率模块和 SiC 电机控制器实现量产，基于 SiC 功率器件的集成控制器应用于 800 V 电压平台，电机控制器峰值效率 99.0%～99.5%，功率密度 35～

40 kW/L。集成多个电机控制器、Boost 升压电路、DC/DC 变换器、AC/DC 充电机等多合一集成系统获得广泛应用。

在乘用车电驱动总成方面，我国乘用车三合一电驱动总成的驱动电机、电机控制器、高速减速器等核心零部件实现自主，电驱动系统最高效率93.5%~95.0%（SiC/扁线），关键性能指标达到国际先进水平，成为纯电动乘用车动力总成的主流技术；对于四轮驱动新能源乘用车，集成交流感应电机或集成永磁电机与分离器的三合一电驱动总成系统成为主要应用类型；我国推出了多种类型的多合一电驱动总成产品，需要进一步在物理集成的同时进行拓扑深度集成复用，达到提高密度、降低成本的目的。

在机电耦合动力总成方面，我国以比亚迪汽车、长城汽车、广州汽车、吉利汽车等为代表，推出多种双电机与变速器集成的机电耦合总成并实现量产，插电式混合动力轿车市场占有率逐年提升，功率密度、效率、噪声等关键性能指标达到国际先进水平。

在商用车动力总成方面，直驱电机、单电机+多挡变速器、多电机+减速器并联等动力总成构型成为主流产品，电驱动桥开始应用，有利于提升集成度和降低整车重量，峰值效率和总成功率密度逐步提升，2022年分别达到93.0%~94.0%（IGBT）、0.6~0.8 kW/kg（直驱）。其中，多合一集成控制器仍以物理集成为主，功率器件集成产品是一个技术方向，高速或直驱扁导线驱动电机开始应用。

在轮毂电机总成方面，我国轮毂电动轮集成度不断提高，轴向磁通、高速电机+减速器等新型轮毂电机总成样机不断涌现，但轮毂电机在核心关键技术指标、电机与逆变器集成、电动轮集成、角模块集成等方面和国际领先水平仍存在差距，需鼓励轮毂电机在特定场景下的示范应用，加快推进轮毂电机产业化。

2. 我国智能网联汽车发展现状

（1）智能网联汽车发展总体状况

2022年，我国L2级乘用车上险量为694.1万辆，同比增长45.6%，乘用车L2级辅助驾驶的市场占有率达34.9%。其中，新能源乘用车［含纯电动汽车、混合动力汽车、插电式混合动力（含增程式）］L2级辅助驾驶上险量为304.1万辆，市场占有率达到50.7%。

2023年1—5月，我国L2级乘用车的市场占有率达到42.2%，其中燃油汽车占比31.8%，新能源汽车占比45.7%。2023年11月，工信部等四部委联合发布《关于开展智能网联汽车准入和上路通行试点工作的通知》，开启了L3级及以上智能汽车商业化试点的进程。可以预见，具有智能网联特征的新能源汽车将成为未来市场的主体。

图1.21为2019—2023年5月我国智能网联汽车上险量及L2级乘用车占比，由此可见，当前我国汽车智能化、网联化正处于快速发展期。

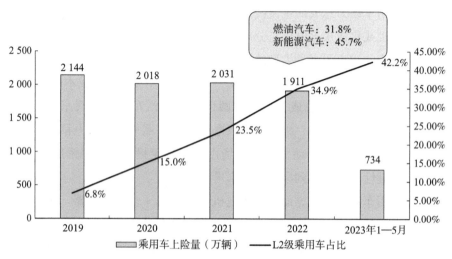

图1.21　2019—2023年5月我国智能网联汽车上险量及L2级乘用车占比

数据来源：《中国智能网联乘用车市场分析报告》

智能化方面，自动驾驶功能不断丰富，面向更高等级的自动驾驶车型已形成布局，L3级以上智能网联汽车开始进入市场，国内正在积极开展准入认证准备，持续推进国内智能网联汽车市场规模。

网联化方面，C-V2X技术的整车前装量产规模正不断扩大，国内市场上越来越多车型搭载相应配置或制订明确搭载计划。在车路云一体化的背景下，参考C-V2X路线图规划，我国将坚定加速C-V2X产品的应用步伐，强化在该领域的布局。

创新应用方面，我国主机厂、自动驾驶企业已经在自动驾驶出租车（Robotaxi）、物流、矿山、环卫等不同场景下展开了多样化的测试与示范应用，逐步探索商业化路径。

（2）智能网联汽车核心部件技术发展现状

目前，我国激光雷达技术已经实现与国际并跑，车规产品实现前装应用。高性能、低成本的车载激光雷达传感器陆续量产，多家车企实现半固态激光雷达上车，国产车规级激光雷达在关键技术参数上已经与国际先进水平形成并跑,得到越来越多整车厂商的认可。纯固态激光雷达技术形成突破,Flash 侧向激光雷达即将实现产业化。此外,在国际标准化方面,我国也取得了阶段性的成果。全国汽车标准化技术委员会发文,我国将参与 3 项汽车雷达 ISO 国际标准的建设,其中激光雷达 ISO 国际标准 ISO/PWI 13228 将是我国首个牵头主导的汽车雷达传感器标准。这意味着我国参与了该领域的全球标准建立,对我国企业进入相关产业,建立完善的车载激光雷达、毫米波雷达产业链,奠定了重要基础。

车载芯片自主能力加强,逐步打破国外产品垄断。具体而言,国产车载芯片性能不断提升,在算力、算法等方面进一步迭代升级。国内厂商不断推出车规级 AI 计算芯片产品,在芯片算力、能效比等方面,逐步赶超进口芯片产品。面向高等级自动驾驶功能与车辆中央计算等需求,各芯片企业正在积极规划更高算力的计算芯片,从而形成面向覆盖智能座舱、不同等级自动驾驶需求的产品序列。

信息通信产业链优势显著,构建了智能网联特色路径。一方面,我国已经具备网联通信芯片—模组—终端全产业链供应能力;另一方面,经过多年的技术发展与产业推进,我国迎来 C-V2X 市场化应用突破,多个车型前装 C-V2X 终端,能够实现支持绿波车速、红绿灯信号、闯红灯预警、绿灯起步提醒、道路信息广播等 V2I 场景。此外,在智能网联汽车发展过程中,依托信息通信产业优势,我国坚持践行智能化与网联化融合的技术发展路径。智能化与网联化的结合能够有效弥补单车智能化的能力盲区和感知不足,规避了我国传统汽车在传统汽车零部件与先进传感器等方面的技术短板,降低了单车成本,有利于我国智能网联汽车快速实现产业化应用。

高精定位技术持续发展,有效助力自动驾驶应用。国内厂商一方面借助覆盖全国的地基增强网络与自研核心算法,为智能驾驶的多场景应用提供全天候 7×24 小时接收 5 系统 16 频点、厘米级高精度 GNSS 位置服务,实现了连续精准定位,并已装配部分车型;另一方面发布高可用星地一体融合技术、多层次大气建模算法、快速收敛星基增强技术、全链路完好性技术、高性能分布式应用框架、云端一体开放时空服务协议六项高精度定位核心技术,有效对全球卫星导航领域多个技术难题形成突破。

智能座舱新产品不断涌现,消费者享有了更佳的驾乘体验。在整车层面,主机厂通过搭载主副驾全高清悬浮式中央触控屏、推动 OTA 升级等形式着力推动座舱智能化升级，构建驾乘新体验。相关科技公司也纷纷推出车载人机交互界面、自动辅助驾驶可视化、车载虚拟形象、车载游戏、智能车载光等产品，创新智能座舱解决方案，部分智能座舱解决方案入选了2022世界新能源汽车大会前沿技术名单。

三、2023年新能源汽车和智能网联汽车产值测算

（一）新能源汽车产值测算

2022年，我国汽车销量达2 686.4万辆，其中新能源汽车销量为688.7万辆，占汽车总销量的25.6%；其中新能源乘用车销量654.8万辆，商用车销量33.8万辆。据国家统计局数据，2022年我国汽车制造业营业收入为9.29万亿元，同比增长6.8%，超过41个工业大类行业整体增速0.9个百分点，持续拉动我国工业整体发展水平。

中国汽车工程学会基于政策、技术及消费者分析，建立了中长期汽车市场结构预测模型，研究结果如下。

2023年，我国新能源乘用车销量预计达到850万辆。其中，A00级车型占7.2%，平均售价约5.5万元/辆；A0级车型占13.2%，平均售价约12.2万元/辆；A级车型占39.5%，平均售价约15.1万元/辆；B级车型占26.3%，平均售价约26.2万元/辆；C级及以上车型占13.8%，平均售价约33.9万元/辆，如表1.8所示。

表1.8 2023年新能源乘用车销量及售价预测

新能源乘用车	A00级	A0级	A级	B级	C级及以上
销量占比	7.2%	13.2%	39.5%	26.3%	13.8%
销量/万辆	61.2	112.2	335.8	223.6	117.3
平均售价/(万元·辆$^{-1}$)	5.5	12.2	15.1	26.2	33.9

2023年，我国新能源商用车销量预计达到38万辆。其中，纯电动及插电式重型货车占3.1%，平均售价约28.6万元/辆；纯电动及插电式中型货车占0.4%，平均售价约19.6万元/辆；纯电动及插电式轻微型货车占71.3%，平均售价约14.5万元/辆；纯电动及插电式客车占24.4%，平均售价约96.7万元/辆；燃料电池重型货车占0.3%，平均售价约141.5万元/辆；燃料电池轻型货车占0.2%，平均售价约57.8万元/辆；燃料电池客车占0.3%，平均售价约262.4万元/辆，如表1.9所示。

表1.9 2023年新能源商用车销量及售价预测

新能源商用车	纯电动及插电式				燃料电池		
	重型货车	中型货车	轻微型货车	客车	重型货车	轻型货车	客车
销量占比	3.1%	0.4%	71.3%	24.4%	0.3%	0.2%	0.3%
销量/万辆	1.2	0.2	27.1	9.3	0.1	0.1	0.1
平均售价/(万元·辆$^{-1}$)	28.6	19.6	14.5	96.7	141.5	57.8	262.4

注：先预测销量占比，再根据总销量计算各车型销量，由于四舍五入，各车型销量之和加总可能不等于总销量。

根据新能源汽车销量及其平均售价推算，2023年我国新能源汽车制造业营业收入约为17 985.3亿元（注：营业收入根据更加精确的未四舍五入数值计算，下同）。

2023年我国新能源汽车制造业营业收入 = 各级别车型销量 × 各级别车型平均售价 = 17 985.3（亿元）

Marklines数据显示，2022年全球新能源汽车销量为1 055.5万辆，同比增长63%，我国新能源汽车销量占全球总销量的62.2%，且我国与世界其他市场各级别新能源汽车价格趋近。根据我国新能源汽车销量占比推算，2023年全球新能源汽车制造业营业收入约为28 915.3亿元。

2023年全球新能源汽车制造业营业收入 = 我国新能源汽车制造业营业收入/62.2% = 28 915.3（亿元）

（二）智能网联汽车产值测算

国家发改委等11部门联合印发的《智能汽车创新发展战略》指出：

"到 2025 年，中国标准智能汽车的技术创新、产业生态、基础设施、法规标准、产品监管和网络安全体系基本形成。实现有条件智能驾驶的智能汽车达到规模化生产，实现高度智能驾驶的智能汽车在特定环境下市场化应用。"这说明，智能网联汽车不是对汽车产业发展的颠覆，而是汽车产业的转型升级。因此，从"增量"角度分析未来智能网联汽车产值规模更具现实意义，其"增量"主要来自两个部分：一是在传统汽车产业原有业务的基础上进行智能化、网联化升级带来的产值变化；二是汽车智能化、网联化发展中的新增业务带来的汽车产业产值变化。

基于以上分析，加之智能网联汽车的特殊性，本报告对智能网联汽车产值规模的测算聚焦在整车为实现智能化功能和网联化功能所产生的新增产值和相关零部件所带来的产值，不包括智能网联汽车发展对交通基础设施建设、通信运营、智能驾驶车辆营运服务以及车辆后市场、数据挖掘应用等产业发展所带动的产值。

同时，由于智能网联汽车企业同时服务于燃油汽车生产和新能源汽车生产，本报告给出的是全口径智能网联汽车产值测算结果，而非仅智能网联功能在新能源汽车上应用带来的产值。

2023 年我国智能网联汽车产业产值规模预测框架如图 1.22 所示。

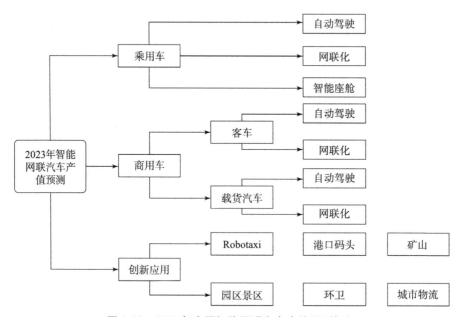

图 1.22　2023 年中国智能网联汽车产值预测框架

经综合测算，2023 年我国汽车产业因智能化与网联化升级所带动的新增产值约为 6 130 亿元，包括乘用车/商用车在智能驾驶/网联化功能新增产值与零部件产值、乘用车智能座舱功能新增产值与零部件产值、创新应用车辆新增产值。

1. 乘用车产值预测

根据中国汽车工业协会发布的汽车销量统计数据，2022 年我国乘用车销量为 2 356.3 万辆，预计 2023 年销量为 2 380 万辆，如表 1.10 所示。

表 1.10 2021—2023 年中国乘用车销量

2021 年销量/万辆	2022 年销量/万辆	同比增长	2023 年预测销量/万辆
2 148.2	2 356.3	9.7%	2 380

数据来源：中国汽车工业协会

根据中国汽车工程学会、中国智能网联汽车产业创新联盟预测，2023 年 1—8 月，L1 级自动驾驶渗透率为 20%，L2 级自动驾驶渗透率为 45%。

乘用车产值计算公式为：

乘用车产值规模 = SUM（智能驾驶功能新增产值，网联化功能新增产值，智能座舱功能新增产值）

其中：

××功能新增产值 = 2023 年乘用车销量 × 各功能市场装配率（包括智能化、网联化、智能座舱）×（整车新增价值 + 搭载零部件价值）

测算中所涉及的数据，来自行业专家访谈、主机厂问卷调研及公开信息整理。

2. 商用车产值预测

根据中国汽车工业协会数据，2022 年商用车（包括客车和货车）销量为 330 万辆，预计 2023 年商用车销量为 384.8 万辆，如表 1.11 所示。

表 1.11 2021—2023 年中国商用车销量

	2021 年销量/万辆	2022 年销量/万辆	同比增长	2023 年预计销量/万辆
商用车	479.3	330	−31.1%	385
客车	50.5	40.8	−19.2%	50
货车	428.8	289.2	−32.6%	335

数据来源：中国汽车工业协会

2023 年商用车产值规模预测，采用了中国汽车工业协会公布的汽车销量数据和国家强制性标准对车辆智能网联化功能的要求，其判定依据是：满足《营运客车安全技术条件》《营运货车安全技术条件第 1 部分：载货汽车》《机动车运行安全技术条件》等强制标准要求，9 m 以上营运车辆自 2020 年起应安装 AEBS，全部客车应安装车载终端，12 t 以上载货汽车应安装 LDW 与 FCW，12 t 以上载货汽车应安装车载终端。商用车智能网联化功能要求如表 1.12 所示。

表 1.12　商用车智能网联化功能要求

车型	对应功能	强制标准对相应功能的具体要求
客车	智能驾驶	依据 JT/T 1094—2016《营运客车安全技术条件》要求，车长 >9 m 的营运客车，应装备车道偏离预警系统（2018 年 6 月起）与自动紧急制动系统（预警系统 2018 年 4 月起，AEBS 2019 年 4 月起）
客车	车联网	根据 GB 7258—2017《机动车运行安全技术条件》要求，所有客车应当安装行驶记录仪，根据 JT/T 1094—2016《营运客车安全技术条件》要求，营运客车应具备车载终端
载货汽车	智能驾驶	依据 JT/T 1178.1—2018《营运货车安全技术条件第 1 部分：载货汽车》要求，总质量大于 12t 且最高车速大于 90 km/h 的载货汽车，应当安装车道偏离预警系统（2020 年 9 月起）、车辆前向碰撞预警功能（2020 年 9 月起）与自动紧急制动系统（2021 年 5 月起）
载货汽车	车联网	依据 JT/T 1178.1—2018《营运货车安全技术条件第 1 部分：载货汽车》要求，总质量大于 12t 的载货汽车，应安装车联网车载终端

（1）客车产值计算公式

客车产值规模 = SUM（智能驾驶功能新增产值，网联化功能新增产值）

其中：

智能驾驶功能新增产值 = 2023 年 9 m 以上营运客车销量 ×（整车新增价值 + 搭载零部件价值）

网联化功能新增产值 = 2023 年客车销量 ×（整车新增价值 + 搭载零部件价值）

整车新增价值与搭载零部件价值：同乘用车。

（2）载货汽车产值计算公式

载货汽车产值规模＝SUM（智能驾驶功能新增产值，网联化功能新增产值）

其中：

智能驾驶功能新增产值＝2023 年 12 t 以上载货汽车销量×（整车新增价值＋搭载零部件价值）

网联化功能新增产值＝2023 年 12 t 以上载货汽车销量×（整车新增价值＋搭载零部件价值）

整车新增价值与搭载零部件价值：同乘用车。

3. 创新应用产值预测

创新应用车辆产值规模＝SUM（不同场景下示范运行车辆新增产值）

其中：

××新增产值＝2023 年该场景下预计新增车辆×（整车新增价值＋搭载零部件价值）

整车新增价值，即该场景下示范运行车辆对比传统车每车新增售价，由整车企业与技术方案商调研数据并进行市场趋势预测；搭载零部件价值，即因搭载智能驾驶功能所增加的零部件成本，由整车企业与技术方案商调研数据并进行市场趋势预测；示范运行场景包括智能出租、港口码头、矿山、园区景区、环卫、城市物流等。

四、2028 年新能源汽车和智能网联汽车产值测算

（一）新能源汽车产值测算

据中国汽车工程学会模型预测，2028 年我国新能源乘用车销量预计达到 1 730 万辆。其中，A00 级车型占 2.5%，平均售价约 4.8 万元/辆；A0 级车型占 8.5%，平均售价约 11.1 万元/辆；A 级车型占 49.5%，平均售价约 14.0 万元/辆；B 级车型占 25.0%，平均售价约 23.8 万元/辆；C 级

及以上车型占14.5%,平均售价约31.5万元/辆,如表1.13所示。

表1.13 2028年我国新能源乘用车销量及售价预测

新能源乘用车	A00级	A0级	A级	B级	C级及以上
销量占比	2.5%	8.5%	49.5%	25.0%	14.5%
销量/万辆	43.3	147.1	856.4	432.5	250.9
平均售价/(万元·辆$^{-1}$)	4.8	11.1	14.0	23.8	31.5

2028年,我国新能源商用车销量预计达到85万辆。其中,纯电动及插电式重型货车占4.2%,平均售价约24.3万元/辆;纯电动及插电式中型货车占0.4%,平均售价约16.7万元/辆;纯电动及插电式轻微型货车占74.0%,平均售价约12.3万元/辆;纯电动及插电式客车占19.1%,平均售价约82.2万元/辆;燃料电池重型货车占0.9%,平均售价约99.1万元/辆;燃料电池轻型货车占0.5%,平均售价约40.5万元/辆;燃料电池客车占0.9%,平均售价约183.7万元/辆,如表1.14所示。

表1.14 2028年我国新能源商用车销量及售价预测

新能源商用车	纯电动及插电式				燃料电池		
	重型货车	中型货车	轻微型货车	客车	重型货车	轻型货车	客车
销量占比	4.2%	0.4%	74.0%	19.1%	0.9%	0.5%	0.9%
销量/万辆	3.6	0.3	62.9	16.2	0.8	0.4	0.8
平均售价/(万元·辆$^{-1}$)	24.3	16.7	12.3	82.2	99.1	40.5	183.7

注:先预测销量占比,再根据总销量计算各车型销量,由于四舍五入,各车型销量之和加总可能不等于总销量。

根据新能源汽车销量及平均售价推算,2028年我国新能源汽车制造业营业收入约为34 523.4亿元(注:营业收入根据更加精确的未四舍五入数值计算,下同)。

2028年我国新能源汽车制造业营业收入=各级别车型销量×各级别车型平均售价=34 523.4(亿元)

中国汽车工程学会预测,2028年我国新能源汽车销量占全球新能源汽车总销量的56.5%,中国与世界其他市场各级别新能源车价格趋近,推算出 2028 年全球新能源汽车制造业营业收入约为 61 103.4 亿元。

2028 年全球新能源汽车制造业营业收入 = 我国新能源汽车制造业营业收入/56.5% = 61 103.4（亿元）

（二）智能网联汽车产值测算

据中国智能网联汽车产业创新联盟预测，到 2028 年，我国 L1、L2、L3 级智能网联汽车将占当年汽车市场销量的 15%、60%、20%，L4 级智能网联汽车开始进入市场。届时，一定规模的高级别智能驾驶示范运营车辆将在部分城市道路与限定区域运行，包括智能驾驶出租车（Robotaxi）、港口码头用车、矿山用车等，对整车产值的提升有一定贡献。同时，智能网联汽车的发展，也将对交通基础设施建设、通信运营、智能驾驶车辆营运服务以及车辆后市场、数据挖掘应用等相关产业形成带动作用。

据此计算，2028 年智能网联汽车新增产值预计在 11 491 亿元左右，包括乘用车/商用车在智能驾驶/网联化功能新增产值与零部件产值、乘用车智能座舱功能新增产值与零部件产值、创新应用新增产值。2028 年中国智能网联汽车产业产值规模预测框架如图 1.23 所示。

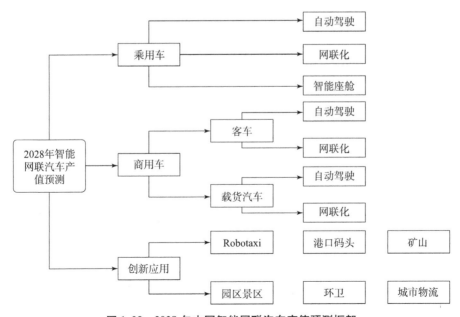

图 1.23 2028 年中国智能网联汽车产值预测框架

以上计算中所涉及的核心数据说明如下。

关于2028年智能网联汽车销量预测,根据《节能与新能源汽车技术路线图2.0》、中国汽车工业协会的预测分析数据和《智能网联汽车创新应用路线图》,课题组预计,2028年乘用车销量为2 800万辆,商用车销量为500万辆,创新应用车辆为13万辆。

关于2028年乘用车智能网联化功能装配率的预测,根据中国智能网联汽车产业创新联盟的预测,2028年L1级新车占比约15%、L2级新车占比约60%、L3级新车占比约25%;具备C-V2X通讯模块新车占比约80%、具备车联网通信功能(传统4G)新车占比约20%(即传统4G功能新车逐步被具备C-V2X通信模块的新车所替代)。在智能座舱部分,具备液晶中控屏的新车销量趋近100%,具备液晶仪表盘、HUD的新车销量占比分别约为100%、45%。

1. 乘用车产值预测

乘用车产值规模=SUM(智能驾驶功能新增产值,网联化功能新增产值,智能座舱功能新增产值)

其中:

××新增产值=2028年乘用车销量×各功能市场装配率(包括L1级、L2级、L3级、网联化、智能座舱)×(整车新增价值+搭载零部件价值)

2. 商用车产值预测

(1)客车产值计算公式

客车产值规模=SUM(智能驾驶功能新增产值,网联化功能新增产值)

其中:

智能驾驶功能新增产值=2028年9 m以上营运客车销量×(整车新增价值+搭载零部件价值)+2028年客车销量×L3级智能驾驶装配率×(整车新增价值+搭载零部件价值)

网联化功能新增产值=2028年客车销量×(整车新增价值+搭载零部件价值)

整车新增价值与搭载零部件价值:同乘用车。

(2)载货汽车产值计算公式

载货汽车产值规模=SUM(智能驾驶功能新增产值,网联化功能新增产值)

其中：

智能驾驶功能新增产值 = 2028 年 12 t 以上载货汽车销量 ×（整车新增价值 + 搭载零部件价值）+ 2028 年载货汽车销量 × L3 级智能驾驶装配率 ×（整车新增价值 + 搭载零部件价值）

网联化功能新增产值 = 2028 年 12 t 以上载货汽车销量 ×（整车新增价值 + 搭载零部件价值）

整车新增价值与搭载零部件价值：同乘用车。

3. 创新应用产值计算公式

创新应用车辆产值规模 = SUM（不同场景下示范运行车辆新增产值）

其中：

××新增产值 = 2028 年该场景下预计的新增车辆 ×（整车新增价值 + 搭载零部件价值）

五、未来汽车产业发展趋势和竞争格局

（一）技术演进方向

在新一轮科技革命、碳中和目标等众多因素的推动下，汽车产业技术呈现低碳化、信息化、智能化的发展趋势，三者相互支撑、彼此赋能，正在引领全球汽车技术创新发展。

1. 多条汽车低碳化技术路线并行发展

低碳化是当前全球汽车产业发展的主旋律，各国整车企业正多管齐下，加紧推进各种技术路线的发展进步，为"双碳"目标的达成提供支撑。

技术路线之一，发展节能汽车，包括采用更先进技术的燃油汽车和混合动力汽车。在未来一定时期内，采用先进技术的节能汽车，将替代传统燃油汽车，与新能源汽车共同组成市场的主体。为实现碳达峰、碳中和目标，低碳车辆的推广仍然是重要的发展路线之一。经过多年持续努力，我国混合动力、高效内燃机、先进变速器等节能汽车技术加速了应用进程。

面向未来，传统汽车发动机向高效、低碳、智能化的方向发展，零碳燃料发动机成为节能汽车实现碳中和的重要技术路线，重度混合动力系统向更高电气化的双电机、混联方向发展，呈现发动机、变速器、动力电池、驱动电机深度耦合化。与此同时，汽车与能源、材料、交通等产业相互支撑、加速融合，为汽车全产业绿色低碳发展创造了良好条件，也将带动关联产业共同实现低碳转型。

技术路线之二，加速向电动化转型。中国、欧洲、美国、日本等汽车产业领先的国家和地区及主要整车企业围绕未来汽车电动化发展达成高度共识，各国政府纷纷出台相关扶持政策，几乎所有的知名跨国汽车企业均发布了新的电动化目标和产品规划，汽车电动化整体呈现平台化、一体化、轻量化发展趋势。此外，动力蓄电池系统追求寿命、成本、能量密度、功率、充电倍率等性能的大幅提升，固态蓄电池研发力度加大；电驱动系统追求小型化、轻量化、集成化，机电耦合系统不断优化；电动汽车安全以及充电等相关技术等也成为研发的重点领域。

技术路线之三，发展氢燃料电池汽车。作为能源技术革命的重要方向和未来能源战略的重要组成部分，氢燃料电池汽车得到了日本、韩国、欧洲、美国等国家和地区的高度重视。随着氢燃料电池发动机技术水平的不断提升，氢燃料电池汽车正在逐步向规模化和商业化发展。在燃料电池方面，我国正在重点围绕车用高工作温度和超高功率密度燃料电池电堆技术、增强型质子交换膜技术、低成本和高可靠塑料内胆碳纤维全缠绕气瓶等关键核心开展技术攻关，加快提升国产化部件性能。在氢能供应方面，我国正在重点围绕适应宽功率波动的低成本、高可靠、大容量混合电解水制氢系统关键技术，高效、高稳定性电解水制氢阴离子交换膜（AEM）电解堆技术，液氢制储加技术及载运装备液氢系统，高效固体储氢装置设计和系统能量综合利用技术等开展研究与示范应用。

2. 汽车信息化与智能化技术融合创新

智能网联汽车产业目前备受关注，发展快速，将是未来智能交通、智慧城市的重要组成部分。从各国战略规划来看，各个国家或地区都将智能网联汽车放到核心战略发展地位，制定或修订一系列战略规划、产业政策和法律法规，以支持产业稳步有序发展。从技术产品端来看，智能网联汽车成为众多重点领域协同创新的焦点和构建新型交通运输体系的重要载体，是人工智能技术最好的产业先行区和试验田，跨界融合成为智能网联汽车产业技术创新发展的主基调。

目前，智能网联汽车正在从单车智能化逐步向智能化与网联化相融合发展。随着智能网联汽车设计运行范围的扩展，道路交通场景复杂程度越来越高，仅凭单车智能化方案难以在量产车上实现无人驾驶，而通过智能化与网联化相融合的发展方向，可以有效弥补单车智能化存在的能力盲区和感知不足，降低对自身搭载的传感器、硬件性能等要求，降低单车成本，有利于快速实现自动驾驶。与此同时，该发展路径还需要高速无线通信系统、智能化道路系统、交通信息网络、大数据管理平台、信息安全等方面协同发展，是一项重要的系统工程。近年来，智能化、网联化技术融合式发展的路线也正得到越来越多国家的认可。

自动驾驶推动新型电子电气架构演进，软件定义、数据驱动汽车将成为未来发展趋势。为应对车辆智能化与网联化发展趋势，大众、戴姆勒、博世、松下、上汽等公司已聚焦软件技术开发能力建设，全力推进汽车软件化进程。此外，传统汽车电子系统由数十个，甚至近百个负责不同功能的电子控制单元组成，这种碎片化的汽车电子系统缺陷明显，已经难以满足未来汽车软件化的需求。未来，基于域控制器、中央计算平台的电子电气架构将成为趋势。这种架构的优势明显，可使车辆软硬件分离，充分利用硬件性能，提高软件复用率，降低整体成本；同时，车企将主导核心算法开发、自主软件系统的开发与应用，能掌握对整车空中下载（OTA）升级能力，从而实现车辆性能、功能的持续优化与迭代更新。

智能网联汽车与智慧城市、智能交通实现融合成为主要发展趋势。在新一轮科技革命的影响下，智能网联汽车是智慧城市、智能交通实现融合的关键节点与抓手，通过智能网联汽车与各产业之间有机、深入地融合，可有力带动我国科技创新和产业发展。智能网联汽车和智能交通的融合将打通客流、物流、能源流和信息流，实现汽车与城市、交通、能源的互联互通，实现城市运行效率提升及节能减排。智能网联汽车和智慧城市的协同将依靠现代化技术手段实现城市中产业、经济、生活、工作的有效布局与再完善；汽车产业链复杂，落地后商业模式丰富，深刻地改变着人类的生活方式，有利于带动城市实现未来发展、转型的目标。

（二）国际国内竞争格局

目前，电动化、智能化已经成为国际汽车市场竞争的焦点，中国汽车企业正面临在国际、国内两个市场与知名跨国汽车企业的激烈竞争。

如表 1.15 所示,在"双碳"目标和政策、市场等多重因素的推动下,全球知名跨国汽车企业纷纷提出了电动化战略时间表,反映出他们加快向低碳化、电动化、智能化转型的决心,也表明了他们在中国汽车市场持续深耕的决心,"在中国,为中国""中国是中国,全球是全球"正在成为越来越多跨国汽车企业发展的指导思想。

表 1.15　全球部分代表性车企电动化战略

系别	车企	发布时间	战略名称	电动化目标
德系	大众	2021 年 7 月	2030 New Auto	• 2026 年前,投资 890 亿欧元,用于电动出行和数字化相关技术; • 到 2029 年,推出 75 款纯电动车和 60 款混合动力汽车; • 到 2030 年,纯电动汽车销量占比达到 50%,预计约 500 万辆
德系	奔驰	2021 年 7 月	全面电动	• 2030 年前,投资 400 亿欧元,用于电动车型产品和软件开发; • 2025 年起,新车型架构均为纯电平台;2030 年,在条件允许的区域市场全面实现纯电动化; • 到 2025 年,BEV 和 PHEV 销量占比达到 50%,预计超过 100 万辆,其中 BEV 占比更高
美系	通用	2021 年 6 月	电动车增长策略	• 2025 年前,在电动车和自动驾驶领域投入超过 350 亿美元; • 到 2025 年年底,推出 30 款电动车型;2035 年,旗下所有车型全面电气化; • 到 2025 年年底,全球电动汽车销量达到 100 万辆,占比约 15%
美系	福特	2021 年 5 月	FORD +	• 2025 年前,投资 500 亿美元,用于电动化研究与动力电池技术; • 到 2025 年年底,推出 30 款电动车型;2035 年,旗下所有车型全面电气化; • 到 2026 年,电动汽车年产量超过 200 万辆,占比约 40%;到 2030 年,电动汽车年产量占比提升至 50%

续表

系列	车企	发布时间	战略名称	电动化目标
日系	丰田	2021年12月	BEV战略	• 2030年前，投资4万亿日元（约2 031亿人民币），用于开发纯电动技术和产品； • 到2030年，推出30款纯电动车型；到2035年，旗下雷克萨斯品牌实现100%纯电动； • 到2030年，全球纯电动车型年销量达到350万辆，占比约35%
	本田	2022年4月	全球电动化战略	• 未来十年，投资5万亿日元（约2 540亿人民币），用于电动化研究和软件领域； • 到2030年，全球推出30款纯电动车型；2030年后，在华仅销售纯电和混动车型； • 到2030年，全球纯电动车型年产量超过200万辆，占比约40%

近年来，在政府的支持下，中国汽车企业紧抓新能源、智能网联转型机遇，凭借在新能源汽车核心关键技术领域不断取得的新突破和对新能源汽车消费市场的深刻理解，成为世界新能源汽车发展的引领者。2023年1—10月全球新能源乘用车分品牌销量TOP20如图1.24所示。

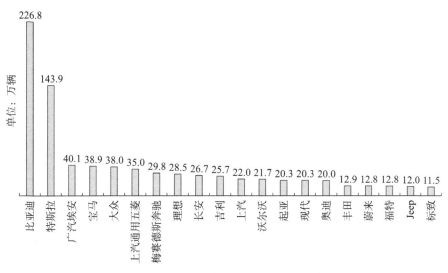

图1.24　2023年1—10月全球新能源乘用车分品牌销量TOP20

数据来源：Clean Technica

在中国,与新势力整车企业和合资整车企业相比,传统自主整车企业已经在新能源汽车领域取得了相对优势。2023 年,我国传统自主品牌新能源乘用车销量为 410.2 万辆,同比增长 40.8%,占整体新能源乘用车市场的比例提升至 56.3%;国内新势力品牌新能源乘用车销量为 146.2 万辆,同比增长 51.8%,占整体新能源乘用车市场的比例提升至 20.1%;传统自主品牌和新势力品牌占据了我国新能源乘用车市场 76% 以上的份额,外资品牌市场份额不到 24%,如表 1.16 所示。这一结果充分说明,我国新能源汽车的发展离不开在燃油汽车领域的积累,改革开放以来,传统自主整车企业在汽车核心关键技术领域的不断发力、人才队伍的完整性和研发人才的比较优势发挥了重要作用,而这些人才向新势力整车企业的流动,为新势力整车企业的发展提供了重要支撑;而随着合资企业加快在中国市场的低碳化、电动化、智能化转型,人才的竞争将更加激烈。

表 1.16 中国新能源乘用车分品牌销量情况

年份	比较项	传统自主品牌	新势力品牌	主流合资品牌	豪华品牌	合计
2020	销量/万辆	49.9	15.8	28.6	19.8	114.1
	同比增速	-17.0%	93.1%	93.8%	100.6%	22.9%
	销量占比	43.7%	13.8%	25.1%	17.4%	100.0%
2021	销量/万辆	134.9	50.0	65.6	42.4	292.9
	同比增速	170.3%	216.5%	129.4%	114.1%	156.7%
	销量占比	46.0%	17.1%	22.4%	14.5%	100.0%
2022	销量/万辆	291.3	96.3	79.9	58.7	526.2
	同比增速	115.9%	92.6%	21.8%	38.4%	79.7%
	销量占比	55.4%	18.3%	15.2%	11.2%	100.0%
2023	销量/万辆	410.2	146.2	86.9	85.2	728.5
	同比增速	40.8%	51.8%	8.8%	45.1%	38.4%
	销量占比	56.3%	20.1%	11.9%	11.7%	100.0%

随着我国自主品牌车企和零部件企业在三电技术和智能驾驶相关领域逐步建立起竞争优势,我国汽车出口呈加快增长态势,中国汽车品牌呈现出从"国内"走向"海外"的全球化趋势。2022 年,我国汽车出口量首次突破 300 万辆,达到 311.1 万辆,同比增长 54%,实现了跨越式突破;

2023年，我国汽车出口491万辆，同比增长58%，已成为全球最大的汽车出口国。其中，新能源汽车出口表现亮眼。2023年，我国新能源汽车出口120.3万辆，同比增长77.6%，占汽车出口总量的24.5%。新能源成为我国汽车出口的增长亮点，有效拉动了出口整体增长。2016—2023年我国汽车出口量及增速如图1.25所示。

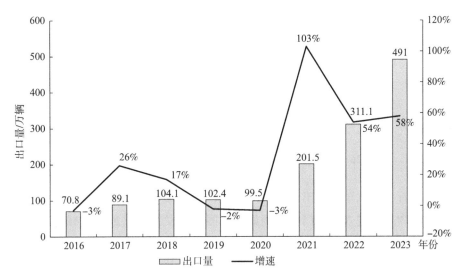

图1.25 2016—2023年我国汽车出口量及增速

目前，我国新能源汽车已销往160多个国家和地区，中国品牌在欧洲、中东、东南亚等地的市场份额大幅提升。中国汽车流通协会汽车市场研究分会的数据显示，2023年1—11月，我国新能源汽车出口的前三大市场为比利时、泰国和英国，如图1.26所示。欧洲和亚洲成为中国新能源汽车出口的主要市场，与这些国家的购车优惠政策有紧密联系，不少欧洲国家实施新能源购车补贴，对燃油车增收额外污染税。以比利时和英国为例，比利时的大部分地区都对新能源汽车优惠征收或免征购置税；英国对纯电动汽车提供高达车价35%的补贴，最高可补贴3 500英镑（约人民币3万元）。

与出口量快速提升发生同步变化的，是中国企业海外发展方式的多元化。中国企业进入海外市场的方式由直接出口逐渐拓展至海外建厂、合资合作、海外并购及建设海外研发基地等，头部自主企业正在由单一出口贸易向本地化研发、测试、生产、物流、营销、售后的一体化配套方向发展，同时在汽车金融、融资租赁、二手车、出行服务等领域积极布局。

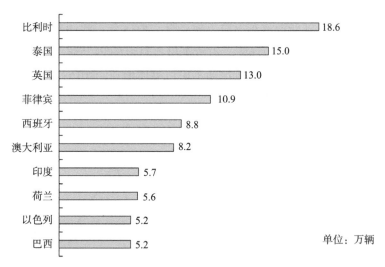

图1.26 2023年1—11月我国新能源乘用车出口TOP10国家

随着我国汽车企业出海步伐的加快，一些国家和地区开始对中国新能源汽车产品的进入设置门槛。例如：美国政府发布的《通胀削减法》中关于电动汽车补贴政策的实施细则，歧视性对待中国企业；欧盟提出将对中国产电动汽车发起反倾销、反补贴调查；土耳其贸易部颁布的电动汽车进口新规则对出口电动汽车的公司在土耳其拥有的授权服务站数量和布局提出了苛刻要求。

面对这一局面，中国新能源汽车产品走向世界面临极大挑战，对国际化人才的培养和储备更加急迫，比如：要求有更多的跨文化管理专家，帮助企业理解和适应当地的商业文化，促进跨国合作和沟通；要求有更多的国际销售和市场营销专家，帮助企业制定有效的市场推广策略，建立销售渠道，并与当地经销商、合作伙伴进行合作；要求有更多的跨国合规专家，确保企业的业务在合法合规的框架下进行，并避免潜在的法律风险；要求有更优秀的研发和技术专家，包括汽车工程师、电气工程师、软件工程师等，为企业开发符合当地法规和满足消费者偏好的产品，提出技术解决方案，并付诸实施。这都要求我们在国际化人才队伍建设的体系和机制方面有更多创新，以助力中国汽车在海外的发展。

第 2 章　我国新能源汽车产业人才现状

一、人才队伍现状

（一）从业人员数量和劳动生产率

本次课题组对新能源汽车和智能网联汽车上中下游代表性企业进行了问卷调查（参与调研企业名单见附录六），结果如下。

2022年我国汽车产量为2747.6万台，根据调研结果测算，2022年，我国汽车产业规模以上生产企业从业人员约550万人。

截至2022年年底，被调研企业的从业人员约143.4万人，其中研发人员约22万人，占从业人员的15.6%；被调研企业的新能源汽车和智能网联汽车从业人员54.6万人，占汽车产业从业人员总数的38.1%。其中，被调研企业的新能源汽车和智能网联汽车研发人员约11.6万人，占新能源汽车和智能网联汽车企业从业人员的21.2%。被调研企业的新能源汽车和智能网联汽车生产制造人员约为32.1万人，后市场销售/服务人员约6.7万人，分别占新能源汽车和智能网联汽车企业从业人员的58.8%、12.3%，其他人员占新能源汽车和智能网联汽车企业从业人员的7.7%。这些数据基本反映了我国新能源汽车和智能网联汽车企业人才队伍的岗位结构状况。

根据调研企业提供的数据测算，2022年代表性新能源汽车乘用车整车企业的平均劳动生产率①为13.9台/（人·年），较2022年行业乘用车整车企业平均水平［32.6台/（人·年）］仍有差距。

进一步分析新能源汽车代表性生产企业的人均劳动生产率，发现两个问题，一是两极分化严重，二是新势力企业人均劳动生产力普遍较低，这与企业的产销规模不无关系。具体而言，个别新能源乘用车生产企业的人均劳动生产率已经超过全行业乘用车平均人均劳动生产率，代表性企业的

---

① 代表性新能源乘用车整车企业平均劳动生产率 = 新能源代表性整车企业新能源汽车年生产总台数/新能源代表性整车企业当年新能源从业人员总数。

劳动生产率极差为84.6台/(人·年)。根据被调查的新能源汽车整车生产企业提供的2022年数据，劳动生产率的75分位数、50分位数及25分位数分别为22.0台/(人·年)、14.3台/(人·年)、8.5台/(人·年)，即有25%的企业劳动生产率超过22.0台/(人·年)，50%的企业劳动生产率超过14.3台/(人·年)，75%的企业劳动生产率超过8.5台/(人·年)，如图2.1所示。

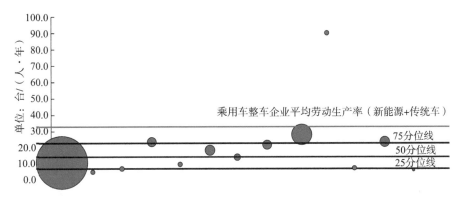

图2.1　2022年代表性新能源乘用车整车企业劳动生产率分位图

数据来源：中国汽车工程学会企业调研问卷

（二）人才队伍基本状况和地域分布

1. 研发人员基本状况和地域分布

无论是新能源汽车企业还是智能网联汽车企业，研发人员的年龄均集中在45岁及以下，其中，新能源汽车研发人员中45岁以下人员占比为96.1%，智能网联汽车研发人员中45岁以下人员占比为95.3%，人才队伍的年轻化特征十分明显，如图2.2所示。

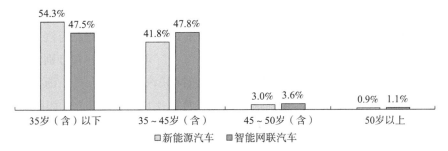

图2.2　新能源汽车、智能网联汽车研发人员年龄分布

数据来源：同道猎聘集团

新能源汽车、智能网联汽车研发人员的工作年限主要集中在 10 年及以上，如图 2.3 所示。

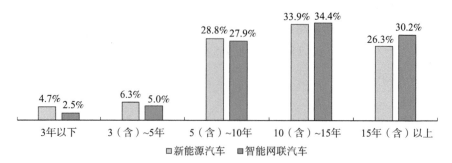

图 2.3　新能源汽车、智能网联汽车研发人员工作年限分布

数据来源：同道猎聘集团

智能网联汽车研发人员的学历相对高于新能源汽车研发人员。具体而言，新能源汽车研发人员中，本科学历占比最高，其次为大专及以下。智能网联汽车研发人员中，本科及以上学历近 90%，本科学历人数占比最高，其次为硕士，如图 2.4 所示。

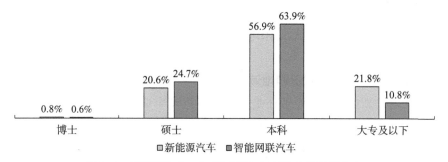

图 2.4　新能源汽车、智能网联汽车研发人员学历分布

数据来源：同道猎聘集团

新能源汽车、智能网联汽车研发人员的集中度和分布特点与汽车产业基地布局、城市经济发展水平强相关。上海、广东、江苏三省分别集中了 45% 的新能源汽车研发人员、49% 的智能网联汽车研发人员。浙江、北京、重庆也是研发人员的聚集地，研发人员占比均在 5% 以上，如图 2.5、图 2.6 所示。

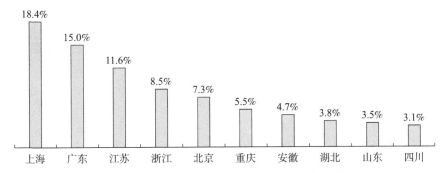

图 2.5 新能源汽车研发人员区域分布（前 10 名）

数据来源：同道猎聘集团

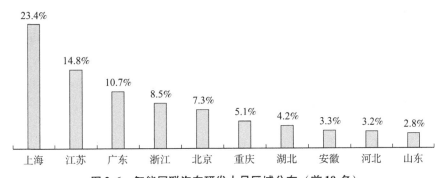

图 2.6 智能网联汽车研发人员区域分布（前 10 名）

数据来源：同道猎聘集团

2. 技能人员基本状况和地域分布

新能源汽车和智能网联汽车生产企业的技能人员以 25 岁以下的人员数量居多，约占 40.2%；整体来看，35 岁以下的人群占比约 75.7%，如图 2.7 所示。

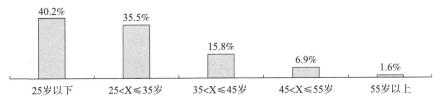

图 2.7 新能源汽车和智能网联汽车整车及零部件企业生产制造人员年龄分布

数据来源：中国汽车工程学会企业调研问卷

新能源汽车销售与售后服务类企业的技能人员中，25~35岁的人员数量最多，约占32.6%；35岁以下的人群合计占比约60.8%。值得注意的是，受到岗位特点和离职率的影响，这类企业中35岁以上的技能人员占比为39.2%，高于生产制造类企业，如图2.8所示。

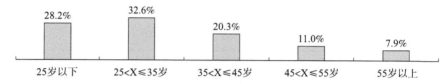

图2.8　新能源汽车销售及售后企业技能人员年龄分布

数据来源：中国汽车工程学会企业调研问卷

从资历看，新能源汽车和智能网联汽车生产制造技能人员中，从业年限在1~5年的最多，约占31.6%；工作年限在10年及以下的人群占比约79.4%，如图2.9所示。

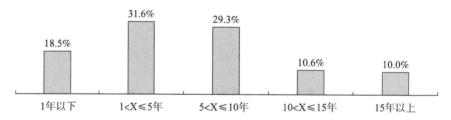

图2.9　新能源汽车和智能网联汽车整车及零部件企业生产制造人员工作年限分布

数据来源：中国汽车工程学会企业调研问卷

从学历看，新能源汽车和智能网联汽车生产企业的技能人员以高职专科学历为主，占比约41.9%；本科学历占比约13.2%；硕士及以上占比仅3.6%，他们主要从事高端数控设备操作、试验检测、设备管理与调试、工艺设计与管理和车间主管等工作，如图2.10所示。

新能源汽车销售与售后服务人员中，高职专科学历的人员占比最高，约占42.5%；本科及以上学历的人员占比约为23.9%，表明这类岗位从业人员中，高学历的占比要高于生产类企业，如图2.11所示。

新能源汽车和智能网联汽车生产制造人员主要分布在新能源汽车整车和零部件生产的集聚区，其中华东地区占比最高，约为21.7%；其次是西

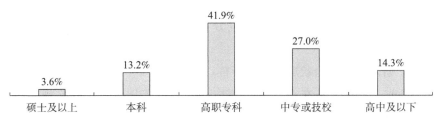

图 2.10　新能源汽车和智能网联汽车整车及零部件企业
生产制造人员学历分布

数据来源：中国汽车工程学会企业调研问卷

图 2.11　新能源汽车销售及售后企业技能人员学历分布

数据来源：中国汽车工程学会企业调研问卷

南地区，占比约 18.1%；华南地区占比约为 16.4%，如图 2.12 所示。华东地区既有上汽（上海）、特斯拉（上海）、奇瑞（芜湖）、吉利（杭州）、蔚来（合肥）、理想（常州）等整车生产企业，也集中了如宁德时代、中创新航等动力电池生产企业；在西南地区，有长安（重庆）、北汽银翔（重庆）、赛力斯（重庆）、吉利（成都）等多家新能源汽车工厂及弗迪锂电池（重庆）等新能源汽车零部件企业；在华南地区，有广汽、比亚迪等整车生产企业和广州巨湾技研、深圳威迈斯等零部件企业。

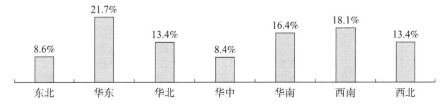

图 2.12　新能源汽车和智能网联汽车整车及零部件企业生产制造人员区域分布

数据来源：中国汽车工程学会企业调研问卷

（三）人才队伍能力状况和岗位分布

1. 研发人员能力状况和岗位分布

目前，研发人员在企业承担着技术攻关、产品研发、战略规划等工作，他们主要通过两个渠道获得社会化能力评价，一是人社系统组织开展的职称评定，二是全国学会在中国工程师联合体领导下开展的工程师能力评价。

参照上述评定/评价标准，课题组将研发人员分为领军人才、正高级工程师、高级工程师、中级工程师、初级工程师五大类，结合企业问卷调查和访谈，提出了对不同类别研发人员角色定位、知识和技能要求、战略及经营能力的要求，如表2.1所示。

表 2.1　不同级别工程师能力要求

级别	角色定位	知识和技能	战略及经营能力
初级	需在上级或他人指导下工作，工作产出需定期检查	工程知识：掌握本专业技术领域的知识 工程能力：按照工作流程，在上级指导下完成工作 终身学习能力：具有终身学习的意识，具备收集国内外相关技术信息的能力	无
中级	熟悉基本的工作流程，可独立进行工作，工作产出需不定期检查	工程知识：精通本专业技术领域的知识 工程能力：具备对简单问题进行分析和研究的能力，能提出解决方案并完成技术工程化实现 终身学习能力：具有终身学习的意识，具备收集、分析国内外相关技术信息的能力	战略：战术执行者 经营：项目层面
高级	可指导中级及以下技术人员开展工作，工作产出质量较高，基本不需要上级检查	工程知识：精通并能系统运用本专业技术领域知识，能解决比较综合、复杂的问题 工程能力：具备对复杂问题进行分析和研究的能力，能提出解决方案并完成技术工程化实现 终身学习能力：具有终身学习的意识，具备收集、分析、判断国内外相关技术信息的能力	战略：战略贡献者、战术执行者 经营：项目层面

续表

级别	角色定位	知识和技能	战略及经营能力
正高级	可指导高级及以下技术人员开展工作，工作产出质量高	工程知识：精通并能系统运用多个专业技术领域的知识，能解决综合、复杂问题 工程能力：具备对综合、复杂问题进行系统分析和研究的能力，能提出解决方案并完成技术工程化实现 终身学习能力：具有终身学习的意识，具备收集、分析、判断国内外相关技术信息的能力	战略：战术制定者 经营：企业层面
领军	战略制定者	工程知识：精通系统架构和相关技术，能根据业务特性，合理进行分层设计 工程能力：具有领导多团队低成本高效率解决综合、复杂工程问题的能力 终身学习能力：具有终身学习意识，具备收集、分析、判断国内外相关技术信息的能力	战略：战略制定者 经营：国家、行业、企业层面

根据调研结果可知，目前新能源汽车和智能网联汽车研发人员呈现"金字塔型"分布，初级工程师占比为55.5%，中级工程师占比为33.0%，高级工程师占比为10.6%；正高级工程师、领军人才占比分别为0.8%、0.1%，如图2.13所示。

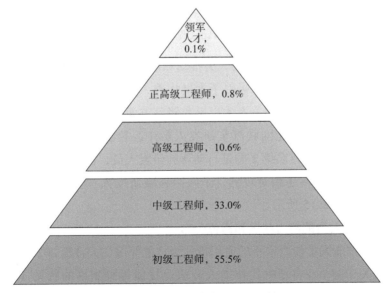

图 2.13 研发人员中各级别工程师占比

数据来源：中国汽车工程学会企业调研问卷

在新能源汽车四大核心技术领域中，研发人员的数量分布与其发展所处的阶段紧密相关。例如，目前纯电动汽车和插电混合动力汽车的发展速度远高于氢燃料电池汽车，这一领域研发人员的数量也远远高于燃料电池企业。具体而言，动力蓄电池领域的研发人员最多，占比为61.6%；电驱动系统领域次之，占比29.4%；燃料电池领域研发人员最少，占比为2.6%，如图2.14所示。以上数据与近年来动力电池行业快速发展高度吻合，但随着动力电池产能过剩的问题日益突出，这一领域的人才队伍将面临"择优而用，优胜劣汰"的竞争。

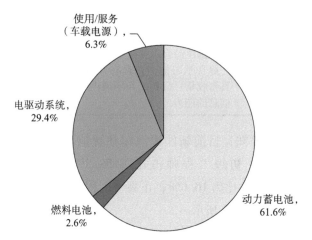

图2.14 新能源汽车研发人员技术领域分布

数据来源：中国汽车工程学会企业调研问卷

自2020年以来，在国家的大力推动和消费者的积极响应下，智能座舱领域相关企业的快速发展，吸引了大批优秀人才。同时，企业积极推进自动驾驶技术的发展，在相关人才积累和储备方面做了大量工作。调查结果证实了这一判断：智能网联汽车研发人员中，智能座舱领域人员占比最高，达到38.0%；排名第2的是自动驾驶研发人员，占比为33.0%；但由于目前V2X部署率还相对较低，车联网领域研发人员占比相对较低，为28.9%，如图2.15所示。

2. 技能人员的能力状况和岗位分布

衡量技能人员能力水平的通用指标为技能等级，人社部2022年制定出台的《关于健全完善新时代技能人员职业技能等级制度的意见（试行）》增设了特级技师和首席技师技术职务（岗位），补设了学徒工，由此形成了由学徒工、初级工、中级工、高级工、技师、高级技师、特级技师、首

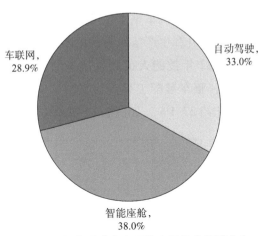

图 2.15　智能网联汽车研发人员技术领域分布

数据来源：中国汽车工程学会企业调研问卷

席技师构成的八级职业技能等级（岗位）序列。但是，由于目前全国特级技师和首席技师为新设等级，人数样本量太少，本课题主要针对初级工、中级工、高级工、技师、高级技师等五级序列进行分析。

企业调研分析显示，当前新能源汽车和智能网联汽车生产制造技能人员中，初级工占比最高，高级技师最少，高技能人员（高级工、技师、高级技师）约占技能人员总数的32.8%，如图2.16所示。

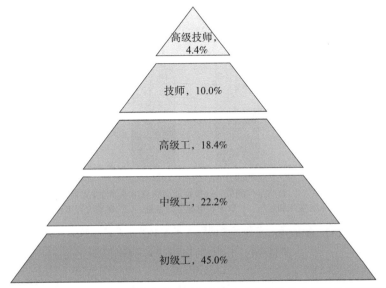

图 2.16　新能源汽车和智能网联汽车整车及零部件生产企业技能人员职业技能等级分布

数据来源：中国汽车工程学会企业调研问卷

在新能源汽车和智能网联汽车整车生产企业，随着新能源汽车和智能网联汽车产销量的快速提升和生产组织方式的不断优化，不同岗位人员的占比也在发生变化。2022年技能人员数量最多的为整车装配工，占比约34.7%；而在2019年，整车装配工只占约23.1%，人员数量最多的为焊装生产线操作工，占比约27.1%，如图2.17所示。

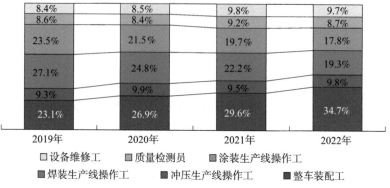

图2.17 新能源汽车和智能网联汽车整车生产企业技能人员分布

数据来源：中国汽车工程学会企业调研问卷

在新能源汽车和智能网联汽车零部件生产企业中，2022年技能人员数量最多的是动力蓄电池生产制造人员，占比62.9%，相较2019年的44.3%提升了18.6%，这与近年来动力电池生产企业数量快速增多、产能迅猛扩张紧密相关，如图2.18所示。

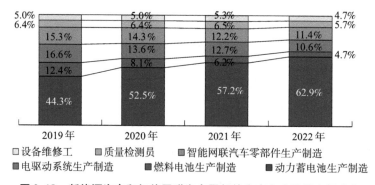

图2.18 新能源汽车和智能网联汽车零部件生产企业技能人员分布

数据来源：中国汽车工程学会企业调研问卷

2022年，从事新能源汽车售后服务类工作的人员数量占比约为55.5%；而从事销售类工作的技能人员占比约44.5%，如图2.19所示。

比较2020—2022年的数据发现，新能源汽车销售和售后人员中，售后服务人员总体多于销售人员，但两者的数量正在逐渐接近，这反映了新能源汽车保有量快速提升对售后服务类岗位需求带来的影响。

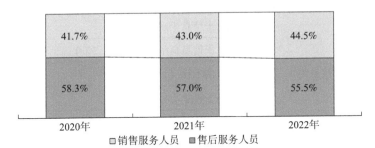

图2.19　新能源汽车销售售后服务企业技能人员占比

数据来源：中国汽车工程学会企业调研问卷

（四）人才队伍质量

1. 新能源汽车研发人员的知识结构状况

本课题借助对新能源汽车研发人员专业背景的研究，分析其知识结构状况。经纳人大数据平台的梳理和筛选，获得了以下信息。

本科学历的研发人员中，拥有机械类专业背景的人数遥遥领先，占比为36.0%，其中机械设计制造及其自动化专业占17.1%，车辆工程专业占7.6%。除机械类外，电子信息类（11.0%）、电气类（7.8%）、自动化类（5.8%）、计算机类（5.7%）、仪器类（2.0%）、材料类（1.9%）、能源动力类（1.6%）、化工与制药类（0.8%）、化学类（0.5%）占比较高，如表2.2所示。

表2.2　本科学历新能源汽车研发人员的专业分布及占比

专业类	专业及占比
机械类	机械设计制造及其自动化（17.1%）
	车辆工程（7.6%）
	材料成型及控制工程（4.6%）
	机械电子工程（2.4%）
	机械工程（1.5%）
	工业设计（1.4%）

续表

专业类	专业及占比
机械类	过程装备与控制工程（0.7%）
	汽车服务工程（0.7%）
电子信息类	电子信息工程（4.7%）
	电子信息科学与技术（3.2%）
	通信工程（1.5%）
	电子科学与技术（1.1%）
	光电信息科学与工程（0.5%）
电气类	电气工程及其自动化（7.8%）
自动化类	自动化（5.8%）
计算机类	计算机科学与技术（4.8%）
	软件工程（0.9%）
仪器类	测控技术与仪器（2.0%）
材料类	高分子材料与工程（0.8%）
	材料科学与工程（0.6%）
	金属材料工程（0.5%）
能源动力类	能源与动力工程（1.6%）
化工与制药类	化学工程与工艺（0.8%）
化学类	应用化学（0.5%）

硕士学历的新能源汽车研发人员中，拥有机械工程学科背景的占比同样最高，为46.7%，其中，车辆工程专业占比最高为25.1%。除机械工程学科外，电气工程（6.8%）、材料科学与工程（5.4%）、化学工程与技术（3.7%）、软件工程（2.3%）、动力工程及工程热物理（2.2%）、化学（1.4%）、电子科学与技术（1.3%）、控制科学与工程（1.2%）、计算机科学与技术（1.1%）、仪器科学与技术（1.0%）学科的人员占比也比较高，如表2.3所示。

表 2.3 硕士学历新能源汽车研发人员中的学科分布及占比

学科	二级学科及占比
机械工程	车辆工程（25.1%）
	机械制造及其自动化（11.0%）
	机械工程（7.3%）
	机械电子工程（3.3%）
电气工程	电气工程（6.8%）
材料科学与工程	材料科学与工程（2.6%）
	材料加工工程（1.6%）
	材料物理与化学（1.2%）
化学工程与技术	化学工艺（1.6%）
	化学工程（1.1%）
	应用化学（1.0%）
软件工程	软件工程（2.3%）
动力工程及工程热物理	热能工程（2.2%）
化学	高分子化学与物理（1.4%）
电子科学与技术	电子科学与技术（1.3%）
控制科学与工程	控制理论与控制工程（1.2%）
计算机科学与技术	计算机科学与技术（1.1%）
仪器科学与技术	仪器科学与技术（1.0%）

上述数据充分反映了汽车产业发展对复合、交叉型人才的需求。除机械相关专业外，电子、电气、自动化、计算机、化学等相关专业的人才也同样是汽车人才队伍的主力军。

研究同时发现，与2021年的研究结果相比，本科生的专业类和硕士的学科没有变化，但比较发现，无论是本科生还是硕士，车辆工程专业的占比均有所提高。具体而言，本科生中车辆工程专业占比提高了0.8个百分点，硕士中车辆工程学科占比提高了3.9个百分点。这一结果反映了随着新能源汽车市场竞争的加剧，企业更加重视产品的性能开发，"懂汽车"成为企业选人、用人的重要考量。

对于不同的技术领域，研发人员的专业背景分布基本一致。动力蓄电池、燃料电池、电驱动领域，研发人员中的本科学历者均主要来自机械类、电子信息类、电气类等专业类，硕士学历者均主要来自机械工程、材料科学与工程、电气工程等学科。与2021年相比，动力蓄电池领域研发人员的相关学科增加了环境科学与工程学科，燃料电池领域研发人员的相关学科增加了软件工程学科，如表2.4～表2.9所示。

表2.4 本科学历动力蓄电池领域研发人员专业分布

专业类	专业
机械类	机械设计制造及其自动化
	车辆工程
	材料成型及控制工程
	机械电子工程
	机械工程
	工业设计
电子信息类	电子信息工程
	电子信息科学与技术
	通信工程
	电子科学与技术
电气类	电气工程及其自动化
自动化类	自动化
计算机类	计算机科学与技术
仪器类	测控技术与仪器
能源动力类	能源与动力工程

表2.5 硕士学历动力蓄电池领域研发人员学科分布

学科	二级学科
机械工程	车辆工程
	机械制造及其自动化
	机械工程
	机械电子工程

续表

学科	二级学科
材料科学与工程	材料科学与工程
	材料加工工程
	材料物理与化学
电气工程	电气工程
化学工程与技术	化学工艺
	化学工程
	应用化学
动力工程及工程热物理	热能工程
软件工程	软件工程
化学	高分子化学与物理
电子科学与技术	电子科学与技术
控制科学与工程	控制理论与控制工程
环境科学与工程	环境工程

表2.6 本科学历燃料电池领域研发人员专业分布

专业类	专业
机械类	机械设计制造及其自动化
	车辆工程
	材料成型及控制工程
	机械电子工程
	机械工程
	工业设计
电子信息类	电子信息工程
	电子信息科学与技术
	通信工程
	电子科学与技术
电气类	电气工程及其自动化
自动化类	自动化
计算机类	计算机科学与技术

续表

专业类	专业
仪器类	测控技术与仪器
能源动力类	能源与动力工程
化工与制药类	化学工程与工艺

表2.7 硕士学历燃料电池领域研发人员学科分布

学科	二级学科
机械工程	车辆工程
	机械制造及其自动化
	机械工程
	机械电子工程
材料科学与工程	材料科学与工程
	材料加工工程
	材料物理与化学
电气工程	电气工程
化学工程与技术	化学工艺
	化学工程
动力工程及工程热物理	热能工程
软件工程	软件工程
化学	高分子化学与物理
电子科学与技术	电子科学与技术
仪器科学与技术	仪器科学与技术

表2.8 本科学历电驱动领域研发人员专业分布

专业类	专业
机械类	机械设计制造及其自动化
	车辆工程
	材料成型及控制工程
	机械电子工程
	机械工程
	工业设计

续表

专业类	专业
电子信息类	电子信息工程
	电子信息科学与技术
	通信工程
	电子科学与技术
电气类	电气工程及其自动化
自动化类	自动化
计算机类	计算机科学与技术
仪器类	测控技术与仪器
能源动力类	能源与动力工程

表2.9 硕士学历电驱动领域研发人员学科分布

学科	二级学科
机械工程	车辆工程
	机械制造及其自动化
	机械工程
	机械电子工程
	机械设计及理论
电气工程	电气工程
	电力电子与电力传动
材料科学与工程	材料科学与工程
	材料加工工程
动力工程及工程热物理	热能工程
软件工程	软件工程
控制科学与工程	控制理论与控制工程
电子科学与技术	电子科学与技术
仪器科学与技术	仪器科学与技术

研究还发现，汽车产业对复合型人才日益强烈的需求，使汽车企业研发人员中拥有跨专业背景的人数占比显著提升。2022年，新能源汽车企业研发人员中，具有跨专业背景的人员比例已经达到29.2%，较2021年提

高了 15.4 个百分点；同期智能网联汽车研发人员中，具有跨专业背景的人员比例是 35.0%，较 2020 年提高 12.2 个百分点，如图 2.20、图 2.21 所示。

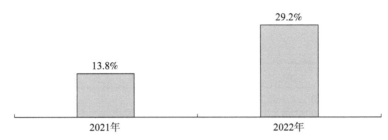

图 2.20　新能源汽车研发人员中具有跨专业背景人员占比

数据来源：中国汽车工程学会个人调研问卷

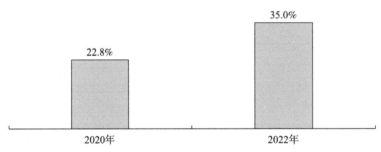

图 2.21　智能网联汽车研发人员中具有跨专业背景人员占比

数据来源：中国汽车工程学会个人调研问卷

2. 智能网联汽车研发人员知识结构状况

经纳人大数据平台的梳理和筛选发现，智能网联汽车研发人员具有计算机、电子信息相关专业背景和具有机械类相关背景同样重要，这是确保所开发产品满足车辆性能要求和开发过程中与汽车产品研发人员有效沟通、高效协同的重要保障。

研究发现，本科学历的研发人员中，拥有计算机类专业背景的人数遥遥领先，占比为 23.8%，其中计算机科学与技术占 18.0%。除计算机类专业外，电子信息类（15.4%）、机械类（12.8%）、自动化类（5.2%）、电气类（5.1%）、仪器类（1.8%）、数学类（1.1%）等专业类也占比较高，如表 2.10 所示。

表 2.10 本科学历智能网联汽车研发人员专业分布及占比

专业类	专业
计算机类	计算机科学与技术（18.0%）
	软件工程（4.7%）
	网络工程（1.1%）
电子信息类	电子信息工程（6.2%）
	电子信息科学与技术（5.2%）
	通信工程（2.6%）
	电子科学与技术（1.4%）
机械类	机械设计制造及其自动化（6.6%）
	工业设计（1.8%）
	材料成型及控制工程（1.7%）
	车辆工程（1.4%）
	机械电子工程（1.3%）
自动化类	自动化（5.2%）
电气类	电气工程及其自动化（5.1%）
仪器类	测控技术与仪器（1.8%）
数学类	信息与计算科学（1.1%）

硕士学历研发人员中，拥有机械工程学科背景占比最高，为 30.4%，其中，车辆工程专业占比为 9.9%。除机械工程外，软件工程（10.5%）、计算机科学与技术（8.2%）、电子科学与技术（4.7%）、电气工程（3.8%）、信息与通信工程（2.8%）、控制科学与工程（2.6%）、仪器科学与技术（1.7%）等学科占比较高，如表 2.11 所示。

表 2.11 硕士学历智能网联汽车研发人员学科分布及占比

学科	二级学科
机械工程	机械制造及其自动化（11.1%）
	车辆工程（9.9%）
	机械工程（5.9%）
	机械电子工程（3.5%）
软件工程	软件工程（10.5%）

续表

学科	二级学科
计算机科学与技术	计算机科学与技术（5.8%）
	计算机应用技术（2.4%）
电子科学与技术	电子科学与技术（4.7%）
电气工程	电气工程（3.8%）
信息与通信工程	信息与通信工程（2.8%）
控制科学与工程	控制理论与控制工程（2.6%）
仪器科学与技术	仪器科学与技术（1.7%）

数据显示，自动驾驶、车联网、智能座舱等不同技术领域研发人员的专业类和学科分布基本一致，只是占比略有不同，如表2.12~表2.17所示。

表2.12 本科学历自动驾驶领域研发人员专业分布

专业类	专业
计算机类	计算机科学与技术
	软件工程
	网络工程
电子信息类	电子信息工程
	电子信息科学与技术
	通信工程
	电子科学与技术
机械类	机械设计制造及其自动化
	工业设计
	车辆工程
	材料成型及控制工程
	机械电子工程
自动化类	自动化
电气类	电气工程及其自动化
管理科学与工程类	信息管理与信息系统
仪器类	测控技术与仪器
数学类	信息与计算科学

表 2.13 硕士学历自动驾驶领域研发人员学科分布

学科	二级学科
机械工程	机械制造及其自动化
	车辆工程
	机械工程
	机械电子工程
软件工程	软件工程
计算机科学与技术	计算机科学与技术
	计算机应用技术
电气工程	电气工程
电子科学与技术	电子科学与技术
信息与通信工程	信息与通信工程
控制科学与工程	控制科学与工程
	控制理论与控制工程
电子信息	电子信息
仪器科学与技术	仪器科学与技术
管理科学与工程	管理科学与工程

表 2.14 本科学历车联网领域研发人员专业分布

专业类	专业
计算机类	计算机科学与技术
	软件工程
	网络工程
电子信息类	电子信息工程
	电子信息科学与技术
	通信工程
	电子科学与技术
自动化类	自动化
电气类	电气工程及其自动化
管理科学与工程类	信息管理与信息系统

续表

专业类	专业
机械类	机械设计制造及其自动化
	工业设计
数学类	信息与计算科学
仪器类	测控技术与仪器

表 2.15 硕士学历车联网领域研发人员学科分布

学科	二级学科
软件工程	软件工程
计算机科学与技术	计算机科学与技术
	计算机应用技术
机械工程	机械制造及其自动化
	车辆工程
	机械工程
	机械电子工程
信息与通信工程	信息与通信工程
电子科学与技术	电子科学与技术
电气工程	电气工程
电子信息	电子信息
管理科学与工程	管理科学与工程
控制科学与工程	控制科学与工程
	控制理论与控制工程
仪器科学与技术	仪器科学与技术

表 2.16 本科学历智能座舱领域研发人员专业分布

专业类	专业
计算机类	计算机科学与技术
	软件工程
	网络工程

续表

专业类	专业
电子信息类	电子信息工程
	电子信息科学与技术
	通信工程
	电子科学与技术
自动化类	自动化
电气类	电气工程及其自动化
机械类	机械设计制造及其自动化
	工业设计
	机械电子工程
仪器类	测控技术与仪器
数学类	信息与计算科学

表 2.17 硕士学历智能座舱领域研发人员学科分布

学科	二级学科
软件工程	软件工程
机械工程	机械制造及其自动化
	车辆工程
	机械工程
	机械电子工程
计算机科学与技术	计算机科学与技术
	计算机应用技术
电子科学与技术	电子科学与技术
信息与通信工程	信息与通信工程
电气工程	电气工程
电子信息	电子信息
控制科学与工程	控制理论与控制工程
	控制科学与工程
仪器科学与技术	仪器科学与技术
管理科学与工程	管理科学与工程

3. 技能人员知识结构和专业技能状况

从新能源汽车和智能网联汽车整车生产企业技能人员的专业背景看，排名前5的是新能源汽车技术（50.8%）、汽车制造与检测（49.2%）、机械设计与制造（49.2%）、汽车制造与试验技术（45.9%）以及新能源汽车制造与检测（42.6%）等装备制造大类的专业，如图2.22所示。

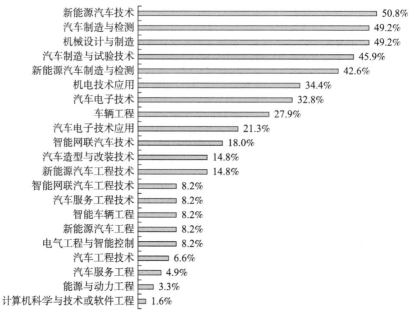

图2.22 新能源汽车和智能网联汽车整车生产企业技能人员专业分布

数据来源：中国汽车工程学会企业调研问卷

从新能源汽车和智能网联汽车零部件企业技能人员的专业背景看，排名前5的是机械设计与制造（60.5%）、机电技术应用（47.4%）、汽车制造与检测（44.7%）、新能源汽车技术（44.7%）以及新能源汽车制造与检测（42.1%）等装备制造类专业，如图2.23所示。

从新能源汽车和智能网联汽车销售及售后企业技能人员的专业背景看，排名靠前的专业类别中，新能源汽车检测与维修相关专业、新能源汽车技术相关专业及汽车电子技术相关专业的占比较高，如图2.24所示。

从以上分析可以看出，目前新能源汽车和智能网联汽车企业中，技能人员专业占比最高的是装备制造类专业，这与他们所从事的岗位密切相关。但可以预计，随着未来新能源汽车产销规模和保有量的进一步扩大，拥有新能源汽车相关专业背景的技能人员数量还会进一步提升。而随着今后汽

图 2.23 新能源汽车和智能网联汽车零部件企业技能人员专业分布

数据来源：中国汽车工程学会企业调研问卷

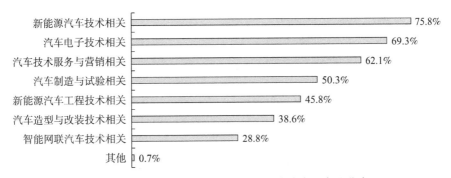

图 2.24 新能源汽车销售及售后企业技能人员专业分布

数据来源：中国汽车工程学会企业调研问卷

车产业加快向智能化、网联化转型，企业对具有智能网联汽车技术、汽车电子技术以及汽车服务与营销类专业背景的技能人员的需求也将不断增加。

调研获得的信息显示，对于技能人员应具备的专业知识，新能源汽车和智能网联汽车整车生产企业更看重毕业生对于新能源汽车构造和基本原理、新能源汽车动力电池系统基础知识、车用高压电安全操作和防护、电机及控制系统基础知识、电气系统基础知识等专业知识的掌握，掌握这些专业知识的毕业生在招聘环节会更具优势。同时，有近40%的被调查企业希望技能人员也能对智能网联汽车结构和工作原理有一定的掌握，如图2.25所示。

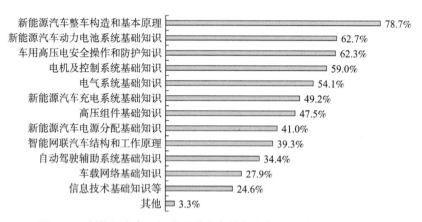

图2.25　新能源汽车和智能网联汽车整车生产企业看重的专业知识

数据来源：中国汽车工程学会企业调研问卷

由于被调研的零部件生产企业从事的业务范围比较广，所以企业对于专业技能的要求分布于三电系统的拆装和检测、智能化设备的拆装和检测等各个方面，如图2.26所示。

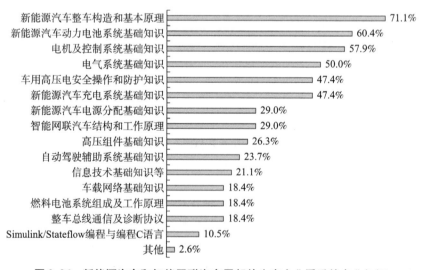

图2.26　新能源汽车和智能网联汽车零部件生产企业看重的专业知识

数据来源：中国汽车工程学会企业调研问卷

研究结果显示,不同企业对技能人员专业技能的关注点存在较大差异。

对于新能源汽车和智能网联汽车整车生产企业,企业更看重技能人员对于新能源汽车电路检测和调试、新能源汽车电机电控系统的拆装和检测、车身电气系统的拆装和检测、车用高压电安全检查和防护等技能的掌握水平,掌握这些专业技能的毕业生在招聘环节会更具优势,智能底盘与智能辅助系统的装调、检测能力也很受重视,如图 2.27 所示。

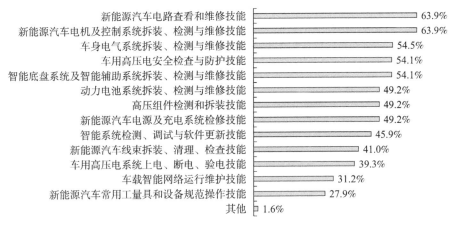

图 2.27　新能源汽车和智能网联汽车整车生产企业看重的专业技能

数据来源:中国汽车工程学会企业调研问卷

对于新能源汽车和智能网联汽车零部件生产企业,企业则更看重技能人员的部件/系统拆装、检测能力和智能化设备/工具的操作、运营维护能力,如图 2.28 所示。

对于新能源汽车销售服务类企业,企业更看重技能人员的商务谈判能力、新车体验服务能力、服务接待能力、线下营销方案策划能力等。随着互联网的发展和线上营销手段的多样化,具备数据分析、线上营销方案策划、互联网运营系统操作、线上直播讲解等能力受到了近 50% 企业的重视,如图 2.29 所示。

对于新能源汽车和智能网联汽车售后服务企业,企业更看重技能人员的新能源汽车电路查看和维修能力、电机及控制系统检测与维修能力、车用高压电安全检查与防护能力、动力电池的检测与维修能力、车身电气系统检测与维修能力、新能源汽车电源及充电系统检测与维修能力、新能源汽车常用工量具和设备的规范操作能力、智能底盘系统及智能辅助系统检

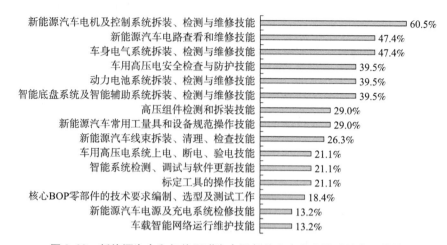

图 2.28　新能源汽车和智能网联汽车零部件生产企业看重的专业技能

数据来源：中国汽车工程学会企业调研问卷

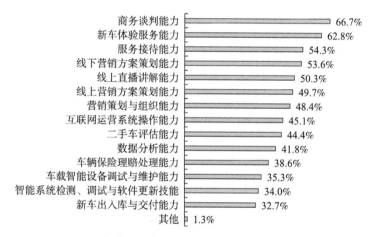

图 2.29　新能源汽车销售服务类企业看重的专业技能

数据来源：中国汽车工程学会企业调研问卷

测与维修能力等，如图 2.30 所示。

4. 企业对应届毕业生的评价

（1）企业研发人员对应届毕业生专业能力的评价

调研数据显示，在企业研发人员对本科和硕士应届毕业生工程能力的满意度评价中，对其工程知识认可度最高，87.5% 的被调查者认可或非常认可应届毕业生所掌握的知识，认为其可以满足岗位需要；其次为工具的

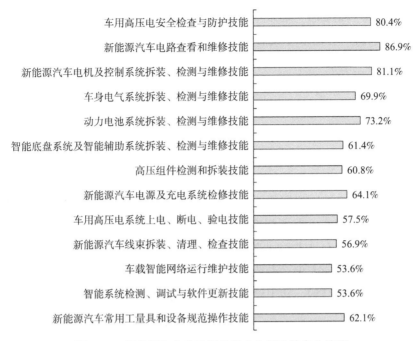

图 2.30 新能源汽车售后服务类企业看重的专业技能

数据来源:中国汽车工程学会企业调研问卷

使用能力、研究能力和问题分析能力;而只有 60.4% 的被调查者对应届毕业生提出设计/开发解决方案的能力表示认可,如图 2.31 所示,这一数据反映出高校的教学活动仍需加快从重学生知识向重学生能力的转变,尤其要重视学生能够用所学知识解决复杂工程问题的能力。

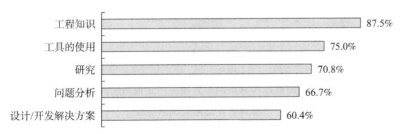

图 2.31 新能源汽车和智能网联汽车企业研发人员对应届生能力的认可度

数据来源:中国汽车工程学会企业调研问卷

(2)企业对生产制造岗位应届毕业生的能力评价

课题组专门就新能源汽车和智能网联汽车企业对新招聘的生产制造岗位的应届毕业生的满意度进行了问卷调查,要求被调研企业用 1~5 分反映他们对应届毕业生的"非常不满意""不满意""一般""满意"或"十分满意"。调研内容包括专业能力和职业素养两个方面,其中,专业能力包括专业水平、职业技能和操作规范,职业素养包括职业道德、抗压能力、团队协作能力、时间管理能力和学习能力。

调研结果显示,在接受调查的企业中,约60.6%的整车生产企业和73.6%的零部件生产企业对新入职生产制造岗位的应届毕业生的专业知识掌握水平表示满意,认为其基本具备按照要求完成产品的加工、装配、调试、测试、标定和检测等工作的能力;仅有9.8%的整车生产企业和2.6%的零部件生产企业对应届毕业生的职业技能水平表示不满意,对比2021年的调研数据,满意度有所提升,如图2.32、图2.33所示。这一数据,反映了近年来学校在推进教学改革和加强校企合作方面取得的成果,即培养方案更加聚焦企业需求,专业设置、课程体系和实训设施越来越健全,毕业生的专业知识结构、知识储备和所具备的能力与企业需要的匹配度越来越高。

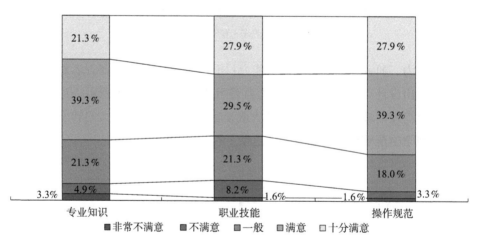

图2.32　新能源和智能网联整车生产企业对生产制造岗位应届生专业能力的满意度

数据来源:中国汽车工程学会企业调研问卷

调研结果显示,新能源汽车和智能网联汽车整车及零部件生产企业对技能人员职业素养的评价基本满意,其中满意度较高的是职业道德和团队协作,满意度最低的是抗压能力,如图2.34所示。这一结果可以反映出企业对应届毕业生非技术能力的关注度。

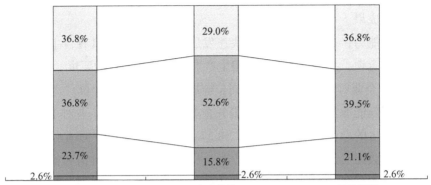

图 2.33 新能源汽车和智能网联汽车零部件生产企业对生产制造岗位应届生专业能力的满意度

数据来源：中国汽车工程学会企业调研问卷

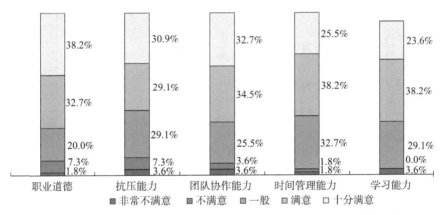

图 2.34 整车和零部件生产企业对生产制造岗位应届生职业素养的评价

数据来源：中国汽车工程学会企业调研问卷

职业道德，是指从业者是否具有最基本的职业品德，除了社会普遍认知中的遵纪守法、爱岗敬业、诚实守信，还包括工程伦理。

抗压能力，是指从业者能否以积极的态度面对各种问题、困难和挑战，是否有能力以恰当的方式解决问题。

团队协作，是指从业者能否在工作团队中发挥所长，建立信任，化解冲突，承担责任。

时间管理，是指从业者是否有能力运用所掌握的方法、技巧和工具，有效平衡效率与目标、投入与产出的关系，达到工作中的最高效率，取得最好工作成果。

学习能力，是指面对产业的快速发展，从业者是否具有自主学习和终身学习的意识，并通过主动学习跟上产业发展对从业者的要求。

（3）企业对销售及售后服务岗位应届毕业生的能力评价

对于新能源汽车销售及售后服务企业，约 67.4% 的企业对于其招聘的应届毕业生的专业知识是满意的，约 57.6% 的企业对于其职业技能是满意的。两组数据对比可以看出，企业对于从事新能源汽车营销和售后服务的应届毕业生具备的专业知识是基本认可的，但是对于其掌握的职业技能的满意度不是非常高；除了职业技能，企业对毕业生满意度最高的职业素养是职业道德和学习能力；但企业对应届毕业生抗压能力的满意度不高，只有约 46.7%，是所有能力和素养中满意度最低的一项，如图 2.35 所示。

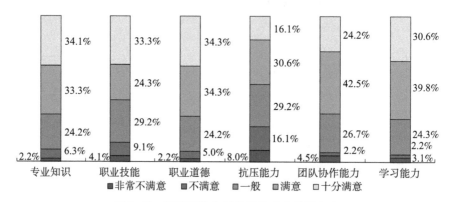

图 2.35　新能源汽车销售及售后人员满意度

数据来源：中国汽车工程学会企业调研问卷

以上数据说明，一方面，在新能源汽车和智能网联汽车销售及售后人才培养中，职业院校目前在相关专业知识的更新和迭代上基本可以满足产业发展的需要，但是在相关职业能力的培养上存在一定滞后；另一方面，针对毕业生抗压能力不够强这一突出问题，需要职业院校在未来的人才培养模式、人才培养方案中积极探索解决办法。

5. 国际化人才基本状况

"出海"是判断一个国家汽车产业是否强大、是否具有国际竞争力的重要标准。中国汽车企业在经历了早期的贸易出口和以建立经销商模式出口、海外建立研发基地的方式进军海外之后，已经开始加快在海外建立组装业务或直接投资建厂的进程,这标志着我国汽车产业正在向构建包括技术、品牌、资本全产业链布局的生态"出海"迈进,正在逐步形成以国内大循环为主体、国内国际双循环相互促进的新发展格局。在这一过程中,新能源汽车成为中国产品走向世界的新范本。

课题组参考中国人才研究会的《中国汽车国际化发展与人才管理研究》,将汽车企业国际化发展阶段分为尚未开展国际化业务、产品出口、对外投资、跨国经营四个阶段[①]。课题组进行的问卷调查结果显示,调研企业中48.8%的企业处于产品出口阶段,17.1%的企业已进入对外投资阶段,14.6%的企业进入跨国经营阶段,有19.5%的企业尚未开展国际化业务,如图2.36所示。

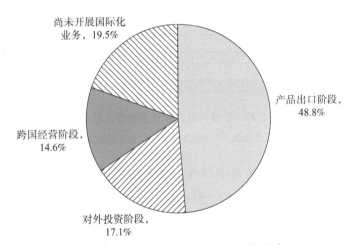

图2.36　调研企业的国际化发展阶段分布

数据来源:中国汽车工程学会企业调研问卷

中国人才研究会《中国汽车国际化发展与人才管理研究》提供的数据印证了这一调研结果:当前汽车行业国际化业务人才中,海外营销板块人数占比最大,超过60%,而研发人员占比仅为8.2%,这说明尽管多家企

---

① 产品出口阶段:需同时满足海外营收/总营收<10%,建立海外销售公司少于2个,未建立海外生产和制造分支。

对外投资阶段:需同时满足10%≤海外营收/总营收<50%,建立海外销售公司超过2个或建立海外生产和制造分支至少1个。

跨国经营阶段:需同时满足海外营收/总营收≥50%,建立海外生产和制造分支超过5个。

业早已在海外建有研发机构，并在近几年启动了生产基地建设，但目前中国汽车企业在海外发展总体上仍处于以产品销售为主的阶段。

面向未来，国际化人才队伍建设的水平无疑对企业未来海外发展之路能走多远、步子能迈多大具有决定性影响。因此，建立一支高水准的、能够支撑中国汽车产品走向世界的国际化人才队伍已成为当务之急。为此，课题组就国际业务人才需求进行了调研。

企业调研问卷结果显示，未来对技术研发类人才的需求将大大高于对营销类人才和售后服务人才的需求，如图 2.37 所示。具体而言，被调查企业中有 92.7% 的企业认为更需要技术研发类人才，80.5% 的企业认为需要营销类人才，58.5% 的企业认为需要售后服务类人才。

图 2.37　企业开展国际业务所需人才类型

数据来源：中国汽车工程学会企业调研问卷

这些数据反映出，随着中国汽车企业从单纯产品出口走向国际化经营，各类人才都是不可缺少的，但在不同的发展阶段，对他们的能力要求有不同的标准。

作为技术研发类人才，除了专业技能，还需要对产品出口目的国汽车生产上下游的支撑体系有充分的了解，对相关标准有充分的理解，对消费者需求有充分的认识。

作为营销类和售后服务类人才，除了相关专业技能，还需要充分了解当地的政局、消费环境、法律法规，并能够在传播和确立企业品牌影响力方面有所作为。

这些要求可以归纳为国际化人才需要具备的五项能力，分别是全球化视野、跨文化交流能力、多元文化的思辨能力、良好的语言能力和专业外语能力。调研数据显示，这五项能力中，企业认为全球化视野最重要，排在最后的则是专业外语的能力，如图 2.38 所示。这说明，外语仅仅是沟通的工具，具备国际化的思维和观念才是国际化人才的必备能力。

第 2 章 我国新能源汽车产业人才现状 | 91

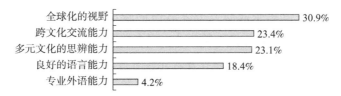

图 2.38 企业认为国际化人才应具备的能力占比

数据来源：中国汽车工程学会企业调研问卷

二、人才队伍建设

（一）主要来源

1. 研发人员主要来源

目前企业主要通过校园招聘、社会招聘和内部培养三种方式满足对新能源汽车研发人员的需求。2023 年的调研结果显示，新能源汽车研发人员三种来源方式的占比基本相当，校园招聘占比相对最高，为 34.8%；而引进国外专家或海外招聘这一方式的占比极低，不足 1%，如图 2.39 所示。这一数字反映了企业在人才队伍建设方面的长远思考。

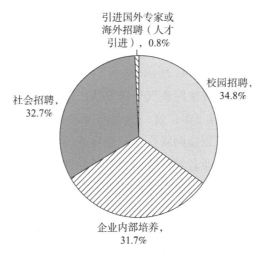

图 2.39 新能源汽车研发人员人才来源分析

数据来源：中国汽车工程学会企业调研问卷

在智能网联汽车企业研发人才队伍的建设中，企业开始反思高薪招聘、即招即用的短平快人才政策带来的负面影响，更加注重中长期人才培养，通过校招、企业内部培养等方式充实人才队伍。由企业内部培养、校园招聘而来的研发人才的占比提升，分别为39.9%、39.1%，社会招聘的研发人才的占比较2020年下降了21.8个百分点，为20.1%，如图2.40所示。

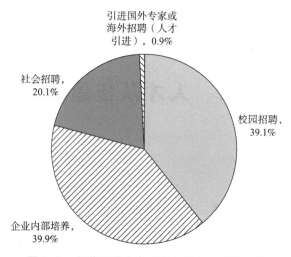

图2.40 智能网联汽车研发人员人才来源分析

数据来源：中国汽车工程学会企业调研问卷

通过社会招聘加入新能源汽车研发队伍的人员中，从传统汽车企业流入的人才最多，占比为39.7%；新能源汽车企业之间的人才流动占比约为34.6%，较2021年略有增加，反映了新能源汽车企业间人才争夺战的激烈程度；从互联网行业流入新能源汽车企业的人才占比较2021年提高3个百分点，达到7.7%，如图2.41所示。

通过社会招聘加入智能网联汽车研发队伍的人员中，来自互联网企业的人才占比最高，为37.5%，这一方面与互联网行业当前的发展状况有关，另一方面也反映了智能网联汽车产业良好的发展态势对互联网行业人才的吸引力和互联网从业者对自身职业发展的期待。而与新能源汽车企业不同，智能网联汽车企业间的人才流动率相对较低，占比为10.4%，如图2.42所示，这一数据从另一个角度反映了这一领域的从业者对自己职业的满意度。

以上数据，与2023年我国智能网联汽车上险量分布情况（见图1.21）形成呼应，说明了智能化、网联化发展趋势对新能源汽车企业人才队伍建

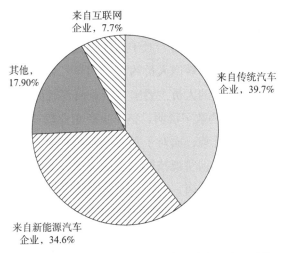

图 2.41　新能源研发人员中社会招聘人员来源结构

数据来源：中国汽车工程学会个人调研问卷

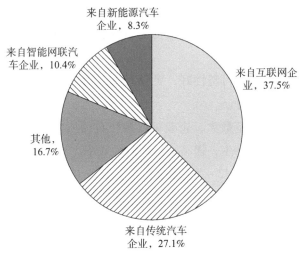

图 2.42　智能网联研发人员中社会招聘人员来源结构

数据来源：中国汽车工程学会个人调研问卷

设带来的影响。

2. 技能人员主要来源

新能源汽车整车与零部件生产企业的技能人员主要来源于校园招聘、社会招聘、内部转岗和校企联合定向培养这四种方式。其中，约54.1%的新入职人员来源于校园招聘，约21.6%来源于内部转岗，约14.4%来源于社会招聘，约9.9%来源于定向培养。

对比整车生产企业与零部件生产企业的技能人员来源结构可以发现，其差异主要体现在内部转岗方面。对于新能源汽车整车生产企业，技能人员主要来自校园招聘，内部转岗人员约占11.1%；对于新能源汽车零部件生产企业，从事生产制造的人员主要来自企业内部转岗，占比约51%，校园招聘仅占29.7%。这些数字说明，整车生产企业较零部件生产企业在吸引应届毕业生方面更具优势；而对于零部件生产企业，由于受到各种条件制约，其更倾向于通过培训实现技能人员队伍的知识更新和能力提升，如通过经过培养人才的内部转岗，满足企业发展转型的需要。

但无论校园招聘在技能人员来源中的占比如何，被调研企业均充分肯定校园招聘所具有的优点。

一是年轻且无从业经历的应届毕业生持续、稳定的加入，对企业保持技能人员队伍结构的合理性、形成适合自身发展需要和认可本企业文化的技能团队是非常有益的。

二是相比于内部转岗，职业院校对口专业的应届毕业生掌握了更新的新能源汽车专业基础知识，知识结构更系统、更全面，能够更快适应岗位需求。

三是应届毕业生的可塑性好，更具有培养潜力，辅以队伍建设的激励措施，稳定性相对较好。

四是应届毕业生基数大，企业可以按照自己所需，"批量"招聘与企业需求匹配度更高的学生，提高了人才输入效率。

但是，如前文图2.32～图2.35所示，企业对职业学校应届毕业生某些方面专业能力的满意度不高，由此产生了企业对社会招聘的需求和校企联合定向培养的需要。

社会招聘的优势，在于可以大幅度提高从业者与岗位的匹配度，尤其是关键岗位，但人才匹配的成功率相对较低，成本相对较高，人才稳定性相对较差。

校企合作定向培养的优势，在于可以大幅度提高学校人才培养与企业需求匹配的精准度。在合作过程中，学校与企业可以交换双方资源，各取所需，这一方式更有利于建立校企的长期合作、共建关系，但缺点是对学生就业选择有一定制约。

对整车和零部件生产企业技能人员来源结构的分析可以看出，社会招聘也是引入技能人才的重要方式之一，分别占比约 20.2% 和 15.9%，如图 2.43 所示。整车生产企业通过校企合作定向培养引入技能人才的占比约为 11.1%，远高于零部件生产企业的 3.0%，究其原因，与零部件生产企业的规模和招聘需求远远低于整车生产企业、与职业院校合作能力弱不无关系。

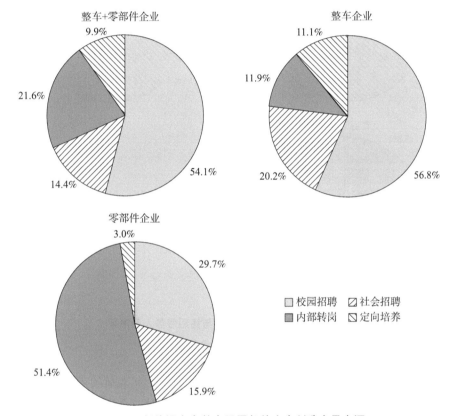

图 2.43　新能源汽车整车及零部件生产制造人员来源

数据来源：中国汽车工程学会企业调研问卷

新能源汽车销售和售后服务企业的技能人员主要来自校园招聘、社会招聘和内部转岗这三种方式。其中，约 42.4% 的人员来源于校园招聘，约 39.1% 来源社会招聘，约 18.5% 来源于内部转岗。具体到不同岗位，销售人员主要来自校园招聘，约占 49.4%，而售后服务人员中约 45.9% 来自于社会招聘，这反映出新能源汽车销售企业对于营销专业类型应届毕业生的知识结构和综合素质比较认可，应届毕业生入职后可以通过培训快速上岗就业；但是新能源汽车售后服务企业则更倾向于通过社会招聘引入有一定经验的技能人员从事售后工作,如图 2.44 所示。

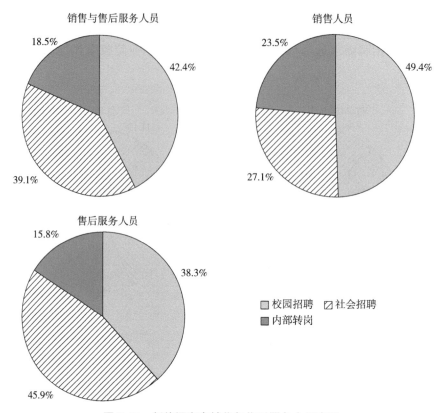

图 2.44 新能源汽车销售与售后服务人员来源

数据来源:中国汽车工程学会企业调研问卷

企业调研数据进一步发现,新能源汽车销售企业人员的内部转岗率要高于新能源汽车售后服务企业,这也是由于企业对两个岗位人员的知识和能力要求不同导致。对于销售人员,销售传统燃油汽车和新能源汽车的差别,主要体现在对新能源汽车相关知识的掌握,但对掌握深度的要求大大低于售后服务人员,销售人员更容易通过内部培训完成转型;但是对于售后服务人员,由于传统燃油车与纯电动汽车、燃料电池汽车在技术原理、零部件组成和故障诊断方法上区别较大,转型难度相对于销售人员要更大。

遗憾的是,尽管校园招聘是企业技能人员来源的重要渠道,但对高职学校毕业生的调研数据显示,近 3 年汽车相关专业学生毕业后从事汽车行业的比例仅为约 50.0%,如图 2.45 所示。毕业后没有选择汽车行业的毕业生中，有约 32.1% 是因为有更好的就业机会，约 32.1% 是因为选择继续升学深造，如图 2.46 所示。可以看出，汽车相关专业毕业生在择业时有更多的选择范围，他们会综合考虑未来发展前景、职业规划、个人兴趣爱好等各方面原因，薪酬不是学生毕业后没有从事汽车行业工作的最主要因素。

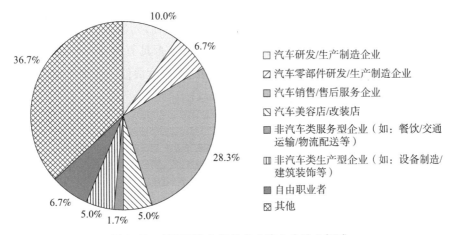

图 2.45　新能源汽车相关专业毕业生就业领域

数据来源：中国汽车工程学会职业院校调研问卷

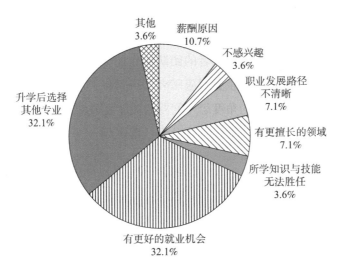

图 2.46　新能源汽车相关专业毕业生未选择汽车行业的原因

数据来源：中国汽车工程学会职业院校调研问卷

3. 企业的选人关注度

企业在招聘时，应聘人员是否具备岗位所需要的专业能力固然是关注度第一位的，但调查结果显示，近年来企业对应聘人员的通用素质能力/非技术能力的关注度大幅提升。

在校园招聘中，企业最看重的是应届毕业生是否具有持续的终身学习能力，这不仅关系着应届毕业生未来的职业发展，更将对企业能否跟上产业的发展产生影响。企业招聘时关注的其他项由高到低依次为持续的终身学习能力、团队协作和沟通能力，对毕业生是否具有遵守工程伦理意识、能否站在环境和可持续发展角度思考问题的关注度最低，如图2.47所示。

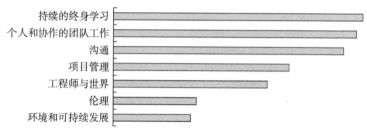

图2.47　企业校园招聘关注的人才素养排序

数据来源：中国汽车工程学会企业调研问卷

与校园招聘不同，企业的社会招聘往往是针对岗位进行的，企业希望应聘者能够在带领团队方面有所作为，或是能在某个技术领域发挥引领者的作用，因此企业更看重应聘者的团队协作能力、沟通能力和项目管理能力。但与校园招聘相同，企业对应聘者是否具有遵守工程伦理意识、能否站在环境和可持续发展的角度思考问题的关注度最低，如图2.48所示。这一结果反映出，企业如何将履行社会责任落实到每一个员工方面还有大量的工作要做。

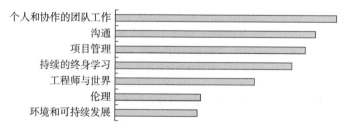

图2.48　企业社会招聘关注的人才素养排序

数据来源：中国汽车工程学会企业调研问卷

（二）薪酬水平

1. 研发人员薪酬状况

调研数据显示，智能网联汽车研发人员年薪仍相对高于新能源汽车研发人员，具体如下。

新能源汽车研发人员年薪的中位数在 10 万~20 万元区间，智能网联汽车研发人员年薪的中位数在 20 万~30 万元区间。其中，年薪在 20 万元以下的新能源汽车研发人员超一半，年薪 10 万元以下的新能源汽车研发人员占比为 19%；而年薪在 20 万元以下的智能网联汽车研发人员仅有三分之一，10 万元以下的仅有 6.7%；20 万元以上各区间段年薪中，智能网联汽车研发人员占比均高于新能源汽车研发人员，如图 2.49 所示。

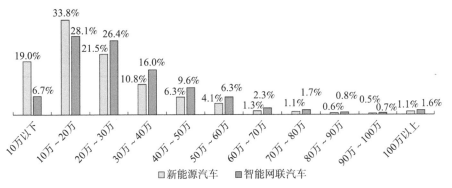

图 2.49 新能源汽车、智能网联汽车研发人员年薪分布

数据来源：同道猎聘集团

毕业三年后，从事智能网联和新能源汽车研发工作的车辆工程专业硕士毕业生平均月薪约为同行业同专业本科毕业生的 1.5 倍，如图 2.50 所示。

上述调研结果与国家统计局公布的 2022 年各行业从业者薪酬状况数据高度吻合，即信息传输、计算机服务和软件业的年平均薪酬在城镇单位就业人员平均工资的各行业中最高，为制造业的 2.3 倍，如图 2.51 所示。因此，相比新能源汽车企业，智能网联汽车企业需要用更高的薪酬吸引人才。

从吸引跨行业人才流入的情况看，新能源汽车企业目前更多的是与电

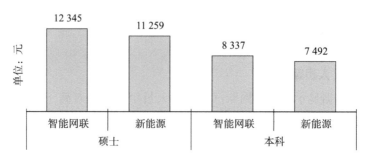

图 2.50　车辆工程专业本科、硕士毕业生从事新能源汽车、
智能网联汽车研发工作的平均月薪对比（毕业三年后）

数据来源：北京纳人网络科技有限公司

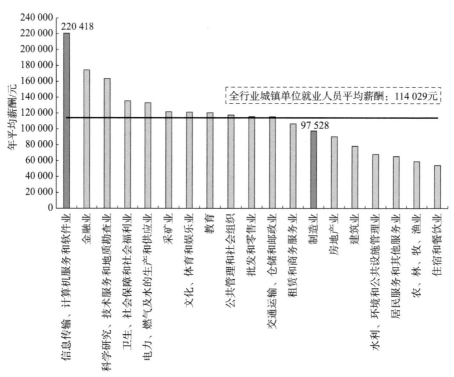

图 2.51　2022 年按行业分城镇单位就业人员年平均工资

数据来源：国家统计局

力、电工、材料、化工等行业争夺人才，这些行业与汽车同属制造业，近年来汽车产业良好的发展势头，使新能源汽车企业在吸引人才方面具有一定的比较优势。

对于不同级别的工程师，其薪酬差别较大，各级别工程师薪酬的最低、25 分位、50 分位、75 分位、最高均不同，如表 2.18 所示。

表 2.18　新能源汽车和智能网联汽车企业不同级别工程师年薪分布

单位：元

工程师级别	最低	P25	P50	P75	最高
初级工程师	10 万～15 万	10 万～15 万	15 万～25 万	15 万～25 万	25 万～45 万
中级工程师	15 万～20 万	25 万～30 万	25 万～30 万	25 万～30 万	45 万以上
高级工程师	25 万～30 万	35 万～40 万	40 万～45 万	45 万～55 万	55 万以上
正高级工程师	35 万～40 万	60 万～80 万	60 万～80 万	80 万～100 万	100 万以上
领军人才	80 万～100 万	80 万～100 万	100 万～150 万	150 万～200 万	400 万以上

数据来源：中国汽车工程学会企业调研问卷

从同一级别工程师薪酬水平看，其薪酬水平的跨度极大，如图 2.52～图 2.56 所示。这与当前车企普遍设置弹性薪酬，更倾向于以专业能力匹配岗位（将合适的人放在合适的岗位），采用差异化薪酬有关。

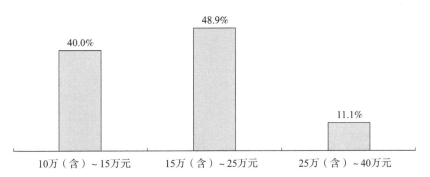

图 2.52　新能源汽车和智能网联汽车企业初级工程师年薪分布情况

数据来源：中国汽车工程学会企业调研问卷

此外，不同汽车企业间薪酬差异也较大。调研显示，新势力汽车生产企业的薪酬普遍高于其他企业。

为更深入分析不同专业背景研发人员的薪酬状况，课题组选取代表性

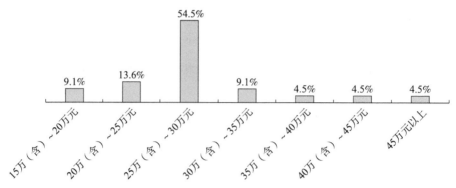

图 2.53　新能源汽车和智能网联汽车企业中级工程师年薪分布情况

数据来源：中国汽车工程学会企业调研问卷

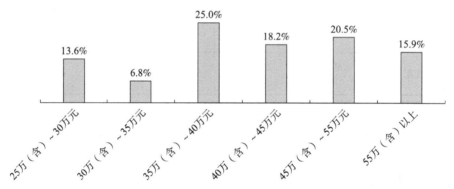

图 2.54　新能源汽车和智能网联汽车企业高级工程师年薪分布情况

数据来源：中国汽车工程学会企业调研问卷

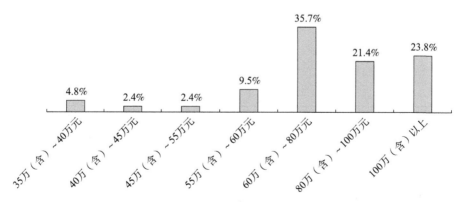

图 2.55　新能源汽车和智能网联汽车企业正高级工程师年薪分布情况

数据来源：中国汽车工程学会企业调研问卷

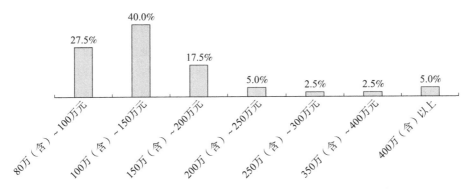

图 2.56　新能源汽车和智能网联汽车企业领军人才年薪分布情况

数据来源：中国汽车工程学会企业调研问卷

专业或二级学科进行了薪酬对比分析，得出以下结论。

其一，除个别专业外，新能源、智能网联汽车研发岗位较其他行业更具薪酬优势。代表性专业毕业生毕业三年后，除控制科学与工程、通信与信息系统二级学科外，无论是本科生还是研究生，从事新能源汽车、智能网联汽车研发工作的毕业生，其平均月薪均高于本专业毕业生的平均月薪，尤其是软件工程专业，2021 年调研报告显示其毕业生从事新能源汽车研发工作的平均月薪低于专业平均月薪，目前其毕业生从事新能源汽车研发工作的平均月薪是专业平均月薪的 1.2 倍。

其二，智能网联汽车研发人员平均薪酬高于新能源汽车研发人员，但随着学历的提升，差距有所缩小。对于毕业三年后的本科生，从事新能源汽车研发工作的平均月薪为 7 541 元，从事智能网联汽车研发工作的平均月薪为 9 216 元，后者是前者的 1.2 倍；对于毕业三年后的硕士生，从事新能源汽车研发工作的平均月薪为 11 502 元，从事智能网联汽车研发工作的平均月薪为 12 880 元，后者是前者的 1.1 倍。

其三，同样从事研发工作，不同专业背景研发人员的薪酬水平存在差异。对于同期入职新能源汽车企业的不同专业背景的研发人员，拥有计算机科学与技术、电子信息工程、自动化专业背景的本科生和拥有计算机科学与技术、软件工程、动力工程及工程热物理二级学科背景的硕士生的平均月薪更高；对于同期入职智能网联汽车企业的不同专业背景的研发人员，计算机科学与技术专业的本科生和软件工程、计算机科学与技术、动力工程及工程热物理二级学科的硕士生的薪酬水平更高。

其四，对于就职于汽车企业的化学相关专业/学科毕业生和能动相关专业/学科毕业生，可以获得比在本领域就职更高的薪酬。对于任职新能源汽车研发岗位的化学工程与工艺专业本科生，毕业三年后的平均月薪比其在本专业领域就职的同期本科生平均月薪高 28.9%；对于应用化学二级学科的研究生，毕业三年后的平均月薪比其在本学科领域就职的同期硕士生平均月薪高 20.5%。同样的情况也发生在智能网联汽车研发岗位，对于能源与动力工程专业的本科生，入职三年后的平均月薪比本专业本科生的平均月薪高 34.8%；对于动力工程及工程热物理二级学科的硕士生，入职三年后的平均月薪与本学科同期硕士生平均月薪高 28.6%，如图 2.57～图 2.60 所示。

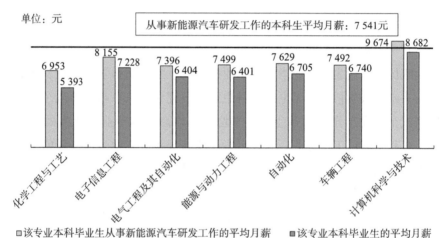

图 2.57　代表性专业本科生毕业三年平均月薪对比

数据来源：北京纳人网络科技有限公司

2. 技能人员薪酬分析

企业调研问卷结果分析显示，新能源汽车技能人员的平均月薪多数在 5 000～6 999 元区间。其中，从事新能源汽车整车及零部件制造技能人员的月薪主要分布在 5 000～6 999 元区间，从事新能源汽车销售及售后的人员月薪（含销售奖金）主要分布在 7 000～8 999 元区间，从事智能网联汽车测试及制造相关工作技能人员的月薪主要分布在 8 000～9 999 元区间。由此可以看出，从事智能网联汽车相关工作的毕业生的月薪水平要稍高于新能源汽车技能人员的月薪水平，新能源汽车销售及售后人员的平均月薪略高于生产制造技能人员的平均月薪。新能源汽车技能人员薪资水平如图

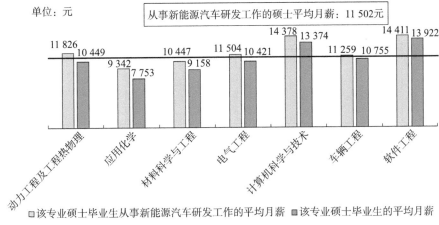

图 2.58　代表性专业硕士毕业生三年平均月薪对比

数据来源：北京纳人网络科技有限公司

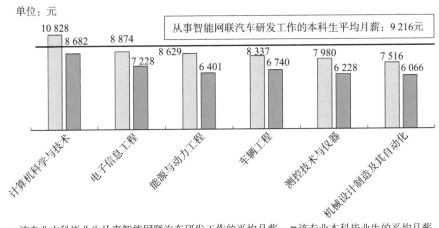

图 2.59　代表性专业本科生毕业三年平均月薪对比

数据来源：北京纳人网络科技有限公司

2.61 所示。

中国新就业形态研究中心 2022 年发布的《中国蓝领群体就业研究报告（2022）》指出，2022 年我国蓝领劳动者的月均收入水平集中于 5 000 ~ 8 000 元，其中司机、配送仓储、建筑装修从业者的平均月均工资较高，平均薪酬在 7 500 ~ 8 500 元/月。与其对比，新能源汽车产业技能人员的薪酬水平在我国蓝领群体中处于中等及中等偏下水平，而从事智能网联相关

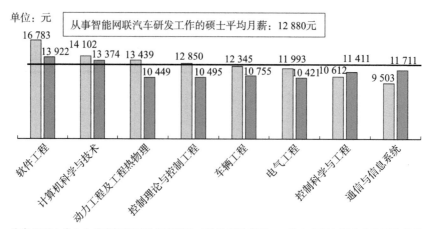

图 2.60　代表性专业硕士毕业生三年平均月薪对比

数据来源：北京纳人网络科技有限公司

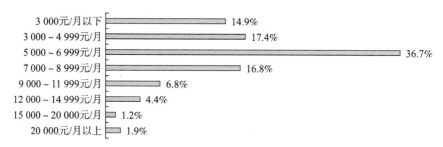

图 2.61　新能源汽车技能人员薪资水平

数据来源：中国汽车工程学会企业调研问卷

工作的技能人员薪酬水平处于较高水平。蓝领群体月均收入水平如图 2.62 所示。

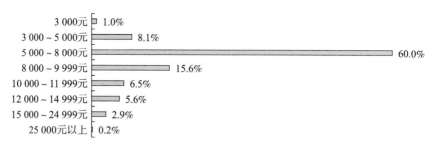

图 2.62　蓝领群体月均收入水平

数据来源：《中国蓝领群体就业研究报告（2022）》

（三）人员流动性

1. 离职率现状

在 2020 年的调研中，新能源汽车和智能网联汽车企业研发人员的离职率在 20% 左右，而本期企业调研问卷显示，研发人员的离职率显著降低，72.1% 的企业离职率在 10% 以下，90.7% 的企业离职率在 15% 以下，如图 2.63 所示。尤其是主动离职率显著下降。究其原因，源于新能源汽车和智能网联汽车产业近年来的迅猛发展，无论是薪酬水平的提升还是良好的职业发展环境，都对稳定研发人员队伍起到了重要作用。

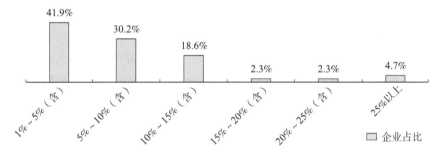

图 2.63　新能源汽车和智能网联汽车企业研发人员离职率分布

数据来源：中国汽车工程学会企业调研问卷

进一步对离职的研发人员的专业背景进行分析发现，离职率最高的是计算机类（73.3%）、电子信息类（66.0%）、自动化类（59.5%）电气类（59.5%）、仪器类（44.4%）、化学类（42.9%）和能源动力类（40.0%）等，如图 2.64 所示。离职率排名前二位的是计算机类和电子信息类专业，且计算机类、电子信息类专业离职率较 2021 年均有大幅提升，分别提高了 20.4 个百分点、14.6 个百分点。这些研发人员均具有 IT 背景知识，他们的频繁流动，反映了企业人才需求的热点，也反映了汽车产业在向智能化、网联化转型中对具有 IT 专业背景的人才的需求强度。

通过企业调研和个人调研数据综合分析发现，新能源汽车技能人员的离职率仍然偏高，约为 19%。其中，新能源汽车整车生产制造企业的技能人员平均离职率为 15%~20%；零部件生产制造企业从业人员平均离职率为 5%~10%；营销及售后服务企业技术技能人员的离职率较高，为 20%~25%。

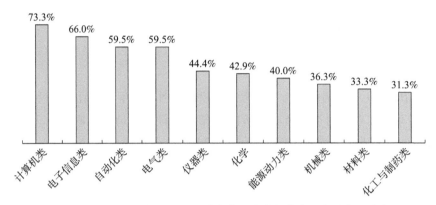

图 2.64　新能源汽车和智能网联汽车研发人员中离职人员专业分布

数据来源：中国汽车工程学会个人调研问卷

2. 离职原因分析

个人问卷调研结果显示，离职原因中，对新能源汽车研发人员而言排名前三的分别是薪酬原因、缺乏学习机会和个人家庭和生活原因，如图 2.65 所示。对智能网联汽车研发人员而言排名前三的是个人家庭和生活原因、无晋升机会和缺乏学习机会，薪酬因素则排在了第 4 位，如图 2.66 所示。这一结果反映了不同企业在稳定研发人员队伍方面的工作重心各有不同，但无论哪类企业，薪酬都只是稳定人才队伍的关注点之一，形成全方位的人才保障体系才是根本。

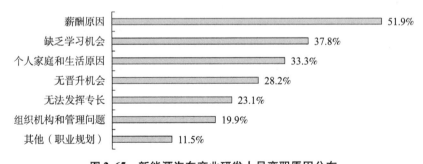

图 2.65　新能源汽车产业研发人员离职原因分布

数据来源：中国汽车工程学会个人调研问卷

对于新能源汽车企业的技能人员，离职原因主要是职业认知、薪酬和寻求更好的发展机会，主要可归纳为以下方面。

一是求学期间没有形成对个人未来职业发展的清晰认识，缺乏对职业

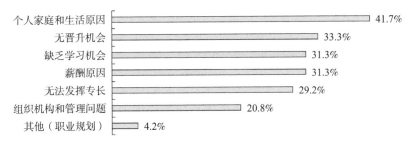

图 2.66　智能网联汽车产业研发人员离职原因分布

数据来源：中国汽车工程学会个人调研问卷

规划的系统思考，就业岗位选择存在一定的盲目性，或是入职之后意识到了高素质对个人职业发展的影响，产生了继续升学的想法，或是入职后发现实际工作与预期差距较大，产生了另谋职业的想法。

二是被其他企业的高薪所吸引。随着新能源汽车企业间的竞争加剧，人才争夺也愈演愈烈，"高薪挖人"成为补充高素质技能人员队伍的重要手段，也吸引了高素质技能人员向薪酬更高、发展前景更好的企业流动。

三是部分毕业生缺乏对职业的敬畏之心。这一现象主要反映在现阶段新能源汽车技能人员以"90后""00后"为主，年龄主要分布在30岁以下，良好的成长环境使他们难以接受重复性高、环境较为艰苦的工作和企业严格的管理。

四是传统劳务中介对社会招聘模式的影响。新能源汽车企业对技能人员旺盛的需求，导致招聘需求被中介机构层层转包的情况，复杂且被不断拉长的业务链条、无效的中间劳务层级及过多的经手人员，导致求职者对企业的人才需求缺乏深度理解，或是出现了重大偏差，甚至出现夸大岗位待遇和虚构职位的情况。求职者无法获得企业和岗位的真实信息，入职后发现不适应或不满，不得不做出重新选择的决定。

由此可见，薪酬虽然是新能源汽车企业人才争夺战中的最重要因素，但随着社会整体经济环境的发展和家庭收入水平的提升，技能人员对于个人发展前景、企业培训、弹性工作时间等方面的关注度也越来越高。企业在有效控制人力成本的同时，还需要在建立完善的员工培训体系、为技能人员提供发展空间和成长环境方面做更多工作。此外，学校也需要在增强学生对岗位的理解、帮助学生做好职业规划、清晰职业发展路径等方面做更多的工作。

（四）岗位培训

1. 入职培训

对通过校园招聘入职的毕业生进行岗前培训，是各企业的普遍做法，目的是帮助毕业生尽快了解企业并融入企业，更快速地胜任岗位。调研数据显示，从培训时间看，9成企业的培训时间不超过1年，其中60%的企业进行6个月以内的培训，如图2.67所示。从培训内容看，企业主要是进行通用知识培训，包括企业文化、研发流程、产品知识、系统操作等，其次是有针对性地对毕业生进行岗位专项能力培训，部分企业也将团队合作与交流能力、沟通与组织协调能力列入了培训内容，如图2.68所示。

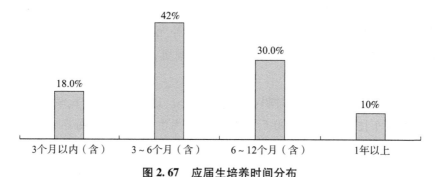

图 2.67　应届生培养时间分布

数据来源：中国汽车工程学会企业调研问卷

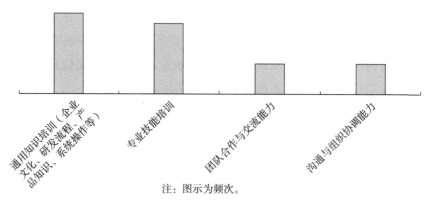

注：图示为频次。

图 2.68　对应届毕业生开展培训的内容

数据来源：中国汽车工程学会企业调研问卷

2. 在岗培训

提升员工持续职业发展能力，是企业持续保持和持续提升竞争力的需要，也是员工个人职业发展的需要。

目前，企业的岗位培训主要侧重两个方面，一是满足企业向"智能化、网联化、电动化"转型的需要，二是持续提升员工的专业能力，从而使企业能够持续保持市场竞争力。企业往往针对不同的培训需求设定培训内容和时间。

如前所述，内部转岗是企业应对转型需要引入人才的主要方式之一，转岗前的内部培训成为不可缺少的环节。调研数据显示，80%的被调研企业会针对内部转岗开展培训，86.4%的企业培训周期在半年以内，其中接近50%的企业会进行3个月以下的培训，但对于一些特定岗位，培训时间会延长，如图2.69所示。培训形式以内部培训为主，结合项目训练和外部培训，如图2.70所示。

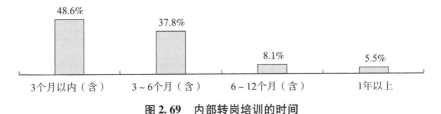

图2.69　内部转岗培训的时间

数据来源：中国汽车工程学会企业调研问卷

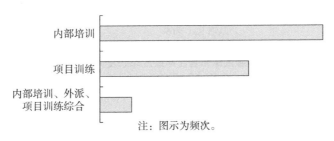

图2.70　内部转岗培训形式

数据来源：中国汽车工程学会企业调研问卷

针对提升员工岗位能力的培训，很多企业已经形成了相应的制度，建立了相应的工作体系。培训主要针对工作中发现、急需解决的关键问题开展,主要由企业内部具有技术专长的工程师担任培训师角色,并辅以聘请外部讲师。

调研结果显示,对于新入职的毕业生,培训也是不可缺少的,但各类企业培训时间的差异较大,总体上看,整车生产企业对入职培训的重视程度高于零部件生产企业。

(五)岗位激励

1. 对研发人员的激励措施

与前2年的研究相比,无论是新能源汽车还是智能网联汽车研发人员,面对正在从事的职业,薪酬已经不再是第一关注要素,而是排在了第三位,研发人员更看重职业发展环境,包括健康向上、团结合作、充满活力和创造力的工作氛围和企业文化,其次是良好的职业晋升机会和发展通道,如图2.71所示。

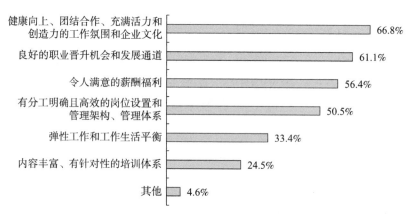

图2.71 新能源汽车和智能网联汽车研发人员最看重的因素

数据来源:中国汽车工程学会个人调研问卷

这一结果反映了当前开始进入职场的"00"后们与"前辈"们的思想观念差异,他们更追求自我价值的实现和对自我愿景的精神满足。因此,企业需要更加重视与员工"软需求"相关的软环境建设,这是企业用好人、留住人的重要保障。

调研发现,31.5%的企业认为薪酬和福利激励措施最有效,提升员工使命感、领导力,以及员工培训、弹性工作安排同样具有激励性,但总体看，采取弹性工作安排的激励有效性大大低于其他措施，如图 2.72 所示。

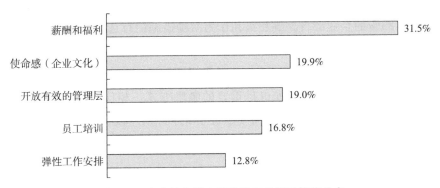

图 2.72　企业认为排在高位的有效激励措施分布

数据来源：中国汽车工程学会企业调研问卷

2. 对技能人员的激励措施

薪酬和福利激励也是新能源汽车和智能网联汽车整车及零部件生产企业对技能人员的最主要激励措施，被调研的企业中有 81% 将其排在第一位。综合来看，激励措施的有效性排序是：薪酬和福利＞员工培训＞使命感（企业文化）＞开放有效的管理层＞弹性工作安排，如图 2.73 所示。这与企业对研发人员的激励措施排序有很大不同，是不同岗位人员的基本素质和需求决定的。

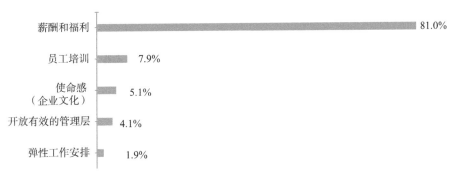

图 2.73　新能源汽车和智能网联汽车整车及零部件生产
企业排在首位的有效激励措施分布

数据来源：中国汽车工程学会企业调研问卷

调研还发现，相比于整车生产企业，零部件生产企业会更多强调企业文化和使命感来提升员工的认同感及工作积极性，而整车生产企业则强调更加人性化的弹性工作安排。

对于新能源汽车销售及售后企业，薪酬和福利依然是最有效的激励措施，约83%的企业都将薪酬和福利作为激励措施的首选，激励措施的有效性排序是：薪酬和福利＞使命感（企业文化）＞员工培训＞工作氛围＞弹性工作安排，如图2.74所示。这一结果说明除了薪酬和福利，健全的员工培训体系和良好的工作氛围也是重要的激励方式。相比于生产制造企业，销售及售后企业主要从事服务业务，工作时间相对固定，所以一般不会轻易使用弹性工作安排来提升员工的工作效率。

图2.74　新能源汽车销售及售后服务企业排在首位的有效激励措施分布

数据来源：中国汽车工程学会企业调研问卷

三、人才职业岗位序列

（一）职业岗位序列

与燃油汽车相同，课题组按照技术研究、产品开发、生产制造、销售、售后服务、回收利用的汽车全生命周期，将新能源汽车产业从业者划分为领军人才、研发技术人才、生产制造人才、销售/服务人员及其他人才等，各类人员特征如表2.19所示。

表 2.19 不同类别新能源汽车产业人才的特征分析

人才类别	主要特征
领军人才	1. 思维更加开放、创新、系统； 2. 对汽车以及数据、信息、能源等产业的发展方向、技术趋势、商业模式等的理解和把握能力要求更高； 3. 重要度最高，但数量少，增量少（依据既往研究成果，约占产业人才总量的0.1%）
研发技术人才（整合新能源汽车、智能网联汽车）	1. 总体上能力需求显著提高，知识构成极大扩展，远超传统汽车产业； 2. 汽车产业变革的最大驱动力之一是技术革新； 3. 变化最大，需补充更多新增力量
生产制造人才（新增）	1. 对新能源汽车产品和技术有足够的了解，能够完成新能源汽车系统关键部件、系统及整车的生产制造； 2. 对人才提出新的需求
销售/服务人才（新增）	1. 对新能源汽车产品和技术有足够的了解，能够面向新能源汽车特点优化销售及售后服务的内容和模式； 2. 对人才提出新的需求
其他人才	1. 具体的工作内容和流程会发生变化，但职能本身没有本质变化； 2. 有需求增量，但不大

（二）2023 年紧缺职业岗位序列

当前新能源汽车、智能网联汽车进入了蓬勃发展期，企业对人才的竞争也进入了白热化。企业调研和企业深访结果显示，部分岗位的招聘难度正在加大，市场人才供给不能满足当前企业发展的需要。课题组通过企业调研数据和企业深访分析，得到了新能源汽车、智能网联汽车研发人员紧缺岗位和技能人员紧缺岗位信息，如表2.20～表2.22所示。

表 2.20 2023 年新能源汽车产业岗位矩阵及紧缺度（研发人员）

技术领域	岗位（群）名称				
动力蓄电池	1. 电池性能开发工程师（含热管理、EMC、高压安全、功能安全）★★	2. BMS算法工程师★★	3. 电芯仿真、测试工程师（含寿命、热管理、电化学、电流密度）★★★★	4. 电芯材料工程师★★★	5. BMS策略工程师★

续表

技术领域	岗位（群）名称				
动力蓄电池	6. PACK仿真、测试工程师（含寿命、热管理、结构）★★★★	7. 电池大数据工程师★★	8. 电池材料工程师★★	9. BMS硬件工程师★★★	10. 电芯工艺工程师★★★★
	11. 电池系统集成工程师★★★★★	12. 电池/PACK工艺工程师★★★★	13. 电池结构工程师★★		
燃料电池	14. 燃料电池控制策略工程师（含控制算法）★★★	15. 燃料电池电堆工艺工程师★★★★	16. 燃料电池系统性能工程师（含水热管理、EMC、功能安全）★★★★★	17. 燃料电池电堆结构工程师★★	18. 燃料电池系统结构工程师★★★
	19. 燃料电池系统工程师（含集成、架构、设计等）★★★★	20. 车载氢系统仿真、测试工程师★★	21. 燃料电池软件工程师★★★★★	22. 燃料电池电气工程师★★★★	23. 燃料电池电堆仿真、测试工程师★★
	24. 燃料电池工艺工程师★★★				
电驱动系统	25. 电驱动性能开发工程师（含热管理、EMC、NVH、高压安全、功能安全）★★★★	26. 功率器件工程师（含芯片、模块）★★★★	27. 电驱动系统仿真、测试工程师★★★	28. 电机控制器策略工程师★★★★	29. 电机控制器算法工程师★★★
	30. 电机控制器结构/硬件工程师★★★★	31. 电驱动系统集成工程师（结构）★★★★	32. 电机仿真、测试工程师★★★★	33. 电机控制器软件工程师★★★★	34. 减速器结构工程师★★★★
使用/服务	35. 车载电源性能开发工程师（含热管理、EMC、高压安全、功能安全）★★★★	36. OBC车载充电器策略工程师★★★	37. 车载电源系统集成工程师★★★	38. OBC车载充电器算法工程师★★★	39. OBC车载充电器软件工程师★★★★
	40. 充电开发工程师★★	41. V2G工程师★★			

表 2.21　2023 年智能网联汽车产业岗位矩阵及紧缺度（研发人员）

技术领域	岗位（群）名称				
自动驾驶	1. 网络安全工程师★★★★★	2. 线控底盘系统工程师（EPS、ESC 等）★★★★★	3. 软件架构工程师★★★	4. 智能驾驶系统架构工程师★★★★★	5. 线控底盘系统硬件工程师（EPS、ESC 等）★★★★★
	6. 感知融合算法工程师★★★★	7. 决策与路径规划算法工程师★★★★	8. 智能驾驶域控制器开发工程师★★★	9. ADAS 系统工程师（ACC、AEB 等）★★★★	10. 图像及视频处理工程师★★★★
	11. 系统测试工程师★★	12. 地图/定位算法工程师（SLAM、IMU）★★★★★	13. 仿真测试工程师★★	14. 智能网联系统安全工程师（信息安全、功能安全、预期功能安全）★★★★★	
智能座舱	15. 人工智能算法工程师（深度学习、强化学习等）★★★★	16. 人工智能软件工程师★★★	17. 智能座舱系统工程师★★★★★	18. 智能座舱产品开发工程师★★	19. 智能座舱软件测试工程师★★
	20. BSP 工程师★★★★				
车联网	21. 大数据平台架构师★★★★	22. 电子电气架构工程师★★★★★	23. 大数据挖掘工程师★★★	24. 云平台架构工程师★★★★	25. 车联网系统工程师★
	26. App 开发工程师（功能应用软件）★★★★	27. OTA 需求开发工程师★★★★	28. 车联网 C++ 开发工程师★★★★	29. 车联网测试工程师★★★	

表 2.22　2023 年新能源汽车产业岗位矩阵及紧缺度（技能人员）

行业或领域	岗位（群）名称			
新能源整车制造	1. 装配与调试★★★★	2. 焊装生产线操作工★★	3. 设备维修工★★★★★	4. 智能辅助驾驶测试员★★★

续表

行业或领域	岗位（群）名称			
新能源汽车零部件制造	5. 电池制造工★★★★			

新能源汽车动力蓄电池方向人才短缺尤为明显，其中紧缺度最高的几个岗位为电池性能开发工程师（含热管理、EMC、高压安全、功能安全），BMS 算法工程师，PACK 仿真、测试工程师（含寿命、热管理、结构），电池系统集成工程师。

智能网联汽车自动驾驶方向人才短缺尤为明显，其中紧缺度最高的几个岗位为网络安全工程师、线控底盘系统工程师（EPS、ESC 等）、智能驾驶系统架构工程师、决策与路径规划算法工程师、地图/定位算法工程师（SLAM、IMU）、智能网联系统安全工程师（信息安全、功能安全、预期功能安全）等。

技能人员中新能源汽车整车制造人员最为紧缺，尤其是装配与调试人员。

在紧缺度方面，课题组采用五星级模式评价，星级越高代表紧缺度越高，在此基础上形成了当前紧缺人才需求目录（见附录三、附录四），可供行业参考。

（三）2028 年紧缺职业岗位序列

课题组以新能源汽车、智能网联汽车未来技术发展趋势为基础，通过专家访谈、问卷调研等方式，梳理了 2028 年新能源汽车、智能网联汽车研发人员紧缺岗位，在紧缺度方面采用五星级模式评价，星级越高代表紧缺度越高，如表 2.23、表 2.24 所示。

表 2.23 2028 年新能源汽车产业岗位矩阵及紧缺度（研发人员）

技术领域	岗位（群）名称				
动力蓄电池	1. 电池性能开发工程师（含热管理、EMC、高压安全、功能安全）★★	2. 电芯仿真、测试工程师（含寿命、热管理、电化学、电流密度）★★★★	3. PACK 仿真、测试工程师（含寿命、热管理、结构）★★★★★	4. 电池材料工程师★	5. 电池结构工程师★★★

续表

技术领域	岗位（群）名称				
动力蓄电池	6. 电芯工艺工程师★★★★	7. 电池/PACK工艺工程师★★★★电池大数据工程师★★★	8. 电池系统集成工程师★★★	9. BMS软件工程师★★★	
燃料电池	10. 燃料电池控制策略工程师（含控制算法）★★★	11. 燃料电池电气工程师★★★★	12. 燃料电池电堆材料工程师★★	13. 燃料电池系统工程师（含集成、架构、设计等）★★★	14. CFD工程师★★★★
	15. 燃料电池软件工程师★★★	16. 燃料电池电堆工艺工程师★★★	17. 燃料电池系统性能工程师（含水热管理、EMC、功能安全）★★★		
电驱动系统	18. 电驱动系统集成工程师（结构）★★★	19. 电机控制器策略工程师★★★★	20. 电机控制器软件工程师★★	21. 电驱动性能开发工程师（含热管理、EMC、NVH、高压安全、功能安全）★★	22. 电力电子工程师★★

表2.24 2028年智能网联汽车产业岗位矩阵及紧缺度（研发人员）

技术领域	岗位（群）名称				
自动驾驶	1. 感知融合算法工程师★★★★	2. 地图/定位算法工程师（SLAM、IMU）★★★★★	3. 智能驾驶系统架构工程师★★★★	4. 感知系统测试工程师★★	5. 决策与路径规划算法工程师★★

续表

技术领域	岗位（群）名称				
智能座舱	6. 智能座舱系统工程师★★★★	7. 智能座舱系统测试工程师★★★★	8. 智能座舱产品开发工程师★★★★★	9. 智能座舱软件工程师★★★	10. 人机交互工程师★★★★
	11. 座舱终端开发工程师★★★★	12. 人工智能算法工程师（深度学习、强化学习等）★★★★			
车联网	13. 大数据挖掘工程师★★★	14. 云平台架构工程师★	15. App开发工程师（功能应用软件）★★★★	16. 车联网系统工程师★★★★	17. 车联网安全工程师★★★★
	18. 车联网测试工程师★	19. OTA需求开发工程师★★★★	20. 点云数据处理工程师★★★★★		

（四）关键职业岗位序列

课题组通过分析岗位的重要性和紧缺度，确定了关键岗位序列。关键岗位作为影响未来产业发展的岗位，也是未来车辆工程专业的人才培养目标，如表2.25、表2.26所示。

表2.25 新能源汽车产业关键岗位目录

技术领域	岗位（群）名称			
动力蓄电池	1. 电池性能开发工程师（含热管理、EMC、高压安全、功能安全）	2. 电芯材料工程师	3. PACK仿真、测试工程师（含寿命、热管理、结构）	4. 电池材料工程师
	5. 电池系统集成工程师	6. 电池/PACK工艺工程师	7. 电池结构工程师	

续表

技术领域	岗位（群）名称			
燃料电池	8. 燃料电池电堆工艺工程师	9. 燃料电池系统性能工程师（含水热管理、EMC、功能安全）	10. 燃料电池系统工程师（含集成、架构、设计等）	11. 燃料电池软件工程师
电驱动系统	12. 电机控制器策略工程师	13. 电驱动系统集成工程师（结构）	14. 电机控制器软件工程师	15. 减速器结构工程师
使用/服务	16. 车载电源性能开发工程师（含热管理、EMC、高压安全、功能安全）	17. OBC车载充电器策略工程师		

表 2.26　智能网联汽车产业关键岗位目录

技术领域	岗位（群）名称			
自动驾驶	1. 软件架构工程师	2. 智能驾驶系统架构工程师	3. 决策与路径规划算法工程师	4. ADAS系统工程师（ACC、AEB等）
	5. 地图/定位算法工程师（SLAM、IMU）			
智能座舱	6. 人工智能算法工程师（深度学习、强化学习等）	7. 智能座舱系统工程师		
车联网	8. 大数据平台架构师	9. 大数据挖掘工程师	10. 车联网系统工程师	11. App开发工程师（功能应用软件）
	12. OTA需求开发工程师	13. 车联网C++开发工程师		

第 3 章　院校人才供给分析

一、普通高等学校人才供给分析

（一）普通高等学校相关学科（专业）建设情况

1. 相关专业布点情况

根据纳人提供的专业分布大数据结果，课题组提炼出与新能源汽车相关的本科、硕士研究生专业共42个。其中本科专业24个，分属于10个专业类；硕士研究生专业18个，分属于11个学科。与智能网联汽车相关的本科、硕士研究生专业共28个。其中本科专业16个，分属于7个专业类；硕士研究生专业12个，分属于8个学科，如表3.1~表3.4所示。

表3.1 与新能源汽车相关的本科专业的布点情况

专业类	专业	专业布点数/所
机械类	机械设计制造及其自动化	523
	车辆工程	271
	材料成型及控制工程	242
	机械电子工程	318
	机械工程	126
	工业设计	239
	过程装备与控制工程	107
	汽车服务工程	175
电子信息类	电子信息工程	645
	电子信息科学与技术	157
	通信工程	528
	电子科学与技术	166
	光电信息科学与工程	192

续表

专业类	专业	专业布点数/所
电气类	电气工程及其自动化	572
自动化类	自动化	461
计算机类	计算机科学与技术	867
	软件工程	602
仪器类	测控技术与仪器	227
材料类	高分子材料与工程	191
	材料科学与工程	221
	金属材料工程	83
能源动力类	能源与动力工程	200
化工与制药类	化学工程与工艺	344
化学类	应用化学	185

注：深底色为强相关专业，其他为中相关专业。

表3.2 与新能源汽车相关的研究生二级学科的布点情况

学科	二级学科	专业布点数/所
机械工程	车辆工程	88
	机械制造及其自动化	120
	机械工程	115
	机械电子工程	121
电气工程	电气工程	46
材料科学与工程	材料科学与工程	124
	材料加工工程	105
	材料物理与化学	123
化学工程与技术	化学工艺	91
	化学工程	71
	应用化学	159
软件工程	软件工程	74
动力工程及工程热物理	热能工程	51
化学	高分子化学与物理	91
电子科学与技术	电子科学与技术	57

续表

学科	二级学科	专业布点数/所
控制科学与工程	控制理论与控制工程	110
计算机科学与技术	计算机科学与技术	129
仪器科学与技术	仪器科学与技术	444

注：深底色为强相关专业，其他为中相关专业。

表3.3 与智能网联汽车相关的本科专业的布点情况

专业类	专业	专业布点数/所
计算机类	计算机科学与技术	867
	软件工程	602
	网络工程	407
电子信息类	电子信息工程	645
	电子信息科学与技术	157
	通信工程	528
	电子科学与技术	166
机械类	机械设计制造及其自动化	523
	工业设计	239
	材料成型及控制工程	242
	车辆工程	271
	机械电子工程	318
自动化类	自动化	461
电气类	电气工程及其自动化	572
仪器类	测控技术与仪器	227
数学类	信息与计算科学	37

注：深底色为强相关专业，其他为中相关专业。

表3.4 与智能网联汽车相关的研究生二级学科的布点情况

学科	二级学科	专业布点数/所
机械工程	机械制造及其自动化	120
	车辆工程	88
	机械工程	115
	机械电子工程	121

续表

学科	二级学科	专业布点数/所
软件工程	软件工程	74
计算机科学与技术	计算机科学与技术	129
	计算机应用技术	195
电子科学与技术	电子科学与技术	57
电气工程	电气工程	46
信息与通信工程	信息与通信工程	92
控制科学与工程	控制理论与控制工程	110
仪器科学与技术	仪器科学与技术	44

注：深底色为强相关专业，其他为中相关专业。

2018年，经教育部批准，机械类专业目录中新增了新能源汽车工程和智能车辆工程专业。根据教育部各年度发布的《普通高等学校本科专业备案和审批结果》，课题组梳理了2018—2022年这两个专业的布点情况。截至2022年年底，开设新能源汽车工程专业的高校已达53所，开设智能车辆工程专业的高校已达31所，并呈逐年上升趋势，且新能源汽车工程专业申请备案量大大高于智能车辆工程专业，但两者的接近趋势愈加明显，如表3.5和图3.1所示。但相对而言，新能源汽车工程专业建设较智能车辆工程专业建设更加成熟。

表3.5 2018—2022年增设相关新工科专业的院校

获批年份	学校	新工科专业	专业代码
2018	辽宁工业大学	新能源汽车工程	080216T
	哈尔滨工业大学	智能车辆工程	080214T
2019	天津职业技术师范大学	新能源汽车工程	080216T
	中北大学		
	长春工业大学人文信息学院		
	湖北工业大学工程技术学院		
	西安航空学院		
	武汉科技大学城市学院	智能车辆工程	080214T

续表

获批年份	学校	新工科专业	专业代码
2020	河北科技学院	新能源汽车工程	080216T
	黑龙江东方学院		
	上海电机学院		
	常熟理工学院		
	南通理工学院		
	安徽文达信息工程学院		
	南昌理工学院		
	黄淮学院		
	河南工学院		
	湖北汽车工业学院		
	江汉大学		
	广东技术师范大学		
	华南理工大学广州学院		
	广东科技学院		
	桂林航天工业学院		
	吉利学院		
	西华大学		
	兰州工业学院		
	银川能源学院		
	合肥工业大学	智能车辆工程	080214T
	太原工业学院		
	长春工程学院		
	南京理工大学紫金学院		
	山东英才学院		
	重庆工商大学		

续表

获批年份	学校	新工科专业	专业代码
2021	山西晋中理工学院	新能源汽车工程	080216T
	辽宁科技学院		
	沈阳工学院		
	江苏大学		
	安徽师范大学皖江学院		
	山东理工大学		
	安阳工学院		
	南宁学院		
	四川工业科技学院		
	湖南大学	智能车辆工程	080214T
	华南理工大学		
	河北科技学院		
	沈阳理工大学		
	长春工业大学人文信息学院		
	三江学院		
	江苏理工学院		
	湖南工学院		
	重庆理工大学		
	成都理工大学工程技术学院		
	吉利学院		
2022	辽宁理工学院	新能源汽车工程	080216T
	齐齐哈尔工程学院		
	江苏科技大学		
	盐城工学院		
	南京航空航天大学金城学院		
	南京工业大学浦江学院		
	湖州学院		
	温州理工学院		
	安徽工程大学		

续表

获批年份	学校	新工科专业	专业代码
2022	安徽科技学院	新能源汽车工程	080216T
	安徽大学江淮学院		
	山东华宇工学院		
	黄河科技学院		
	郑州科技学院		
	黄河交通学院		
	湖北汽车工业学院科技学院		
	湘潭理工学院		
	广西师范大学		
	柳州工学院		
	南通理工学院	智能车辆工程	080214T
	皖西学院		
	泰山科技学院		
	河南科技大学		
	湖北汽车工业学院		
	广州城市理工学院		
	柳州工学院		
	重庆邮电大学		
	大连理工大学		
	东南大学		
	西南大学		
	长安大学		

自 2018 年教育部新审批车辆工程相关的"新能源汽车工程""智能车辆工程"新工科专业以后，申请备案的高校整体呈逐年增加趋势：2018 年为 2 所、2019 年达 6 所、2020 年达 25 所、2021 年达 20 所、2022 年达 31 所。其中，新能源汽车工程专业申请备案高校在 2020 年和 2022 年达到高峰，均达到 19 所高校；而智能车辆工程专业申请量呈现明显的逐年增加态势，2022 年达到峰值 12 所。

此外，其他专业门类也增设了智能工程与创意设计、智能交互设计、

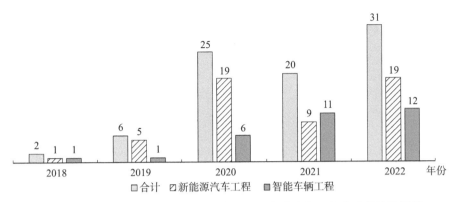

图 3.1　2018—2022 年开设新能源汽车工程及智能车辆工程专业的院校数量

智能飞行器技术、电动载运工程、未来机器人等与汽车有一定关联的新工科专业，一批学校申请备案并通过审批，体现了教育部为推进高校人才培养与产业发展高度契合所采取的措施，也为汽车产业需求的跨学科、跨专业人才提供了更多人才来源渠道和储备，如表 3.6 所示。

表 3.6　教育部 2018—2022 年新审批与车辆工程相关的新工科专业

专业类	新工科专业名称	开设学校	首次开设年份	代表性高校
机械类	新能源汽车工程	53	2018	辽宁工业大学
机械类	智能车辆工程	31	2018	哈尔滨工业大学
电气类	电动载运工程	1	2022	东南大学
交叉工程类	未来机器人	1	2022	东南大学
航空航天类	智能飞行器技术	1	2021	北京航空航天大学
自动化类	智能工程与创意设计	1	2021	清华大学
机械类	智能交互设计	1	2021	北京邮电大学
兵器类	智能无人系统技术	3	2021	中北大学

2. 学科/专业改革情况

（1）教学组织

目前，被调研高校开设车辆工程学科（专业）的形式，52.2% 以系所或专业形式办学，43.5% 以学院为单位整体办学，4.3% 以教研室或研究方向办学，如图 3.2 所示。其中，头部高校（如清华大学、吉林大学、同济大学等）多数采用学院整体办学的组织形式，以更好地积聚和协调各种资源，更好地彰显学科优势。

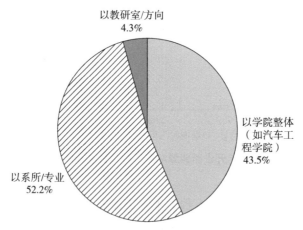

图 3.2　开设车辆工程学科（专业）形式

数据来源：中国汽车工程学会高校调研问卷

调研发现，多数高校已充分认识到汽车电动化、智能化、网联化对后备人才知识结构和能力、素质的新需求，但对于开设新专业持审慎态度。究其原因，一是新专业与原有车辆专业的定位和差异尚不清晰；二是新专业也尚未梳理形成显著的、独立的知识体系；三是设立新专业的目的是加大车辆工程专业与其他学科的交叉融合，但如何实现尚待研究。

在这一背景下，多数高校目前仍将新能源汽车和智能网联汽车划归在车辆工程专业的范畴，只进行内涵改革建设，例如在培养方案中明确了是新能源汽车方向或是智能网联汽车方向，而非另起炉灶办新专业。但与此同时，无论是综合类研究型高校，还是应用型高校，都在积极应对产业变革对人才需求的变化，推进专业建设，包括修订培养方案、梳理新汽车人所需的知识体系、改革课程设置和完善教学设施、师资队伍、教材建设等，通过不断深化改革，提升人才质量。

从调研数据看，截至 2023 年年底，仅有 4.2% 的院校增设了与新能源汽车和智能网联汽车相关的研究生学位点并招生，但约有 33.3% 的院校计划在未来 3 年内增设相关研究生学位点，如图 3.3、图 3.4 所示。

（2）本科课程体系建设

目前车辆工程专业的课程分为 5 类，包括数学与自然科学类、工程基

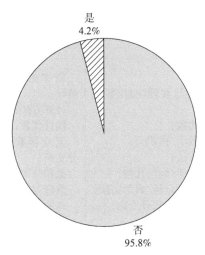

图 3.3　2023 年是否增设新能源汽车与智能网联汽车相关研究生学位点并招生

数据来源：中国汽车工程学会高校调研问卷

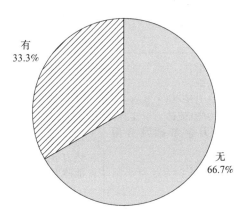

图 3.4　三年内有无增设与新能源汽车与智能网联汽车相关研究生学位点的计划

数据来源：中国汽车工程学会高校调研问卷

础类、专业基础类、专业类和专业实践类，每大类课程下分设 3~5 个知识领域，每个知识领域有对应的具体课程。

表 3.7 反映了对代表性高校车辆工程专业数学与自然科学类、工程基础类、专业基础类和专业类课程设置的统计情况。其中，"高校开设比例"是指被调研高校中开设此课程院校的比例，"企业需求比例"是指被调研企业研发人员中认为该知识领域需要加强的人数比例。

表 3.7 基于知识领域的高校本科课程开设情况及与企业的需求比较

知识大类	知识领域	高校现有课程	企业需求课程	高校开设比例	企业需求比例
数学与自然科学类	数学	概率论与数理统计/数理方程； 线性代数； 高等数学/微积分； 计算方法； 解析几何/画法几何； 工科数学分析/数学实验； 复变函数与积分变换	概率论与数理统计； 计算方法； 线性代数； 复变函数与积分变换； 微积分； 数理方程； 离散数学； 优化理论	62.1%	40.4%
	物理	大学物理； 大学物理实验	电磁学	100.0%	53.8%
	化学	电化学原理及测量技术； 大学化学实验/普通化学实验； 大学化学	电化学； 材料化学； 催化化学； 无机化学	51.7%	38.9%
工程基础类	力学/热流体学	理论力学； 材料力学； 工程热力学/热工基础； 流体力学/流体力学实验； 弹性力学基础及有限元法； 热流体学； 燃烧学； 传热学与仿真； 振动力学实验	理论力学； 有限元； 材料力学； 热力学； 流体力学	44.4%	43.5%
	电工电子学	电工电子实习/电工与电子技术基础实验； 电工电子技术	数字电路/模拟电路； 电力电子； 高压电气	80.0%	76.3%
	材料科学	工程材料及成型基础/金属工艺学； 机械工程材料； 汽车工程材料	电池材料技术； 汽车工程材料	36.7%	54.8%

续表

知识大类	知识领域	高校现有课程	企业需求课程	高校开设比例	企业需求比例
工程基础类	计算机科学	C/C++程序设计； 大学计算机/计算机应用基础； 微机原理与接口技术/计算机硬件技术； Python程序设计； 计算机程序设计； MATLAB程序设计； VB.NET程序设计； C#.NET程序设计； 数据与算法	大数据技术； 微机原理	29.4%	68.3%
工程基础类	信息科学	传感与检测技术基础/汽车试验传感器技术； 信号与系统	信号分析与处理； 信号与系统	75.0%	51.0%
专业基础类	机械设计/机械制造	机械制图/机械制图测绘； 机械设计基础/机械工程概论； 机械原理/机械原理课程设计； 汽车制造工艺学/车身工艺学； 机械制造技术基础/课程设计/工艺课程设计； 机械设计课程设计； 机械精度设计基础/互换性和技术测量； 先进制造技术概论/智能制造/增材制造； 机械振动学； 计算机辅助几何设计基础； 机械基础实验	/	64.1%	0%
专业基础类	机电液控制/工程测试	流体力学与液压传动/气压/电传动； 嵌入式系统技术	电机原理及应用； 嵌入式系统； 单片机； PLC	40.0%	60.6%

续表

知识大类	知识领域	高校现有课程	企业需求课程	高校开设比例	企业需求比例
专业类	汽车数字化开发与评价	汽车有限元分析及其应用；云计算导论；汽车数据分析与仿真；汽车CAD/CAE/CAM；控制工程基础；机器视觉与环境感知技术/图像处理；汽车大数据技术基础；人工智能概论；汽车仿真与试验工程实践/底盘控制/系统建模仿真	数据结构；软件编程基础；人工智能	46.7%	19.2%
	汽车系统结构原理与设计	汽车构造/课程设计；车身设计/车身结构/汽车空气动力学；汽车设计/课程设计；汽车理论/课程设计；汽车安全技术/汽车可靠性技术/汽车碰撞与安全；汽车优化设计/汽车轻量化技术/新能源轻量化技术；现代汽车技术/汽车新技术概论/汽车创新设计；车辆系统动力学；汽车人机工程学；专用车结构与设计/轨道车辆；新能源汽车结构与原理/设计	智能汽车构造；人机工程学	65.9%	46.2%
	汽车能源与驱动系统	汽车电机驱动技术；发动机构造/原理；燃料电池技术/燃料电池发动机；车用动力电池系统设计/车用电源；汽车节能与排放；电控发动机技术/增压技术/实验；车用动力总成的原理与匹配/自动变速技术；	电机与拖动；汽车电机；车用能源	28.8%	46.2%

续表

知识大类	知识领域	高校现有课程	企业需求课程	高校开设比例	企业需求比例
专业类	汽车能源与驱动系统	内燃机设计/实验； 汽车NVH技术； 汽车底盘构造； 汽车热管理； 轮胎力学基础			
	汽车电子与智能网联	汽车电子控制系统设计/电子与电器； 智能车辆技术/设计/课程设计； 汽车单片机/电子产品工程化设计/电控技术； 智能驾驶基础/感知/规划与控制/集成技术； 智能交通系统/无人驾驶汽车技术/定位与导航； 车路网协同技术/汽车网络技术	传感器与检测技术； 无人驾驶； 车联网导论	55.0%	51.9%
	汽车整车与系统测试	汽车试验学/性能试验； 汽车模态试验技术/噪声控制； 内燃机试验技术； 汽车风洞技术及应用； 电动汽车动力系统匹配设计与性能实验； 汽车安全实验设计与分析； 汽车总线技术/车载通信	汽车总线技术	37.5%	55.8%

数据来源：代表性高校车辆工程专业培养方案、中国汽车工程学会企业调研问卷

通过表3.7可以获得以下信息。

首先，数学与自然科学类、工程基础类、专业基础类和专业类课程基本能够覆盖企业对研发人员知识结构的需要，但面向新汽车人所需知识的课程开课不足。

如图3.5所示，从整体上看，在数学、物理、化学、力学/热流体学、电工电子学、信息科学、机械设计/机械制造、汽车数字化开发与评价、汽车系统结构原理与设计、汽车电子与智能网联等知识领域，高校开课比例高于或略高于企业需求占比，能够满足企业用人的最基本需要，但在知

识深度上与企业需求仍有差距；在材料科学、计算机科学、机电液控制/工程测试、汽车能源与驱动系统、汽车整车与系统测试等企业有较高需求的知识领域，高校开课尚不足。

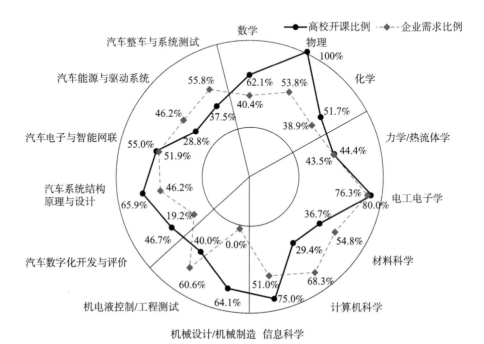

图 3.5　高校本科知识领域与企业需求的匹配度

数学与自然基础类：高校开设的数学课程总体上能满足企业的需求，与企业需求的差距主要反映在具体的课程内容上。例如：企业希望高校数学领域的教学能够覆盖一些应用性强的数学内容，比如复变函数与积分变换、数理方程等；希望高校物理领域的教学中能够加强对电磁学相关知识的培养；希望高校化学领域的教学中能够强化电化学和材料化学方面的知识。这些都是高校未来应该加以重视的。

工程基础类：高校的力学/热流体学和电工电子学领域的课程不论是开课比例还是具体课程内容都与企业需求基本匹配；材料科学领域的开课比例低于企业需求，主要体现在电池材料技术方面；此外，在计算机科学领域，高校的课程设置有明显欠缺，主要体现在大数据技术和微机原理课程；高校在信息科学领域的课程能够满足企业需求，但仍需加强信号分析与处理类课程的培养。

专业基础类：企业普遍将机械设计/机械制造知识看作毕业生的"基

本功",各高校车辆工程专业都十分重视学生在这一知识领域的培养;但从各渠道获取的信息看,高校在机电液控制/工程测试知识领域稍有薄弱,尤其是电机控制类课程方面,高校对学生的培养与产业电动化转型发展对人才的需求有差距。

专业类:高校在汽车数字化开发与评价、汽车系统结构原理与设计领域的开课能满足企业需求;在汽车电子与智能网联领域,虽然高校开课比例略高于企业需求,但应加强传感器与检测技术类课程;此外,高校在汽车能源与驱动系统、汽车整车与系统测试领域的课程教学稍有薄弱,主要体现在汽车电机技术和汽车总线技术类课程方面。

其次,高校对学生的软件应用能力和工程实践能力的培养,在课程设置上有覆盖,但仅少数课程能够满足企业需求,部分领域存在较大差距。

企业对研发人员工程应用能力需求的研究,主要围绕新能源汽车急需动力蓄电池、燃料电池和电驱动三类研发人员进行,重点分析应届生应掌握的软件应用能力和工程实践能力等情况,并将其与高校开设的课程进行对比,分析高校在软件应用和工程实践方面课程的匹配情况。

调研中,课题组将软件应用能力分为数学分析、制图、系统仿真、部件仿真、工控软件和软件开发/代码生产6个能力;将工程实践能力分为数据采集/数据处理、汽车测试、硬件开发和汽车通信4个能力,表3.8反映了研发人员所需的能力和高校对应课程的开设情况。

表3.8 高校本科应用能力培养课程开设情况与企业需求比较

知识大类	能力	高校课程明细	企业需求明细	高校开课比例	企业需求比例
软件应用类	数学分析	MATLAB程序设计	MATLAB	20.0%	62.9%
	制图	计算机辅助几何设计基础; 机械制图; 机械制图测绘	UG; AutoCAD; CATIA	70.0%	59.3%
	系统仿真	汽车性能仿真评价; 车辆系统建模与仿真; 汽车底盘控制系统仿真实践	CarSim; PreScan	35.0%	54.2%
	部件仿真	汽车有限元分析及其应用	Ansys; Fluent; COMSOL	50.0%	61.8%

续表

知识大类	能力	高校课程明细	企业需求明细	高校开课比例	企业需求比例
软件应用类	工控软件	/	LabVIEW	0.0%	71.2%
	软件开发/代码生产	数据与算法； VB. NET 程序设计； C#. NET 程序设计； 计算机程序设计； Python 程序设计； C/C++ 程序设计； 汽车软件开发工程实践； 现代汽车设计软件应用实训； 测绘与工程软件应用实践； 汽车软件工程基础	VSCode； Python； Android； ROS； C/C++； Java； Visual Basic； 服务器开发与测试； 软件开发	39.0%	54.2%
工程实践类	数据采集/数据处理	云计算导论； 大数据导论； 汽车数据分析与仿真	大数据分析； 数据处理； 云计算； 数据采集	55.0%	61.5%
	汽车测试	智能新能源汽车测试技术； 汽车模态试验技术； 汽车气动噪声测试与控制； 汽车性能实验； 汽车试验学； 汽车测试技术训练	测试技术； 燃料电池系统测试	70.0%	67.4%
	硬件开发	计算机硬件技术； 微机原理与接口技术； 信号与系统； 传感与检测技术基础； 汽车试验传感器技术； 嵌入式系统技术； 车用动力电池系统设计； 汽车电机驱动技术； 汽车电子与电器； 汽车电子技术综合实践	电机控制； 功率器件驱动技术； 芯片资源配置； 燃料电池系统操作； 控制器硬件在环	49.2%	67.9%
	汽车通信	车载通信系统； 车路网协同技术； 汽车总线技术	车辆定位与导航； 车联网应用； 汽车通信； CAN 通信	25.0%	57.7%

从整体上看，除制图和汽车测试能力外，高校对其他各项关于软件应用和工程实践能力培养的开课情况均不能满足企业需求，差距较大的为数学分析、系统仿真、软件开发、硬件开发和汽车通信等，如图3.6所示。

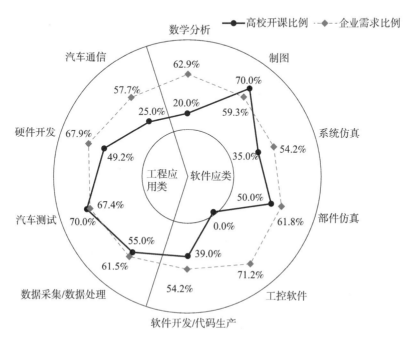

图 3.6　高校本科软件应用和工程实践能力培养与企业需求的匹配度

软件应用能力：高校在数学分析领域的 MATLAB 课程开设比例虽仅有 20%，但在其他课程如课程设计、毕业设计和实验课中都有 MATLAB 软件的应用，因此认为高校在此领域不存在薄弱环节；高校对制图软件的课程教学能满足企业需求；高校在系统仿真和部件仿真类软件的课程开设较为薄弱，集中体现为 CarSim、PreScan 等仿真类软件。从课程名称来看，高校并未开设工控软件类课程，虽不排除个别实验课有工控软件的应用，但高校应重视如 LabVIEW 等工控软件的教学；软件开发/代码生产软件领域，高校应加强如 VSCode、Android、ROS、Java 等软件应用能力的培养。

工程实践能力：高校在数据采集/数据处理能力方面的培养略有欠缺，主要需加强数据采集和数据处理类课程；高校在实验测试类能力方面的开课比例略高于企业需求，但仍需加强燃料电池系统测试类课程；硬件开发能力方面，高校需重点加强电机控制、功率器件驱动技术和控制器硬件在环测试等方面能力的培养；此外，汽车通信作为汽车制造和测试的重要一环,高校应重点加强总线技术和车辆定位与导航的课程培养。

(3) 研究生课程体系建设

表3.9显示了高校车辆工程二级学科学术型硕士研究生的课程设置情况。

表3.9 学术型硕士研究生车辆工程二级学科高校课程体系设置

序号	课程类别	课程名称	开课高校占比/%	企业需求角度
1	数学	数值分析/数值计算方法	100	共性基础
2	数学	矩阵论	46.2	共性基础
3	数学	有限元法	76.9	共性基础
4	数学	数理统计与随机过程	84.6	共性基础
5	数学	模糊数学	15.4	共性基础
6	数学	最优化方法	53.8	共性基础
7	数学	偏微分方程数值解	30.8	共性基础—新能源汽车为主
8	数学	泛函分析	30.8	两领域共性
9	数学	应用近世代数	23.1	共性基础—智能网联汽车为主
10	工程基础	振动理论	38.5	共性基础
11	工程基础	流体力学	69.2	共性基础
12	工程基础	高等热力学	23.1	共性基础—新能源汽车为主
13	工程基础	分析力学	23.1	共性基础
14	工程基础	生物力学	23.1	两领域共性
15	工程基础	固体力学	38.5	共性基础
16	工程基础	弹塑性力学	46.2	共性基础
17	工程基础	多体动力学	23.1	共性基础
18	工程基础	高等传热学	38.5	共性基础—新能源汽车为主
19	工程基础	现代控制理论	84.6	共性基础
20	工程基础	人工智能	46.2	两领域共性

续表

序号	课程类别	课程名称	开课高校占比/%	企业需求角度
21	工程基础	深度学习	30.8	共性基础—智能网联汽车为主
22	工程基础	强化学习	23.1	共性基础—智能网联汽车为主
23	工程基础	系统建模与仿真	15.4	共性基础
24	工程基础	实验技术与工具知识	15.4	共性基础
25	工程基础	计算机控制基础	23.1	共性基础
26	工程基础	工程信号分析与处理	23.1	共性基础
27	工程基础	计算机辅助工程/CAE技术	46.2	共性基础
28	专业基础	现代传感技术及不确定度理论	15.4	共性基础
29	专业基础	摩擦学理论	23.1	共性基础
30	专业基础	质量与可靠性工程	15.4	共性基础
31	专业基础	机械电子学	23.1	共性基础
32	专业基础	汽车测试技术与数据处理	46.2	共性基础
33	专业基础	精密与特种加工	23.1	共性基础
34	专业基础	微制造与微机械电子系统	15.4	共性基础
35	专业基础	数字信号处理	23.1	共性基础
36	专业基础	操作系统	23.1	智能网联汽车
37	专业基础	机器视觉	30.8	共性基础—智能网联汽车为主
38	专业基础	车辆现代设计理论与方法（汽车/轨道）	15.4	共性基础
39	专业基础	机器人与智能制造	15.4	共性基础—两领域共性
40	专业基础	汽车轮胎动力学	15.4	共性基础
41	专业基础	汽车系统动力学	84.6	共性基础
42	专业基础	车身与空气动力学基础	15.4	共性基础
43	专业基础	模态分析理论与实验	15.4	共性基础

续表

序号	课程类别	课程名称	开课高校占比/%	企业需求角度
44	专业基础	非线性系统控制理论	15.4	共性基础
45	专业基础	微器件与微系统设计方法	15.4	共性基础
46	专业基础	微装配技术与系统	15.4	共性基础
47	专业基础	机械设计	30.8	共性基础
48	专业基础	制造系统运行与优化	15.4	共性基础
49	专业基础	先进制造科学与技术	23.1	共性基础
50	专业课	汽车理论	23.1	转专业学生辅修基础课
51	专业课	汽车设计	15.4	转专业学生辅修基础课
52	专业课	纯电动、混合动力和燃料电池汽车技术	38.5	新能源汽车
53	专业课	车用电机设计与控制	30.8	新能源汽车
54	专业课	智能车辆环境感知技术	23.1	智能网联汽车
55	专业课	智能车路协同系统	23.1	智能网联汽车
56	专业课	交通运输系统优化与控制	15.4	两领域共性
57	专业课	汽车排放与检测技术	15.4	共性基础
58	专业课	无损检测	15.4	共性基础
59	专业课	适航管理	15.4	共性基础
60	专业课	汽车安全	46.2	共性基础
61	专业课	汽车人机交互设计	15.4	共性基础—智能网联汽车为主
62	专业课	汽车精益制造与生产管理	23.1	共性基础
63	专业课	自动变速及混合动力系统设计与控制	15.4	共性基础—新能源汽车为主
64	专业课	车辆新型驱动系统	15.4	共性基础—新能源汽车为主
65	专业课	汽车及其动力发展前沿	30.8	共性基础
66	专业课	车联网	23.1	两领域共性
67	专业课	汽车传动理论与技术	15.4	共性基础

续表

序号	课程类别	课程名称	开课高校占比/%	企业需求角度
68	专业课	新能源汽车设计与控制	23.1	新能源汽车
69	专业课	汽车大数据分析与应用技术	30.8	两领域共性
70	专业课	汽车随机振动与隔振理论	15.4	共性基础
71	专业课	汽车转向及悬架设计与控制	15.4	共性基础
72	专业课	汽车制动理论与线控制动系统	23.1	共性基础
73	专业课	车用动力电池储能机理与应用	15.4	新能源汽车
74	专业课	汽车智能辅助驾驶系统技术	15.4	智能网联汽车
75	专业课	驾驶人因工程	15.4	共性基础—智能网联汽车为主
76	专业课	汽车总线技术	15.4	共性基础
77	专业课	汽车碰撞安全性及其仿真技术	15.4	共性基础
78	专业课	汽车振动分析与噪声控制	61.5	共性基础
79	专业课	汽车线控底盘技术	15.4	两领域共性
80	专业课	液压控制系统分析与设计	23.1	共性基础
81	专业课	复合材料制备与加工技术	23.1	共性基础
82	专业课	机器人设计与应用	15.4	两领域共性
83	专业课	车身结构与优化方法	46.2	共性基础
84	专业课	零件成形与模具技术及其标准	15.4	共性基础
85	专业课	汽车车身系统设计理论与技术	15.4	共性基础
86	专业课	汽车电控系统	53.8	共性基础
87	专业课	激光微加工技术	15.4	共性基础
88	专业课	车辆电驱动理论与技术	23.1	新能源汽车

续表

序号	课程类别	课程名称	开课高校占比/%	企业需求角度
89	专业课	智能车辆理论与技术	46.2	智能网联汽车
90	专业课	汽车轻量化	69.2	共性基础
91	专业课	车用动力电源系统	15.4	新能源汽车
92	专业课	车辆前沿技术	30.8	共性基础
93	专业课	汽车振动与噪声测试技术/汽车NVH技术	69.2	共性基础
94	实践毕设	中期考核	23.1	共性基础
95	实践毕设	科学道德与学术规范	53.8	共性基础
96	实践毕设	创新创业	38.5	共性基础
97	实践毕设	教学实践或专业实践	23.1	共性基础
98	实践毕设	文献综述与开题报告	53.8	共性基础
99	素质教育	实验设计与统计分析	30.8	共性基础
100	素质教育	知识产权法律及实务	23.1	共性基础
101	素质教育	科研素养与创新能力	23.1	共性基础
102	素质教育	论文写作指导	53.8	共性基础
103	素质教育	技术创新方法与实践	15.4	共性基础

注：
1. 共性基础，指燃油汽车、新能源汽车、智能网联汽车的共性基础课；
2. 共性基础—智能网联汽车为主，指的是虽然是共性课程，但对智能网联汽车更重要；
3. 共性基础—新能源汽车为主，指的是虽然是共性课程，但对新能源汽车更重要；
4. 新能源汽车，指专门为新能源汽车开设的课程；
5. 两领域共性，指新能源汽车、智能网联汽车的共性课程；
6. 智能网联汽车，指专门为智能网联汽车开设的课程。

高校面向研究生开设的课程涉及的学科较为广泛，其中，在数学类、工程基础类、专业基础类、专业类四个领域下的大类综合开课比例较高。从开课范围和数量来看，高校开课基本上满足了企业对高校研究生毕业生的要求，但与本科生比较，企业对硕士毕业生工程基础与专业基础能力的需求更为强烈，且更关注毕业生对数字电路、模拟电路、电力电子、大数据技术、信号分析与处理相关知识，以及专业基础中电机原理及应用、嵌入式系统相关知识的掌握情况和应用能力，具体如下。

①车辆工程二级学科的研究生课程将数学作为研究能力培养的基础，数值分析/数值计算方法、矩阵论、有限元法、数理统计与随机过程、最优化方法等数学理论课程普遍开课率较高，而且课程门类比较齐全。其中，数值分析、数理统计与随机过程、有限元法开课率最高。另外，高校也增加了支撑智能新能源汽车相关基础理论研究的泛函分析、偏微分方程数值解、应用近世代数这些以前少有的数学课程。

②车辆工程二级学科研究生的工程基础课程总体偏重高等力学、热流体学、控制理论、计算机、信息等学科工程基础课程，涵盖的学科门类不像本科那么齐全，主体还是力学基础。其他跨化学、材料等学科的课程很少，但也重点围绕智能网联汽车领域的人才需求，开设了人工智能、生物力学、机器学习等学科交叉工程基础课程，其主要原因也是智能化对车辆工程原有专业学科知识体系影响较大。

③车辆工程二级学科研究生的专业基础课程，主体分为机械工程领域技术开发与工程实践所需的机械设计与制造、测试传感与控制、机械摩擦与振动、机器人等机电产品设计开发制造领域的核心专业课程，以及汽车工程理论研究相关专业的基础理论如轮胎力学、汽车动力学、空气动力学等。但也可以发现，在对知识体系冲击较大的智能网联汽车和智能座舱领域，高校也增加了操作系统、机器视觉、机器人等相关专业基础课程。

④车辆工程二级学科研究生的专业课程改革明显比本科专业课程改革力度更大。除了满足传统汽车关键系统、复杂总成和核心技术设计开发所需外，高校也针对新能源汽车和智能网联汽车增加了很多共性和专属专业课程。例如，在新能源汽车方向，高校开设了新能源汽车技术、新能源汽车设计与控制、车用电机设计与控制、车用动力电池储能机理与应用等课程。总体合并相似课程后，整车技术开课率超过50%，电机电池核心总成技术开课率超过30%。在智能网联汽车方向，高校开设了智能车辆理论与技术、智能车辆环境感知技术、智能车路协同系统、驾驶人因工程等。总体合并相似课程后，智能驾驶方面课程的开课率达70%，智能座舱方面课程的开课率达30%，车联网方面课程的开课率达23.1%。两项总体看，专业课程专业办学的自主性较高，课程改革力度较大。

⑤从学位培养的基本要求出发，车辆工程二级学科研究生相比本科生更加重视分析研究、创新实践能力以及学术素养和道德的培养，在研究生培养方案中有很多诸如科学道德与学术规范、文献综述与开题报告、科研

素养与创新能力等方面的课程与实践环节，总体合并相似课程后均超过 50% 的开课率。

通过对比图 3.7 中高校开课比例与企业需求比例可知，企业对高校毕业生的工程基础与专业基础能力的需求更为显著，特别是对研究生毕业生的数字电路、模拟电路、电力电子、大数据技术、信号分析与处理相关知识，以及专业基础中电机原理及应用、嵌入式系统相关知识的掌握情况较为关注。高校面向研究生开设的课程涉及学科较为广泛，且在数学类、工程基础类、专业基础类、专业类四个领域下的大类综合开课比例较高，从开课范围和数量来看，基本上满足了企业对高校研究生毕业生的要求。

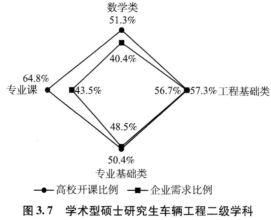

图 3.7　学术型硕士研究生车辆工程二级学科
高校开课比例与企业需求比例对比

3. 专业建设支撑条件

（1）师资队伍

通过对各高校 2019—2022 年新能源汽车、智能网联汽车相关专业的师资来源进行分析可知，自行培养的专任教师和来自企业的专兼职教师构成了其教师队伍的主体，辅以跨学科和学院间互聘、少量海外引进的专兼职教师，如图 3.8 所示。

调研发现，2/3 高校的车辆工程专业、新能源汽车工程专业和智能车辆工程专业共用一套师资队伍，其余为部分使用原师资队伍，暂无高校针对新能源汽车工程专业和智能车辆工程专业组建全新的师资队伍。究其原因，更多是从兼顾经济、效率和教育质量方面的考虑，尤其是教学质量方面。目前，汽车产业新能源汽车和智能网联汽车人才队伍仍在建设中，能

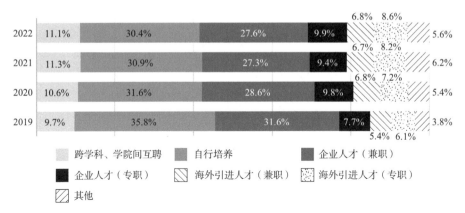

图 3.8　新能源汽车、智能网联汽车相关专业教师的来源

数据来源：中国汽车工程学会高校调研问卷

够满足教学需要的人才仍在积累中。但已有部分高校开始考虑逐步引入更多与电动化、智能化和网联化发展人才培养相匹配的专门化的师资队伍，以适应新的需求和趋势，如图 3.9、图 3.10 所示。

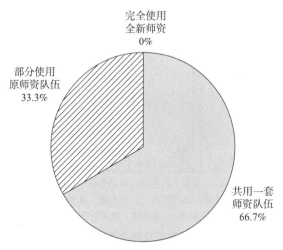

图 3.9　新能源汽车新工科专业师资与原车辆工程专业师资重合情况

数据来源：中国汽车工程学会高校调研问卷

总体上看，多数院校目前的师资队伍基本能够满足低碳动力、电驱动、底盘平台、自动驾驶方向相关课程的教学需要，但在行业人才需求热点车联网和智能座舱方向，目前的师资力量问题突出，如图 3.11 所示。造成这一局面的原因，一是受到高校自身资源的限制，难以及时在各个方向

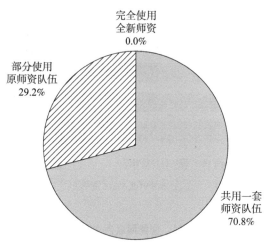

图 3.10　智能车辆工程新工科专业师资与原车辆工程专业师资重合情况
数据来源：中国汽车工程学会高校调研问卷

配置充分的师资力量；二是车联网和智能座舱技术正处于快速演进中，低碳化涉及的技术领域日益宽泛，教师更新知识并提升教学能力仍需时日。

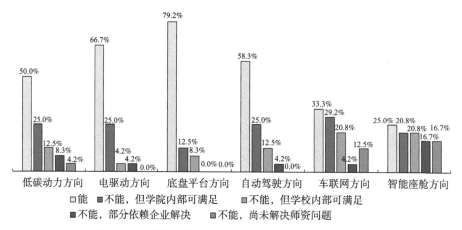

图 3.11　高校新增知识领域或课程的师资满足度评价
数据来源：中国汽车工程学会高校调研问卷

面对当前师资队伍建设存在的问题，各院校解决问题的途径呈现较高的相似性：多数院校均会通过新招聘车辆工程专业青年教师担任，或由本专业的师资培训进修后担任以及新招聘上述专业领域交叉学科师资的方式解决师资问题；过半数院校会通过产业学院或其他合作企业兼职师资、学院间互聘师资的方式解决师资问题；少数院校会通过招聘企业资深工程师或国际学者的方式解决师资问题，如图 3.12、图 3.13 所示。

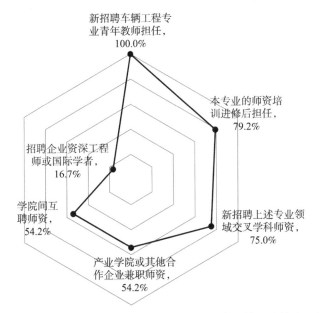

图 3.12　高校解决新能源汽车领域相关课程师资短缺问题的主要渠道

数据来源：中国汽车工程学会高校调研问卷

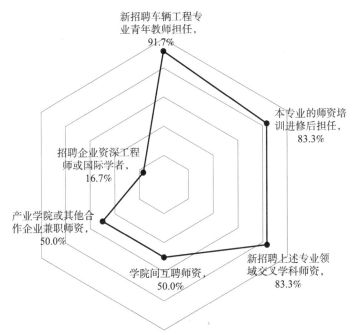

图 3.13　高校解决智能网联汽车领域相关课程师资短缺问题的主要渠道

数据来源：中国汽车工程学会高校调研问卷

这些解决方案是各高校根据自身条件，权衡经济、效率、教育质量等多方面因素的结果。例如，虽然招聘企业资深工程师或国际学者很可能可以加强院校的教育质量，但是消耗的时间与资源较多，多数高校并不具备实施的条件。

将企业专家师资引入高校不失为改善师资问题的有效方式之一，但访谈发现，目前校企双方在师资互相流动方面并不非常顺畅。企业专家进入高校的门槛较高，主要原因是高校更加重视师资作为独立学者个体的学术贡献，而非企业更加关注的团队科创贡献。此外，论文、专利、奖项等学术成果的要求也是限制专家师资流动的重要原因，不具备国家或行业级荣誉称号的企业专家（如科技创新领军人才等）通常无法进入高校。

此外，高校对教师的绩效考核方式，也是令许多具备流动条件的专家难以向高校流动的重要原因之一。目前，高校对企业引进师资进行考核时，近50%的高校不会降低论文要求，约30%的高校降低部分论文要求，但提出了其他成果的要求，而通常越是对教师学术能力要求高的学校，对论文的要求也越高。但从调研数据看，也有约20%的高校对论文量无硬性要求，这部分高校多数定位于应用人才培养，更加注重教师的实践经验，如图3.14所示。

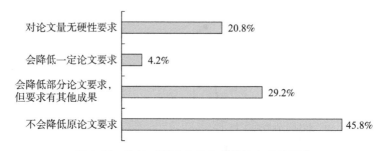

图3.14　高校对引进企业专家的论文考核要求

数据来源：中国汽车工程学会高校调研问卷

从承担新能源汽车、智能网联汽车相关教学任务的师资的年龄分布看，其结构与行业这一领域人才队伍总体年龄结构状况基本一致，年轻化特征十分明显。具体而言，36~45岁（中青年）教师的数量最多，35岁以下（青年）和46~55岁（中年）教师的数量接近，合计约占全体相关教师数量的50%。总体来看，领域中青年教师居多，如图3.15所示。

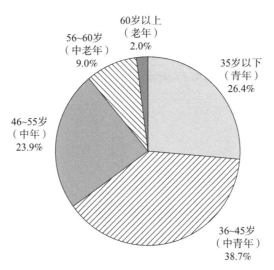

图 3.15　高校新能源汽车与智能网联汽车教学强相关师资的年龄分布

数据来源：中国汽车工程学会高校调研问卷

从承担新能源汽车与智能网联汽车相关教学任务师资的学历分布看，高学历特征明显。具体而言，博士学历的教师约占全体相关师资的 68.6%，博士后经历的教师约占全体相关师资的 24.6%，如图 3.16 所示。

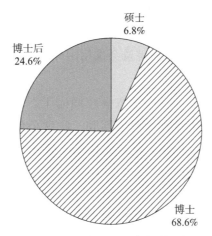

图 3.16　高校新能源汽车与智能网联汽车教学强相关师资的学历分布

数据来源：中国汽车工程学会高校调研问卷

从承担新能源汽车、智能网联汽车相关教学任务师资的教育背景看，仍以车辆工程、机械工程（大类）、动力工程及工程热物理、交通运输工程等传统学科专业为主，但也有来自化学（理学大类）、信息与通信工程、计算机科学与技术、人工智能学科专业的老师从事新能源汽车、智能网联汽车相关教学工作，如图3.17所示。

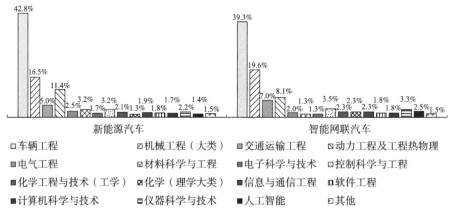

图3.17　高校新能源汽车与智能网联车辆专业教学强相关师资的专业背景分布

数据来源：中国汽车工程学会高校调研问卷

（2）教材建设

缺乏教材，是各高校新能源汽车、智能网联汽车相关教学活动中面临的另一个突出问题。多数院校倾向于采取科研反哺教学老师讲义和案例、直接选用国内其他高校相关教材、单位集中组织编写相关校内教材的方式来解决教材问题；而少数几所院校会选用国外翻译版本教材或原版教材进行教学活动，如图3.18所示。

具体到各个教学方向，过半数高校倾向于新编和修订相关（工程）学科基础课程教材，电驱动、自动驾驶、底盘平台、低碳动力相关专业教材；有接近半数的高校倾向于新编和修订车联网相关专业的课程教材；而有新编和修订专业实践环节、智能座舱相关专业课程教材意愿的高校相对较少，如图3.19所示。这与各高校在上述领域的科研积累有紧密关系。例如，由于车联网、智能座舱等方向的师资相对不充分，短期内难于累积足以指导教材编制和教学活动的成果。同时，图3.19也反映了编制各类教材的紧迫性，基础课程教学和电驱动课程的教材是最急需的，而智能座舱相关教材编制的紧迫性最弱，这与汽车产业发展的技术路线高度契合。

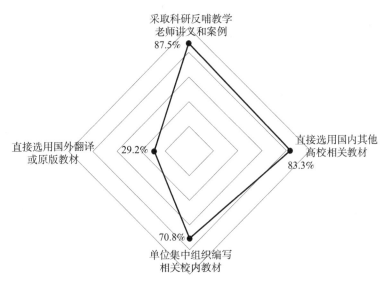

图 3.18　高校解决新能源汽车与智能网联汽车相关课程教材短缺问题的主要途径

数据来源：中国汽车工程学会高校调研问卷

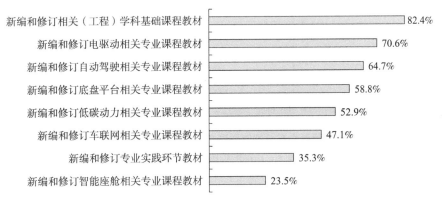

图 3.19　高校对完善新能源汽车与智能网联汽车相关课程教材措施的倾向

数据来源：中国汽车工程学会高校调研问卷

（3）产教融合

调研结果显示，高校在产教融合协同育人方面，目前最主要的方式依然是以共建实训基地、承担相关技术研发工作、企业开放实习生岗位为主，如图 3.20 所示。高校的获益主要体现在学生实践能力和学生定点就业率得到了显著提升，部分科技成果也得到了转化；同时，通过产业界协同教育界完成人才培养，高校深化了对实践教学的认识，如图 3.21 所示。但受到高校社会影响力等因素的制约，目前能够实现产教深度融合的高校并不多，如何进一步扩大校企合作的广度、强化校企合作的深度，仍有许多问题需要解决。

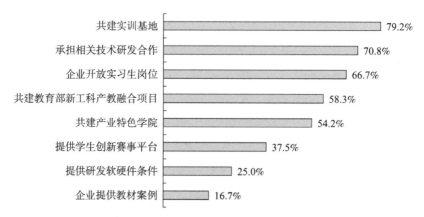

图 3.20　高校新能源汽车与智能网联车辆专业（方向）产教融合的主要方式

数据来源：中国汽车工程学会高校调研问卷

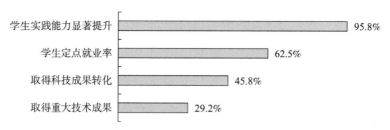

图 3.21　高校对新能源汽车与智能网联车辆专业（方向）产教融合收益的评价

数据来源：中国汽车工程学会高校调研问卷

（4）实训基地

高校实训基地包括校内实训设施和校外实习基地两部分，其建设水平直接影响高校学生工程实践能力培养的效果。

目前，各高校校内实训基地的设备投入主要有三个来源：一是学科和专业建设投入；二是相关科研团队项目投入；三是校企合作共建人才培养平台投入，如图 3.22 所示。

对于新开设的新能源汽车专业和智能车辆工程专业，仅有 12.5% 的高校专门全新建设教学仪器设备和实习实训场地；41.7% 的高校与原有专业共用场地，仅建设教学仪器设备；近一半高校没有新建设备，如图 3.23 所示。

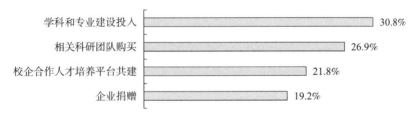

图 3.22　高校学科专业现有实训设备主要来源

数据来源：中国汽车工程学会高校调研问卷

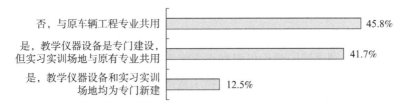

图 3.23　高校新能源汽车专业和智能车辆工程专业实训实践基地建设情况

数据来源：中国汽车工程学会高校调研问卷

调研显示，未来五年，高校对实训基地建设的规划主要是在现有实训基地基础上增加设备，不到一半的高校计划扩大实训基地规模，如图 3.24 所示。

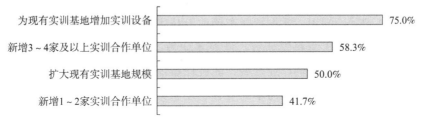

图 3.24　高校学科专业实训基地建设未来 5 年内规划

数据来源：中国汽车工程学会高校调研问卷

（二）普通高等学校相关专业人才培养方案典型案例

1. 大连理工大学：智能车辆工程专业人才本硕博贯通式培养

（1）专业设置

大连理工大学依据教育部 2020 年发布的《未来技术学院建设指南（试行）》（教高厅函〔2020〕6 号）及 2022 年发布的《示范性特色学院建

设管理办法》（教高厅〔2022〕2号），于2023年成立以国家战略需求为导向的未来技术学院，智能车辆工程专业为该学院的五个专业之一。

大连理工大学未来技术学院（以下简称"未来技术学院"）的定位是：未来科技创新领军人才培养改革特区，瞄准未来10~15年的前沿性、革命性、颠覆性技术，强化"人工智能+"多学科交叉融合，构建以学生为本的育人模式，搭建本硕博贯通和学研一体的柔性培养体系，坚持导师制、国际化、个性化培育，致力于培养具有战略科学家潜质的未来领军人才、国家战略人才中的"关键少数"。

未来技术学院一年级不分专业，强化人工智能通识教育和大类学科基础。第一学年结束后，学生可根据个人意愿自由选择在人工智能、精细化工、智能建造、智能车辆工程、生物工程等未来技术班特色专业学习，不预设分流比例，符合条件可提前攻读硕士、博士学位。

（2）培养目标

立足未来技术学院的"书院"建设思路及导师制组织结构，智能车辆工程专业面向"汽车强国"战略，强基础，重科创，立足支撑智能车辆工程的车辆工程、人工智能、电子信息、控制、软件等多学科知识的集成运用与创新，培养"知识、能力、素质"合一，具有良好人文素养、国家情怀、国际视野、职业操守和创新精神，具备智能车辆工程相关多学科交叉的宽厚基础理论知识，掌握智能车辆前沿技术，具有在智能车辆工程相关行业和领域从事工程科学研究、新技术研发、工程创新设计等方面能力，能进一步引领未来车辆产业发展，能胜任智能车辆前沿科学问题攻关，满足未来智能车辆产业技术需求的复合型创新人才，并成为社会主义事业德智体美劳全面发展的高水平建设者和高度可靠接班人。

（3）课程体系和学分设置

结合智能车辆的定义、关键技术及发展趋势，未来技术学院制定的课程体系如图3.25所示。在"强基础"方面，未来技术学院一方面重视人工智能通识教育，并强化编程能力的培养；另一方面重视数学与自然科学基础的夯实。在此基础上，通过构建包含力学、机械、电学的多学科交叉基础课程群，形成智能车辆工程的专业基础课程体系。

通过梳理人工智能核心理论与智能车辆关键技术的逻辑关系（见图3.26），智能车辆工程的专业核心课程由人工智能课程群和智能车辆课程群两部分组成。其中，人工智能课程群包括"模式识别与机器学习""深

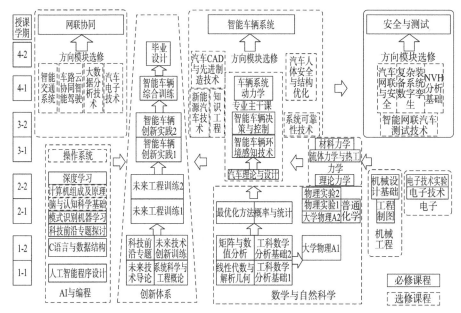

图 3.25　大连理工大学未来技术学院智能车辆工程专业课程体系

度学习"等核心必修课程和"脑与认知科学基础""知识工程"等选修课程；智能车辆课程群包括"汽车理论与设计""智能车辆环境感知技术""智能车辆决策与控制""车辆系统动力学""智能车辆创新实践""智能车辆综合训练"等核心必修课程，以及围绕"智能车辆系统""网联协同""安全与测试"三个发展方向的系列选修课程，总学分 150 分。

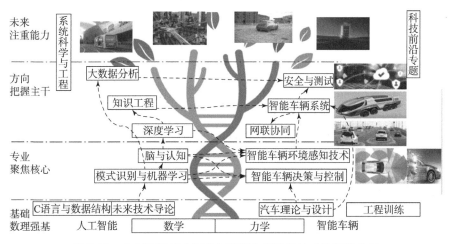

图 3.26　人工智能核心理论与智能车辆关键技术的逻辑关系

2. 同济大学：智能电动车辆急需学科人才硕博贯通

（1）学科设置

2023年，同济大学依据教育部发布的《普通高等教育学科专业设置调整优化改革方案》（教高〔2023〕1号），面向制造强国和交通强国战略，启动了智能电动车辆急需学科建设试点工作，旨在聚焦智能电动车辆，强化学科交叉，培养智能电动车辆高层次创新人才，以解决产业发展人才急需的问题。

智能电动车辆急需学科设定了自主与网联智能驾驶（智控域）、车用新能源与动力（能动域）以及智能电动车辆设计（结构域）三个学科方向，其定位分别如下。

自主与网联智能驾驶方向：以机械—电子—信息—控制深度融合的智能网联汽车信息物理系统为研究对象，聚焦自动驾驶、车联网、车路协同、汽车电子和人机交互等相关技术攻关。

车用新能源与动力方向：以车用动力源及其控制系统为研究对象，聚焦车用动力电池及控制、车用燃料电池及控制、车用电机及控制、内燃机及控制等相关技术攻关，着重于车用复合能源的应用与研究。

智能电动车辆设计方向：围绕车辆结构与车辆系统动力学，重点研究气动造型设计、线控底盘设计、驱动传动系统设计、车辆动力学与控制、车辆振动与噪声、车辆轻量化设计、人机交互与安全设计、车辆能耗分析及能量管理。

围绕上述定位，同济大学组建了一支具有一定规模、结构合理的高水平学科交叉师资队伍，构建了系统完善的高层次科学研究平台、实验教学和实践创新体系，探索建立了科教融汇、产教融合的人才培养新模式，在教学组织方面采取了多项改革措施，为智能电动车辆学位授权点建设奠定了坚实基础，具体如下。

课程学习：增加跨学科课程的数量和学分，专业学位课至少1门、非学位课至少1门。

导师选择：1名授予学位院系的教师和另1名来自其他学科的教师共同指导学位论文。

学术交流：参加跨学院或学科的学术活动，如讲座、报告、会议等至少8次。

实践实习：在企业、科研机构跨学科实践实习至少3个月。

论文评阅：学位论文评阅时，至少1名评阅专家来自合作导师所在学科。

论文答辩：答辩委员中须有 2 名专家来自合作导师所在学科。

（2）培养目标

硕士研究生的培养目标是：培养智能电动车辆高层次复合型人才，培养其成为行业卓越研发人员和专业精英，具有从事科学研究或开发设计工作的能力，具有应用外语开展技术交流的基本能力，具有良好的合作、组织与领导能力，具有运用跨学科理论独立创新的能力。

博士研究生的培养目标是：培养智能电动车辆高层次拔尖创新人才，使其成为国家未来科学家和创新领军人才，具有独立从事科学研究或研发工作的能力，具有熟练应用外语开展学术研究的能力，具有突出的合作、组织与领导能力，具有运用跨学科理论和新技术进行创新的能力，具有独立思考、批判性思维和创新能力。

（3）课程设置与学分分布

同济大学智能电动车辆急需学科专业，聚焦智能化与电动化，精专业、强学术，重视机—力—电—信学科的交叉与融合，构建了完善的智能电动车辆硕博贯通课程体系。

硕士研究生的具体课程设计如表 3.10 所示。

表 3.10 同济大学智能电动车辆硕士研究生课程设置

课程性质	课程名称	学分	学时	开课学期	是否必修	分组	备注
专业学位课	车辆前沿技术导论	2.0	36	春季	是		
	数值分析	3.0	54	春秋季	是		
	现代控制理论	3.0	54	春季	否		
	车辆试验与测量技术	3.0	54	秋季	否		
	车辆系统动力学	3.0	54	春秋季	是		
	车辆现代设计理论与方法（汽车/轨道）	2.0	36	秋季	否		
	汽车产品管理与营销（全英文）	3.0	54	秋季	否		
	车身与空气动力学基础（全英文）	2.0	36	秋季	否		
	矩阵论	3.0	54	秋季	否	二选一必修	
	应用统计	3.0	54	秋季	否		

续表

课程性质	课程名称	学分	学时	开课学期	是否必修	分组	备注
非学位课	智能驾驶与环境感知	2.0	36	秋季	否		
	模型预测控制	2.0	36	秋季	否		
	动力电池建模与管理	2.0	36	秋季	否		
	偏微分方程数值解Ⅰ	3.0	54	春季	否		
	多体系统动力学	3.0	54	春季	否		
	计算机控制基础	3.0	54	春季	否		
	计算流体力学	2.0	36	秋季	否		
	汽车噪声的预测与控制	2.0	36	春季	否		
	嵌入式系统设计	3.0	54	秋季	否		
	系统分析与项目管理	2.0	36	秋季	否		
	系统辨识	2.0	36	春季	否		
	随机振动与谱分析	3.0	54	秋季	否		
	热环境分析与控制	2.0	36	春季	否		
	汽车车身轻量化技术	2.0	36	春季	否		
	汽车主动安全性理论	2.0	36	春季	否		
	工程信号分析与处理	2.0	36	秋季	否		
	模态分析理论与实验	3.0	54	秋季	否		
	非线性系统控制理论	2.0	36	春季	否		
	汽车产业分析	3.0	54	春季	否		
	汽车后市场	3.0	54	春季	否		
	车用燃料电池系统建模、仿真与控制基础（全英文）	2.0	36	秋季	否		
	模态分析理论与试验（全英文）	3.0	54	秋季	否		
	工程信号分析与处理（全英文）	2.0	36	秋季	否		
	车辆噪声与振动（全英文）	2.0	36	秋季	否		
	汽车数据分析	3.0	54	秋季	否		
	模糊控制理论及应用	2.0	36	秋季	否		

续表

课程性质	课程名称	学分	学时	开课学期	是否必修	分组	备注
必修环节	论文写作与学术规范	2.0	36	春秋季	是		
	论文选题	1.0	0	春秋季	是		
	同济高等讲堂	2.0	36	春秋季	是		
	中期考核	0.0	0	春秋季	是		
补修课	汽车理论	3.0	51		否		跨专业生须在导师指导下补修
	汽车设计	3.0	51		否		跨专业生须在导师指导下补修

博士研究生（学历学位生）的具体课程设置如表3.11所示。

表3.11 博士研究生（学历学位生）课程设置

课程性质	课程名称	学分	学时	开课学期	是否必修	分组	备注
专业学位课	工程信号分析与处理	2.0	36	春季	否		
	车辆前沿技术	2.0	36	秋季	是		
	汽车电子控制技术	3.0	54	秋季	否		
	车辆系统动力学与控制	3.0	54	春季	否		
	车身与空气动力学	3.0	54	秋季	否		
非学位课	第二外国语（德语）	2.0	36	春秋季	否		
	第二外国语（日语）	2.0	36	春秋季	否		
	鲁棒控制	2.0	36	秋季	否		

续表

课程性质	课程名称	学分	学时	开课学期	是否必修	分组	备注
非学位课	汽车模态分析与实验技术	2.0	36	春季	否		
	最优控制与最优设计	2.0	36	春季	否		
	振动与噪声控制技术	3.0	54	春季	否		
	电动汽车技术	2.0	36	秋季	否		
	汽车产业分析	3.0	54	春季	否		
必修环节	论文选题	1.0	18	春秋季	是		
	中期综合考核	3.0	54	春秋季	是		
	论文阶段成果学术报告会	1.0	18	春秋季	是		
	论文写作与学术规范	2.0	36	春秋季	是		
	同济高等讲堂	2.0	36	春秋季	是		
补修课	汽车理论	3.0	51		否		跨专业生须在导师指导下补修
	汽车设计	3.0	51		否		跨专业生须在导师指导下补修

博士研究生（直博生）的具体课程设置如表 3.12 所示。

表 3.12　同济大学智能电动车辆博士研究生（直博生）课程设置

课程性质	课程名称	学分	学时	开课学期	是否必修	分组	备注
专业学位课	工程信号分析与处理	2.0	36	春季	否		
	车辆前沿技术	2.0	36	秋季	是		
	汽车电子控制技术	3.0	54	秋季	否		

续表

课程性质	课程名称	学分	学时	开课学期	是否必修	分组	备注
专业学位课	车辆系统动力学与控制	3.0	54	春季	否		
	车身与空气动力学	3.0	54	秋季	否		
	矩阵论	3.0	54	秋季	否		
	数值分析	3.0	54	春秋季	是		
	车辆试验与测量技术	3.0	54	秋季	否		
	车辆现代设计理论与方法（汽车/轨道）	2.0	36	秋季	否		
非学位课	第二外国语（德语）	2.0	36	春秋季	否		
	第二外国语（日语）	2.0	36	春秋季	否		
	鲁棒控制	2.0	36	秋季	否		
	汽车模态分析与实验技术	2.0	36	春季	否		
	最优控制与最优设计	2.0	36	春季	否		
	振动与噪声控制技术	3.0	54	春季	否		
	电动汽车技术	2.0	36	秋季	否		
	汽车产业分析	3.0	54	春季	否		
	智能驾驶与环境感知	2.0	36	秋季	否		
	模型预测控制	2.0	36	秋季	否		
	偏微分方程数值解Ⅰ	3.0	54	春季	否		
	多体系统动力学	3.0	54	春季	否		
	计算机控制基础	3.0	54	春季	否		
	嵌入式系统设计	3.0	54	秋季	否		
	系统辨识	2.0	36	春季	否		

续表

课程性质	课程名称	学分	学时	开课学期	是否必修	分组	备注
非学位课	随机振动与谱分析	3.0	54	秋季	否		
	热环境分析与控制	2.0	36	春季	否		
	汽车车身轻量化技术	2.0	36	春季	否		
	汽车主动安全性理论	2.0	36	春季	否		
	车用燃料电池系统建模、仿真与控制基础（全英文）	2.0	36	秋季	否		
	车辆噪声与振动（全英文）	2.0	36	秋季	否		
必修环节	论文选题	1.0	18	春秋季	是		
	中期综合考核	3.0	54	春秋季	是		
	论文阶段成果学术报告会	1.0	18	春秋季	是		
	论文写作与学术规范	2.0	36	春秋季	是		
	同济高等讲堂	2.0	36	春秋季	是		
补修课	汽车理论	3.0	51		否		跨专业生须在导师指导下补修
	汽车设计	3.0	51		否		跨专业生须在导师指导下补修

3. 武汉理工大学：汽车卓越工程师产教联合培养

在教育部直属的高校中，武汉理工大学是为建材建工、交通、汽车三大行业培养人才规模最大的学校，是我国"三大行业"高层次人才培养和科技创新的重要基地。

长期以来，武汉理工大学与东风汽车集团股份有限公司建立了良好、全方位的合作关系。以此为基础，2022年，双方启动了共建人工智能与新能源汽车现代产业学院，合力打造"东风跃迁班"汽车卓越工程师的联合培养计划，旨在着眼人工智能与新能源智能网联汽车前沿研究领域，深化产教融合、校企协同，充分发挥学校和企业在卓越工程师培养过程中的"双主体"作用，构建教研一体、产教融合、协同育人的研究生培养新范式。为此，校企双方针对目前人才培养中的突出问题，采取了多项创新性的改革举措。

培养模式。"东风跃迁班"实行"1+1+X"学工交替培养模式，即学生第一年在校内完成专业课程和企业定制课程的学习；第二年进入企业项目团队，开展专业实践；第三年根据学生具体情况在企业或校内完成学位论文相关工作。这一培养模式由三项能力提升计划支撑。

其一，基础能力提升计划，即家国情怀培养和职业素养提升，将劳模精神、工匠精神教育融入育人环节，强化理想信念，将企业文化和规章制度作为必修课程。

其二，关键能力提升计划，即交叉复合培养和工程能力提升，强化人工智能与智能网联汽车学科交叉学习，以企业真实需求为牵引，研究真问题。

其三，拔尖能力提升计划，即创新思维培养和国际视野提升，组织学生参与创新竞赛、学术会议、行业论坛、新车万里行等特色活动，校企联合组织国际化人才培养项目等。

学员选拔。根据企业创新岗位需求，专业学位研究生入学后，在全校范围内进行选拔，打破了传统学院学科专业限制，校企联合面试，"东风跃迁班"第一期共选拔40名学员，分别来自学校汽车工程学院、自动化学院、计算机与人工智能学院、机电工程学院、交通与物流学院等7个学院，涉及机械工程、电子信息、交通运输、控制科学与工程和能源动力等不同专业方向。学员的选拔以企业创新需求为导向，实现多学科交叉融合。

师资队伍。校企联合建立导师库，学校聘任39名企业技术骨干担任"东风跃迁班"的企业导师，以及各学院相关领域32名教授担任校内导师，同时推荐科技领军人才到东风公司担任首席科学家，构建了由首席科学家、科技创新人才、技术骨干、青年教师等组成的导师团队，成立智能驾驶、智能底盘、智能软件、新能源与智慧动力、前瞻研究等项目团队。校企联合制定"双导师"协同指导机制，以及学生培养、管理、考核等规章制度，坚持以企业诉求和人才发展为导向，深化校企协同。

课程改革。校企联合制定人才培养方案，联合建立校企课程资源库，打通学校和企业的课程资源，依托"东风科创学堂"等，建立校企课程资源库，目前课程数量已达到 200 余门，涉及智能驾驶、高精度地图、高精度定位、机器学习、智能传感器、惯性导航等智能网联汽车相关课程，满足不同专业方向人才培养需求。

项目牵引。以企业创新需求为牵引，通过揭榜挂帅制，建立项目库，包括国家/省市各级项目以及企业重大科技攻关项目，涉及下一代低碳智能架构、智能底盘、智能驾驶、车规级芯片、绿色低碳动力系统等前沿课题等，"东风跃迁班"的 40 名学员分别参与到上述项目团队中。

条件保障。校企联合成立"议事协调、联合指导、管理服务"三个机构，由双方领导、专家教授、管理团队共同组成，全方位协同作战，分别负责统筹协调、督促推进人才培养工作，指导人才培养全过程，以及具体落实学生培养、管理及服务等工作；企业投入专项经费用于保障"东风跃迁班"的顺利运行，包括补助津贴、食宿补贴、奖助学金、导师津贴、国际交流、运行管理服务等；成立"东风跃迁班"临时党支部，并与企业开展党团共建，确保学生在企业享受员工所有福利待遇。

实践评价。通过信息化手段建立学生画像，为学生建立电子档案，实现一生一档，探索实施培养全过程评价与结果评价相结合；并建立从自我评价、导师评价和专家评价三个层次对学生专业知识、专业能力、综合素养和创新成果等四个维度的综合能力进行评价的评价体系，为培养满足企业亟需的人才提供评价体系，如表 3.13 所示。

表 3.13 综合能力评价体系

评价指标	具体指标	评价占比
知识评价（20%）	基础/专业/工程知识	5%
	行业知识	5%
	跨专业领域知识	10%
能力评价（20%）	适应能力/团队协作能力/国际化能力/竞争与合作能力	10%
	工程能力	10%
素养评价（20%）	品德修养/科学素质/职业素养	20%
成果评价（40%）	与学位论文的相关程度	10%
	通过实习实践取得的经济和社会效益	10%
	创新成果	20%

（三）普通高等学校毕业生规模和供给预测

1. 普通高等学校理、工学毕业生规模

随着高校扩招，2010年以来，全国高等学校毕业生人数不断增加，理、工学毕业生人数也随之增加。2010年与2022年比较，合计理学和工学本科、硕士、博士毕业生人数由约125.4万人增长到约232.8万人，年均复合增长率为5.3%，其中，硕士研究生增长最快，年均复合增长率为7.4%，如图3.27~图3.29所示。

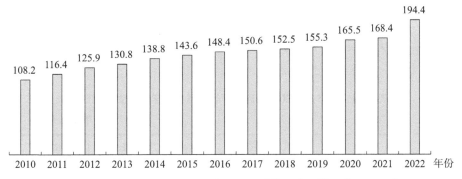

图 3.27　2010—2022年本科生中理、工学毕业生规模（单位：万人）

数据来源：教育部教育统计数据

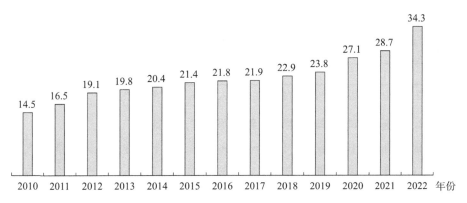

图 3.28　2010—2022年硕士研究生中理、工学毕业生规模（单位：万人）

数据来源：教育部教育统计数据

根据教育部教育统计数据提供的2010—2022年本科、硕士研究生、博士生研究生中理、工学毕业生数，课题组采用成长函数预测方法预测了2023—2028年理、工学毕业生数。其中，2023—2028年本科毕业生数约

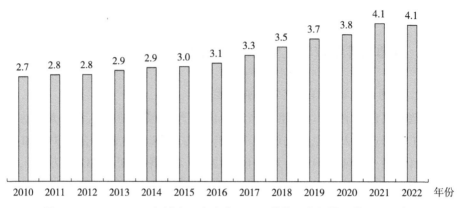

图 3.29　2010—2022 年博士研究生中理、工学毕业生规模（单位：万人）

数据来源：教育部教育统计数据

1 243.3 万人，硕士研究生毕业生数约 221.9 万人，博士研究生毕业生数约 28.9 万人，如表 3.14 所示。

表 3.14　2023—2028 年普通高等学校理、工学毕业生规模预测

单位：万人

年份	本科	硕士研究生	博士研究生	合计
2023	190.5	32.4	4.3	227.2
2024	196.3	33.7	4.5	234.5
2025	202.5	35.4	4.7	242.6
2026	209.9	37.6	4.9	252.4
2027	217.6	40.1	5.2	262.9
2028	226.5	42.8	5.4	274.7
合计	1 243.3	221.9	28.9	1 494.1

注：表中数据因保留小数位数和四舍五入会有一定计算误差。

2. 普通高等学校毕业生流入新能源汽车产业比例

根据纳人提供的数据，1991—2019 届理、工学毕业生流入新能源汽车企业（含整车和零部件）的比例，本科生约为 0.256%，硕士研究生约为 0.848%，博士研究生为 1.231%；同期，流入智能网联汽车企业的比例，本科生约为 0.343%，硕士研究生约为 0.830%，博士研究生约为 1.004%。

从进入企业研发岗位的毕业生专业背景看，毕业生的专业背景仍以机械类为主，其中车辆工程专业为新能源汽车行业流入比最高的专业，达到 5.00%，如图 3.30 所示，与其他专业的流入比形成明显"断层"。工业设计专业为智能网联汽车企业流入比最高的专业，流入比为 1.36%，其次是车辆工程、电子科学与技术专业、测控技术与仪器专业，分别为1.26%、1.21%和1.16%，如图3.31所示。

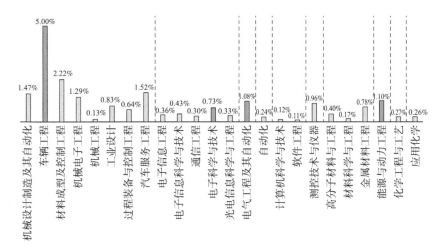

图3.30　1991—2019届本科主要相关专业毕业生从事新能源汽车研发工作的流入比

数据来源：北京纳人网络科技有限公司

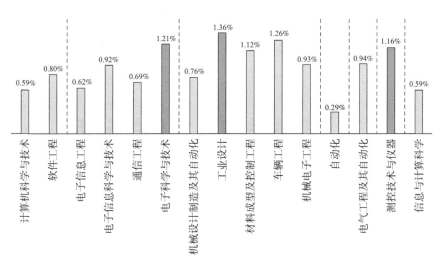

图3.31　1991—2019届本科主要相关专业毕业生从事智能网联汽车研发工作的流入比

数据来源：北京纳人网络科技有限公司

3. 普通高等学校人才供给预测

综合考虑毕业生规模和流入比数据进行预测，2024—2028年普通高等学校毕业生流入新能源汽车产业的人才数量约为4.6万人，其中本科生

2.7万人，硕士研究生 1.6 万人，博士研究生 0.3 万人；流入智能网联汽车产业的人才数量约为 5.4 万人，其中本科生 3.6 万人，硕士研究生 1.6 万人，博士研究生 0.2 万人，如表 3.15 所示。

表 3.15　2024—2028 年普通高等学校人才供给预测

年份	新能源汽车/万人			智能网联汽车/万人		
	本科	硕士研究生	博士研究生	本科	硕士研究生	博士研究生
2024	0.5	0.3	0.1	0.7	0.3	0.0
2025	0.5	0.3	0.1	0.7	0.3	0.0
2026	0.5	0.3	0.1	0.7	0.3	0.0
2027	0.6	0.3	0.1	0.7	0.3	0.1
2028	0.6	0.4	0.1	0.8	0.4	0.1
合计	2.7	1.6	0.3[1]	3.6	1.6	0.2[2]
	4.6			5.4		

1. 数据的误差是由于小数点位数取值不同造成。2024 年保留三位小数是 0.055 万人，2025 年保留三位小数是 0.058 万人，2026 年保留三位小数是 0.061 万人，2027 年保留三位小数是 0.064 万人，2028 年保留三位小数是 0.066 万人。
2. 数据的误差是由于小数点位数取值不同造成。2024 年保留三位小数是 0.045 万人，2025 年保留三位小数是 0.047 万人，2026 年保留三位小数是 0.049 万人，2027 年保留三位小数是 0.052 万人，2028 年保留三位小数是 0.054 万人。

二、职业院校人才供给分析

（一）职业院校相关专业建设情况

1. 相关专业布点情况

2019 年，根据国务院印发的《国家职业教育改革实施方案》（国发〔2019〕4 号），教育部启动了职业本科试点工作，旨在构建起纵向贯通、横向融通的现代职业教育体系。2021 年至今，教育部已先后颁布了《本科层次职业学校设置标准（试行）》和《本科层次职业教育专业设置管理办法（试行）》等一系列指导性文件，规范职业本科学校办学。

至此，中等职业学校（以下简称"中职"）、高等职业学校（以下简称"高职专科"）和本科层次职业学校（以下简称"职业本科"）共同承担起我国汽车产业技能人员培养的重任。近年来，伴随着新能源汽车和智能网联汽车的发展，各层次职业学校积极对接产业人才需求，开设了新能源汽车和智能网联汽车相关专业，为支撑我国新能源汽车和智能网联汽车的快速发展做出了贡献。

根据教育部 2021 年 3 月发布的《职业教育专业目录（2021 年）》（教职成〔2021〕2 号）（检索截止时间：2023 年 10 月），目前在与新能源汽车和智能网联汽车相关专业中，中职汽车专业共 8 个，高职专科汽车专业共 9 个，职业本科专业共 4 个，这些专业分属于装备制造大类、交通运输大类、电子与信息大类三大专业类别。结合调研数据，课题组共梳理出与新能源汽车和智能网联汽车强相关的中职、高职专科、职业本科专业 10 个，中相关专业 11 个，如表 3.16 所示。

表 3.16 新能源汽车相关专业列表

教育层次	专业类	职业教育专业目录（2021）
中等职业教育专业	装备制造大类（汽车制造类）	660701 汽车制造与检测
		660702 新能源汽车制造与检测
		660703 汽车电子技术应用
	交通运输大类（道路运输类）	700205 汽车服务与营销
		700206 汽车运用与维修
		700207 汽车车身修复
		700208 汽车美容与装潢
		700209 新能源汽车运用与维修
高等职业教育专科专业	装备制造大类（汽车制造类）	460701 汽车制造与试验技术
		460705 汽车造型与改装技术
		460702 新能源汽车技术
		460703 汽车电子技术
		460704 智能网联汽车技术
	交通运输大类（道路运输类）	500210 汽车技术服务与营销
		500211 汽车检测与维修技术
		500212 新能源汽车检测与维修技术
	电子与信息大类（电子信息类）	510107 汽车智能技术

续表

教育层次	专业类	职业教育专业目录（2021）
高等职业教育本科专业	装备制造大类（汽车制造类）	260701 汽车工程技术
		260702 新能源汽车工程技术
		260703 智能网联汽车工程技术
	交通运输大类（道路运输类）	300203 汽车服务工程技术

注：职业教育专业目录深底色为强相关专业，其他为中相关专业。

调研显示，目前流入汽车企业的技能人员以高职专科毕业生为主，中职学校学生毕业后的第一意向是升学，而职业本科院校才刚刚设立不久。因此，课题组重点分析了高职专科学校的专业备案情况。表3.17显示了2021—2023年汽车相关高职专科专业备案的变化情况，从中可以发现，2023年专业布点数居前4位的是汽车检测与维修技术、新能源汽车技术、汽车制造与试验技术、汽车技术服务与营销。

表3.17 2021—2023年高职专科学校新能源汽车相关专业备案情况

专业类	专业代码	专业名称	2021数量	2022数量	2023数量	3年专业数量变化
4607汽车制造类	460701	汽车制造与试验技术	786	743	690	减少
	460702	新能源汽车技术	588	632	716	增加
	460703	汽车电子技术	178	152	135	减少
	460704	智能网联汽车技术	51	144	210	增加
	460705	汽车造型与改装技术	19	19	19	持平
5002道路运输类	500210	汽车技术服务与营销	423	385	324	减少
	500211	汽车检测与维修技术	675	759	833	增加
	500212	新能源汽车检测与维修技术	73	92	132	增加
5101电子信息类	510107	汽车智能技术	156	150	142	减少

数据来源：全国职业院校专业设置管理与公共信息服务平台

2. 未来五年职业院校专业发展方向

课题组针对职业院校未来五年在新能源汽车和智能网联汽车领域的发展规划做了专题调研，结果显示，新能源汽车技术专业被列为发展的重中之重，其次是新能源汽车检测与维修技术和智能网联汽车技术，这一规划与产业发展需求高度契合，如表 3.18 所示。

表 3.18 未来五年职业院校重点发展的汽车相关专业排序

排序	相关专业
1	新能源汽车技术（新能源汽车制造与检测）
2	新能源汽车检测与维修技术（新能源汽车运用与维修/汽车检测与维修技术/汽车运用与维修）
3	智能网联汽车技术（汽车智能技术/智能网联汽车工程技术）
4	汽车制造与试验技术（汽车制造与检测）
5	汽车电子技术（汽车电子技术应用）
6	汽车技术服务与营销（汽车服务与营销/汽车服务工程技术）
7	新能源汽车工程技术（汽车工程技术）
8	汽车造型与改装技术（汽车车身修复/汽车美容与装潢）

数据来源：中国汽车工程学会职业院校调研问卷

3. 课程体系建设

目前，职业院校的课程体系由公共基础课和专业课组成，汇总从被调研职业院校获取的数据，课程总学时的平均值为 2 756.2 学时，其中公共基础课程总学时占比 32.6%，专业课程总学时占比 67.4%，这一学时构成，兼顾了学生综合素质和专业能力的培养需要，如图 3.32 所示。

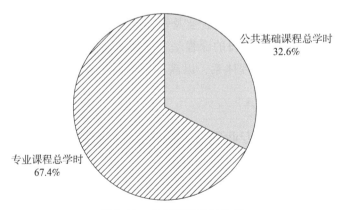

图 3.32 各类课程学时分布

数据来源：中国汽车工程学会职业院校调研问卷

在专业课程中，理论课程总学时占比 47.6%，实践课程总学时占比

52.4%，符合教育部《关于职业院校专业人才培养方案制订与实施工作的指导意见》（教职成〔2019〕13号）中对实践性教学学时原则上不少于总学时的50%的要求，如图3.33所示。

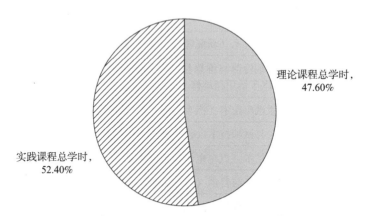

图3.33　专业课程中理论课程与实践课程的学时分布

数据来源：中国汽车工程学会职业院校调研问卷

课题组通过对职业院校问卷数据的整理，梳理出职业学校目前针对新能源汽车技能人员培养的7门核心课程，分别为：新能源动力电池及管理系统检修、新能源电机及控制系统检修、新能源汽车网络技术、新能源汽车电气技术、新能源汽车电工电子技术、新能源汽车综合故障诊断、新能源汽车技术概论。这7门课程包含了新能源汽车相关的基础知识、"三电"相关的理论知识和专业技能、整车及部件的诊断与维修等知识和技能。通过对比整车企业、零部件生产企业及销售服务类企业对技能人员专业技能要求的调研结果，院校开设的课程基本能够满足企业需求。与此同时，职业院校也在不断优化课程体系，以满足企业对技能人员知识储备和能力、素质不断提升的要求。

（二）职业院校相关专业现有支撑条件

（1）师资队伍

对职业院校新能源汽车专业专任教师情况进行分析，"双师型"教师占比约为79.9%，超出了高等职业学校汽车相关专业的专业教学标准中"不低于60%"的要求。同时，被调研院校普遍反映，新能源汽车专业对教师综合素质要求比传统汽车领域对教师综合素质的要求更高。

从新能源汽车相关专业专任教师的年龄结构看，31～40岁段占比最大，其中，30岁以下占比21.2%，31～40岁占比40.6%，41～50岁占比23.8%，50岁以上占比14.5%，如图3.34所示。

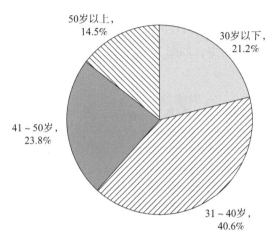

图3.34　新能源汽车相关专业专任教师年龄分布

数据来源：中国汽车工程学会职业院校调研问卷

从新能源汽车相关专业专任教师的职称分布看，目前专任教师的职称以中级职称和副高级职称为主，其中，正高级职称占比7.2%，副高级职称占比25.0%，中级职称占比44.1%，初级职称占比23.7%，如图3.35所示。

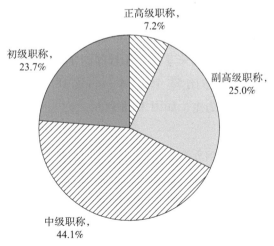

图3.35　新能源汽车相关专业专任教师职称分布

数据来源：中国汽车工程学会职业院校问卷调查数据

从新能源汽车相关专业专任教师的学历看，中职学校教师超 7 成为本科学历，高职专科学校教师过半数为硕士研究生学历，职业本科学校教师中博士研究生学历已超过 1/4。

中职学校新能源汽车相关专业专任教师的学历分布为：博士研究生占比 2.5%，硕士研究生占比 11.5%，本科占比 76.6%，专科占比 9.4%。专任教师以本科学历为主，如图 3.36 所示。

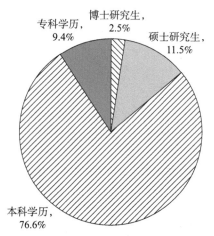

图 3.36　中职学校新能源汽车相关专业专任教师的学历分布

数据来源：中国汽车工程学会职业院校调研问卷

高职专科学校新能源汽车相关专业专任教师的学历分布为：博士研究生占比 10.9%，硕士研究生占比 52.2%，本科占比 32.2%，专科占比 4.6%。专任教师以硕士研究生为主，如图 3.37 所示。

职业本科新能源汽车相关专业专任教师的学历分布为：博士研究生占比 25.6%，硕士研究生占比 53.4%，本科占比 18.8%，专科占比 2.3%。专任教师以硕士研究生为主，如图 3.38 所示。

（2）教材建设

中共中央办公厅、国务院办公厅 2021 年 10 月发布的《关于推动现代职业教育高质量发展的意见》提出了"三教"（教师，教材，教法）改革任务。在这一背景下，全国汽车类职业院校对于教材的编写和选用已逐步规范化。

课题组针对学校专业教材编写情况进行了专题调研，获得了以下信息。

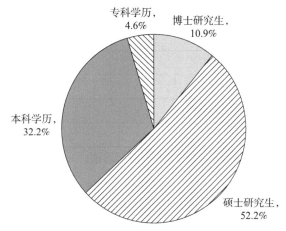

图 3.37　高职专科学校新能源汽车相关专业专任教师的学历分布

数据来源：中国汽车工程学会职业院校调研问卷

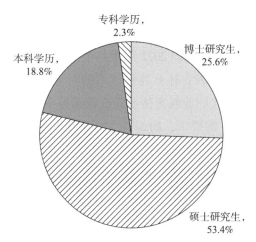

图 3.38　职业本科学校新能源汽车相关专业专任教师的学历分布

数据来源：中国汽车工程学会职业院校调研问卷

各职业学校按照教育部《职业院校教材管理办法》（教材〔2019〕3号）要求，加强了对教材的管理、规划、编写、审核、出版与发行等工作的管理，教材的选用、使用、服务与保障、评价与监督等工作越来越规范。

在所调研的学校中，国家规划教材平均值为 3.1 本/校，新形态教材平均值为 3.4 本/校，其他类型教材平均值为 4.6 本/校，如表 3.19 所示，表明职业院校对教材编写的投入力度、重视程度显著增强。

表 3.19　职业学校专业教材采用情况　　　单位：本/校

教材类型	数量
国家规划教材	3.1
新形态教材	3.4
其他类型教材	4.6
平均	3.7

数据来源：中国汽车工程学会职业院校调研问卷

整体来看，被调研的 532 个学校中，有 267 个学校选择国家规划教材，占比 50.2%；50 个学校选用行业或企业编写的教材，占比 9.3%；17 个学校选用校本特色教材，占比 3.2%；选用其他教材的学校为 198 个，占比 37.3%。以动力电池较为成熟的相关课程为例，选用国家规划教材的比例为 73.5%，选用行业或企业编写教材的比例为 20.4%，选用校本或其他的比例为 6.1%。

（3）产教融合

近年来，各职业院校响应 2022 年中共中央办公厅、国务院办公厅发布的《关于深化现代职业教育体系建设改革的意见》和 2023 年教育部发布的《关于加快推进现代职业教育体系建设改革重点任务的通知》（教职成厅函〔2023〕20 号）的要求，纷纷加大了产教融合的推进力度，各地政府教育部门也为职业院校推进相关工作给予了多方面的支持。

目前，职业院校推动产教融合通常采取三种方式。

一是与所在地区的新能源汽车企业、智能网联汽车企业或职业教育培训公司合作。如新能源汽车方面的合作企业包括比亚迪、吉利、宁德时代、蔚来、理想、小鹏、特斯拉等；智能网联汽车企业则包括百度、华为、中汽数据、国汽智联、山东星科、易飒、海康威视、萝卜快跑等。

二是成立新能源汽车技术专业群理事会，或是成立新能源汽车和智能网联汽车人才培养联盟，共同探索合作的新模式、新机制，实现多方共创共赢。

三是共建大师工作站，按照"共建、共管、共用、共享"的原则，通过与企业共建共性技术服务平台、共建产教融合实训基地、共建产业学院以及联合企业开展特色学徒制培养模式等形式，实现校企共享设备、技术和人力资源，形成资源共享平台，推动产学研一体、深度融合，协同创新，创新学生实训方式。

在本次被调研的职业院校中,有93.2%已经开展了产教融合工作,6.8%的学校尚未开展。开展产教融合的主要形式有订单班、学徒培养、专业共建、产业学院、咨询服务及其他模式。其中,订单班占比38.7%,学徒培养占比16.1%,专业共建占比15.6%,产业学院占比14.5%,咨询服务占比2.7%,其他占比12.4%,如图3.39所示。在开展产教融合时,职业院校关注的重点依次为:教学设备及车辆的捐赠、教师能力的培养、为学生提供实习就业的岗位、学校与企业共建实验室、提升学生的实习就业待遇和为学校老师提供科研环境。

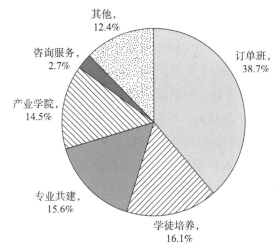

图3.39 被调研院校新能源汽车专业开展产教融合的形式

数据来源:中国汽车工程学会职业院校调研问卷

(4)实训基地

与普通高校一样,职业院校的实训基地同样包括校内实训设施和校外实习实训基地两部分,校内实训设施主要用于学生专业技能培养,校外实训基地主要用于学生岗位实习。课题组对被调研院校新能源汽车和智能网联汽车相关专业的实习实训基地信息进行了整理,获得的结论如表3.20所示。

表3.20 职业院校新能源汽车专业和智能网联汽车专业的实习实训基地情况

实训基地	新能源汽车专业	智能网联汽车专业
实训室面积/m²	1 501.9	678.1
实训室数量/个	6	3

续表

实训基地	新能源汽车专业	智能网联汽车专业
设备总值/万元	1 363.1	686.5
校外实习实训基地数量/个	8.1	2.3

注：表格里面的数字为综合平均值
数据来源：中国汽车工程学会职业院校调研问卷

新能源汽车专业每所院校的平均实训室面积为 1 501.9 m^2，实训室数量平均为 6 个，设备总值平均为 1 363.1 万元，校外实习实训基地平均为 8.1 个。

智能网联汽车专业实训设施建设相对晚于新能源汽车专业，但投入力度却不小，每所院校的平均实训室面积为 678.1 m^2，实训室数量平均为 3 个，设备总值平均为 686.5 万元，校外实习实训基地平均为 2.3 个。

对于新能源汽车专业，中职院校的校内实训设施主要用于进行新能源汽车（含总成部件）的结构、拆装、维护和检修等实训；高职专科院校的校内实训设施主要用于进行新能源汽车（含总成部件）的检测、维修和故障诊断等实训；职业本科院校的校内实训设施主要用于进行新能源汽车（含总成部件）的故障诊断、应用与电气设计、性能测试试验等实训。为训练学生的岗位技能，各职业院校的校外实习实训基地主要建在新能源汽车的整车制造生产企业、零配件生产制造研发或检测企业、销售和售后服务企业等企业。

对于智能网联汽车，中职院校目前尚未开设与此相关的专业，高职专科院校的校内实训设施主要用于进行电工电子电路连接与测试、智能网联汽车拆装、智能传感器装调与测试、计算平台部署与测试、底盘线控系统装调与测试等实训；职业本科院校的校内实训设施主要用于进行车载网络系统应用开发、智能感知系统应用开发、线控底盘系统应用开发、智能座舱系统应用开发、智能车设计开发等实训。为培养学生的实践技能，各职业院校的校外实习实训基地主要建在智能网联汽车研发机构、生产企业、智能出行服务企业、测试示范区等单位。

（三）职业院校相关专业人才培养方案典型案例

为满足新能源汽车产业发展对技能人才的需求，职业学校相关专业不断开展专业改革创新工作,提高人才培养质量。课题组调研了相关专业较为典型的人才培养和特色产业学院,分层次进行了分析和总结。

1. 河北科技工程职业技术大学:牵头组建河北省汽车职教集团

2018年10月,河北省汽车职业教育集团(以下简称"职教集团")宣布成立,并于2020年入选教育部《第一批示范性职业教育集团(联盟)培育单位名单》(教职成司函〔2020〕33号)。河北科技工程职业技术大学(原邢台职业技术学院,2021年更名)作为牵头单位,开启了整合资源、突出特色、校企合作、协同提升育人水平的探索。职教集团自成立以来,以壮大河北汽车职业教育为己任,以助力河北汽车产业向"电动化、网联化、智能化、共享化"转型发展为目标,积极探索产教融合新模式。在打造命运共同体,促进职教集团内校企、校校、企企、区域优质资源的共建、共享、共培等方面进行了探索实践。2022年,职教集团成员单位(中、高职院校)中共有6 000多名在校生在企业完成了工学交替、生产实习,极大地提高了学生的工程实践能力。

(1) 共建基地,学生员工共同成长

通过多次深入沟通与交流,职教集团与长城汽车股份有限公司(以下简称"长城汽车")共建了河北省汽车专业公共实习实训基地。由职教集团统筹协调、组织职教集团成员单位与长城汽车对接,协商制订实习实训计划,各成员单位根据人才培养规律完善培养方案。培养方案的基本思路是:采用"旺工淡学"形式,将跟岗实习融入学生的培养计划中。实习期间,院校组织学生按照长城汽车的管理要求参与真实的生产实践,长城汽车则结合人才培养要求,对学生进行妥善安排与管理,并派工程师为学生实习提供指导。

同时,针对长城汽车员工的学历提升、技能拓展等需求,职教集团内有条件的院校为企业员工提供学历进修、专项技能强化等渠道,从而实现更高层次的"(员)工(生)交替",如图3.40所示。

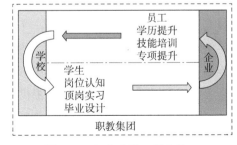

图3.40 双向车道工学交替

(2) 共享资源,提升育人质量

职教集团的优势在于集团内82所院校的科研、教学各具特点,有丰富的人才培养经验和大量的毕业生，企业的优势在于拥有丰富的研发成果和大量经验丰富的工程技术人员，可以为职业院校提供多种形式的实践岗位。合作中，校企双方共同探讨运行机制建设，互输优势资源，形成了优势互补，对提升育人质量起到了重要作用，如图 3.41 所示。

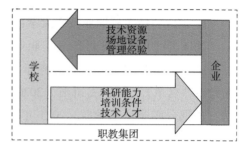

图 3.41　校企双方互输资源

在各方的努力下，院校的课堂得到了延伸，育人质量明显提升，就业率明显提升，毕业生对岗位的理解更加深刻，对未来的职业发展有了更清晰的认识；企业则获得了稳定的优秀技能人员来源渠道，形成了良性循环。许多学生毕业后选择就职于长城汽车，并成长为技能人员中的佼佼者。

（3）共培学院，丰富产教融合内涵

订单班培养模式已被职业院校采用多年，在与长城汽车的合作中，校企双方秉承产教融合、共商共建、构建校企命运共同体的新理念，深度挖掘校企合作的潜力，建立集"长城订单班""长城高职扩招班"以及"长城现代学徒制班"等多种合作形式为一体的产业学院开展人才培养与输出。目前，已有河北科技工程职业技术大学、河北工业职业技术大学、河北交通职业技术学院以及保定第四职业中学等院校与长城汽车共建了长城汽车产业学院，并聚焦以下方面开展了富有创新性的工作。

协同开展人才培养培训项目。职业集团积极发挥协调作用为成员单位提供更多新的发展机遇，如河北科技工程职业技术大学、河北交通职业技术学院、石家庄职业技术学院等院校与长城汽车共同申报的就业实习基地项目和定向人才培养培训项目入选了教育部《第一期供需对接就业育人项目立项名单》（教学司函〔2022〕7 号）。校企合作已经从过去的校内培养学生对企业的认识、基地安排学生实习实践，扩展到校企共同制定人才培养方案、共同开发课程、共同扩展培训资源、共同扩展技术攻关、共同为学生参加创新创业和各级技能大赛提供支撑等多个方面，如图 3.42 所示。

以制度建设为突破口，形成长效合作机制。以工学交替生产实习为例，校企双方共同编制了一系列规章制度，包括《实习动员制度》《岗位安全培训制度》《岗位轮换制度》《优秀实习生评选办法》《生产实习奖励制度》和《实习生回访制度》等，细化管理，从微观入手，将对学生的指

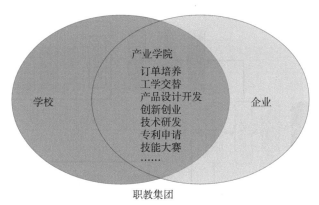

图 3.42 产业学院运行项目

导和关怀贯穿于其学习生涯全过程：进入企业前精心策划岗位设置，进入企业后有扎实的安全教育、技能培训和个人生活关怀，实习结束后开展有针对性的就业引导和实习效果回访，做到时时有监督，事事有反馈，如图 3.43 所示。

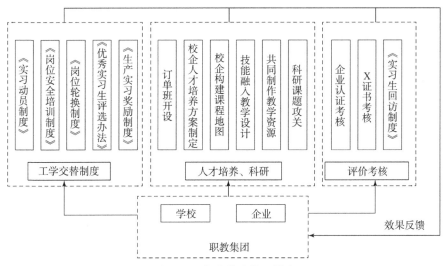

图 3.43 产业学院管理制度

精心设置实训重点，培养了学生，锻炼了教师。在实训方案制定阶段，校企双方紧密结合实训岗位，深入分析岗位技能需求，梳理出关键知识点，绘制课程地图，确定核心课程，设置工作学期和轮岗互训的方式，如图 3.44 所示。在实训实施阶段，企业派出有丰富经验的工程师对学生进行指导，学生的实训取得事半功倍的效果；同时，教师也参与到了企业的科研实践，提升了自己的科研、教学水平和工程能力。

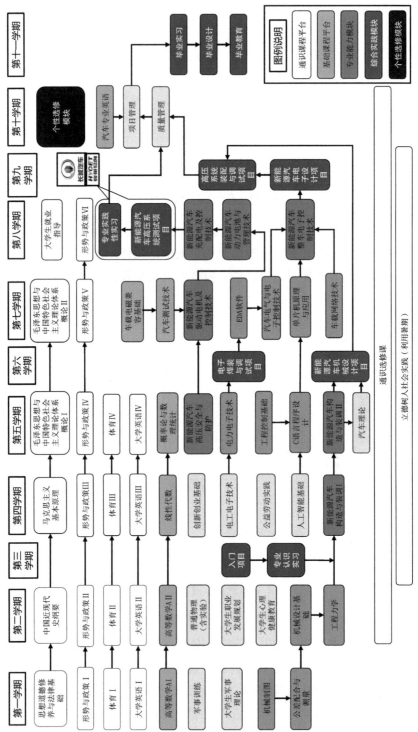

图3.44 校企共建人才培养体系

2. 成都航空职业技术学院：构建工学交替双循环

为适应社会对高质量技能人员需求的变化，成都航空职业技术学院利用区域产业优势，携手行业头部企业，协同推动校企产学研一体化发展，构建"工学交替"协同育人模式。从"学生—企业—学生—社会"多维视角下，深入剖析影响工学交替高质量发展的制约因素，多措并举，精准施策，提高技能人员培养质量。

（1）立足园区，丰富工学交替双循环内涵

成都经开区是国家级经济技术开发区，是省市布局建设的汽车产业"主战场"，已形成整车产能230万台的产业集群。成都航空职业技术学院地处成都经开区汽车城，周边有一汽—大众、吉利领克、沃尔沃等10余家汽车整车制造厂家以及上百家汽车零部件生产厂家，为学校实现"依托产业办专业，办好专业为企业""联合企业打造专业人才培养高地"的发展目标营造了良好环境。

成都航空职业技术学院创新地提出了"工学交替双循环"的内涵框架，构建了"素质核心，能力本位，循线递进，工学交替双循环"的人才培养模式，如图3.45所示。即：依托校内汽车装调生产线和校外主机厂汽车生产线，在校内以理论教学为主，辅以实验和实训；在企业以顶岗实习为主，有针对性地对学生进行技能操作训练。在"在校学习—企业岗位实习—在校学习—企业岗位实习"的过程中，学生边学习、边工作、边训

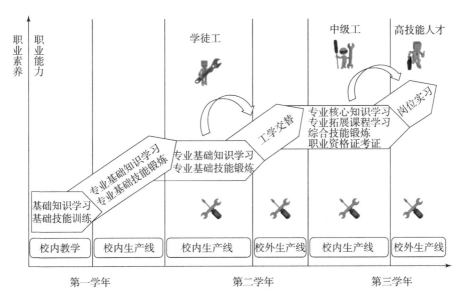

图3.45 "素质核心，能力本位，循线递进，工学交替双循环"人才培养模式

练、边实践，循环进行，全面掌握理论知识和实践技能，综合能力得到提升。

（2）校企协同，攻克工学交替实施的难点

针对新能源汽车发展对技能人才知识和能力的新需求，校企共同制定了新能源汽车技术专业“学校课程+企业课程”双线交织的课程体系。学校承担系统的专业知识学习和技能训练的教学；企业则通过师傅带徒弟的形式，进行岗位技能训练，实现校企一体化育人。在具体实施上，学生在第1学年采取“专业基础课程学习+职业素养养成”的方式进行基础知识的学习和基本技能的训练；在第2学年，采取“专业核心课程学习+专项技能顶岗实习”的方式，学生在校内和一汽—大众、沃尔沃等公司进行第1阶段工学交替；在第3学年，采取“专业拓展课程学习+综合技能顶岗实习”的方式，学生在学校和企业进行第2阶段工学交替，主要进行专业综合能力培养。新能源汽车技术专业学徒班工学交替日历如图3.46所示。

2020—2021学年第二学期企业工学交替教学工作日历

序号	人数	班级	内容＼日期　星期	1月			2月				3月					4月				5月					6月				7月		
			一	11	18	25	1	8	15	22	1	8	15	22	29	5	12	19	26	3	10	17	24	31	7	14	21	28	5	12	19
			二	12	19	26	2	9	16	23	2	9	16	23	30	6	13	20	27	4	11	18	25	1	8	15	22	29	6	13	20
			三	13	20	27	3	10	17	24	3	10	17	24	31	7	14	21	28	5	12	19	26	2	9	16	23	30	7	14	21
			四	14	21	28	4	11	18	25	4	11	18	25	1	8	15	22	29	6	13	20	27	3	10	17	24	1	8	15	22
			五	15	22	29	5	12	19	26	5	12	19	26	2	9	16	23	30	7	14	21	28	4	11	18	25	2	9	16	23
			星期六	16	23	30	6	13	20	27	6	13	20	27	3	10	17	24	1	8	15	22	29	5	12	19	26	3	10	17	24
			星期日	17	24	31	7	14	21	28	7	14	21	28	4	11	18	25	2	9	16	23	30	6	13	20	27	4	11	18	25
			周次	1	2	3	4	5	6	7	8	9	10	11	12	13	14	15	16	17	18	19	20	21	22	23	24	25	26	27	28
1	24	519311/519312	现代学徒班-企业甲班	P	W	W	T	W	W	T	W	W	T	W	W	T	W	W	T	W	W	T	W	W	T	W	W	T	W	W	T
2	24	519311/519312	现代学徒班-企业乙班	P	W	T	W	W	T	W	W	T	W	W	T	W	W	T	W	W	T	W	W	T	W	W	T	W	W	T	W
3	24	519311/519312	现代学徒班-企业丙班	P	P	W	W	T	W	W	T	W	W	T	W	W	T	W	W	T	W	W	T	W	W	T	W	W	T	W	W

符号说明：P—企业入职前培训，W—现场工作，T—企业培训

2021—2022学年第一学期企业工学交替教学工作日历

序号	人数	班级	内容＼日期　星期	7月			8月					9月				10月					11月				十二月				1月		
			一	5	12	19	26	2	9	16	23	30	6	13	20	27	4	11	18	25	1	8	15	22	29	6	13	20	27	3	10
			二	6	13	20	27	3	10	17	24	31	7	14	21	28	5	12	19	26	2	9	16	23	30	7	14	21	28	4	11
			三	7	14	21	28	4	11	18	25	1	8	15	22	29	6	13	20	27	3	10	17	24	1	8	15	22	29	5	12
			四	8	16	22	29	5	12	19	26	2	9	16	23	30	7	14	21	28	4	11	18	25	2	9	16	23	30	6	13
			五	9	16	23	30	6	13	20	27	3	10	17	24	1	8	15	22	29	5	12	19	26	3	10	17	24	31	7	14
			星期六	10	17	24	31	7	14	21	28	4	11	18	25	2	9	16	23	30	6	13	20	27	4	11	18	25	1	8	15
			星期日	11	18	25	1	8	15	22	29	5	12	19	26	3	10	17	24	31	7	14	21	28	5	12	19	26	2	9	16
			周次	1	2	3	4	5	6	7	8	9	10	11	12	13	14	15	16	17	18	19	20	21	22	23	24	25	26	27	28
1	24	520311/520312	现代学徒班-企业甲班	P	T	W	W	T	W	W	T	W	W	T	W	W	T	W	W	T	W	W	T	W	W	T	W	W	T	W	W
2	23	520311/520312	现代学徒班-企业乙班	P	W	W	T	W	W	T	W	W	T	W	W	T	W	W	T	W	W	T	W	W	T	W	W	T	W	W	T
3	23	520311/520312	现代学徒班-企业丙班	P	P	T	W	W	T	W	W	T	W	W	T	W	W	T	W	W	T	W	W	T	W	W	T	W	W	T	W

符号说明：P—企业入职前培训，W—现场工作，T—企业培训

图3.46　新能源汽车技术专业学徒班工学交替日历

(3) 精准施策，提升毕业生质量

提高毕业生质量的核心是精准施策。校企双方以"互利共赢是前提、责任明确是基础、优势互补是思路、探索创新是方法"为原则，从各方诉求点出发，抓住本质，联合企业、社会、家庭多方教育参与者，精准施策，共同推动工学交替高质量发展。

2020—2022 年的三年中，成都航空职业技术学院已经有 408 名学生参与到与一汽 - 大众汽车有限公司成都分公司和沃尔沃汽车成都工厂的工学交替合作中，占所在专业在校人数的 70% 以上。实施工学交替后，学生分别入职宁德时代、特斯拉（上海）、沃尔沃（成都）等高端制造企业，学生就业对口率 99%，学生就业满意率 100%，并得到用人单位的高度认可，普遍反馈：参加过工学交替的学生，普遍能吃苦、懂纪律，工作适应性强，岗位稳定性好。

同时，成都航空职业技术学院汽车制造与试验技术、新能源汽车技术、汽车检测与维修等专业已与特斯拉、一汽—大众、沃尔沃、宁德时代、吉利领克、比亚迪、成焊宝玛、捷豹路虎、长安福特、博世汽车等 17 家行业优质企业合作，共同开设了"吉利设备精英班""特斯拉设备维修技师班""沃尔沃汽车高潜力设备维修班""宁德时代订单班""成焊宝玛订单班"和"捷豹路虎订单班"等订单班，启动了"比亚迪规划研究院汽车总线调试岗专培项目"等项目，每年向合作企业定向输出优秀毕业生。

3. 广州市交通运输职业学校：面向岗位群建设专业群

广州市交通运输职业学校地处我国汽车产业集聚区之一的大湾区。2020 年，广州市交通运输职业学校针对粤港澳大湾区域内已形成完整的整车及零部件生产、销售和售后服务产业链，行业呈现各环节人才层次多样化、职业迁移面广、对"技能复合、技术交叉"型人才需求量大等特点，面向汽车后市场主要岗位群组建了"以传统汽车维修技术为基础，以新能源汽车维修技术为核心，以智能网联汽车维修技术为方向"的新能源汽车运用与维修专业群，确保人才培养紧扣产业低碳化、电动化、智能化和网联化转型发展的需求。

新能源汽车运用与维修专业群包括新能源汽车运用与维修、汽车运用与维修、汽车电子技术应用、汽车车身修复、汽车服务与营销 5 个专业，如图 3.47 所示。专业群紧紧把握"就业与升学并重"的总体方针，遵循学生文化素质与职业技能双螺旋上升的人才培养路径，创建了"共平台，多途径"工学结合的人才培养模式，并在此基础上构建了"平台共享、融合共升、多路并进"的专业群课程体系，如图 3.48 所示。

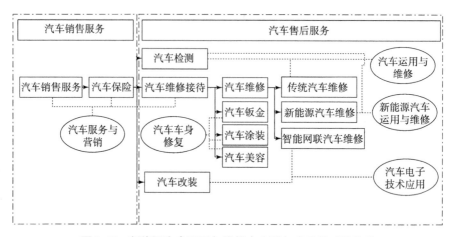

图 3.47　新能源汽车运用与维修专业群与产业链对接关系

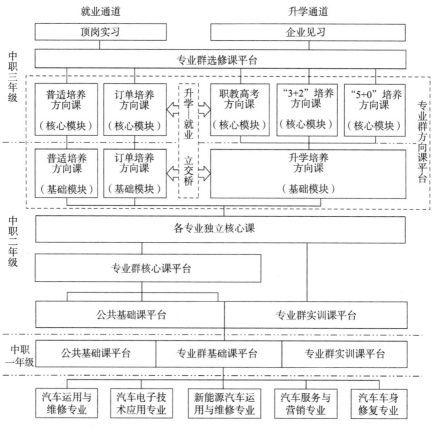

图 3.48　新能源汽车运用与维修专业群课程体系

平台共享：即基于群内 5 个专业具有相同的行业背景、各专业面向的就业岗位互有交集、不同就业岗位工作内容大多需要相同的专业基础等特点，深入分析各专业面向的工作岗位的知识和能力需求，合理整合各专业优势资源和师资配置，以信息技术为支撑，通过打造公共基础课平台、专业群基础课平台、专业群实训课平台、专业群核心课平台、专业群方向课平台和专业群选修课平台，构建了"多平台"共享型课程体系，实现了公共基础课校级统筹、专业基础课与专业实训课群内统筹、专业核心课与专业方向课群内融通、专业选修课群内共享。以新能源汽车运用与维修专业为例，其课程设置如表 3.21 所示。

表 3.21　新能源汽车运用与维修专业课程设置情况一览

课程类型	课程总数/门	共享课程所属课程平台	可共享的课程数量/门	被其他专业选用情况/门			
				汽车运用与维修	汽车电子技术应用	汽车服务与营销	汽车车身修复
专业基础课	4	专业群基础课平台	4	4	4	4	4
专业实训课	4	专业群实训课平台	2	2	2	1	1
专业核心课	7	专业群核心课平台	6	4	5	0	0
专业方向课	8	专业群方向课平台	8	8	6	3	0
专业选修课	6	专业群选修课平台	2	2	2	1	1

融合共升：即通过跨专业课程融通、跨专业教师协作、跨专业资源共享等举措，充分发挥新能源汽车运用与维修专业的引领、带动作用，通过各专业优势互补、协同发展的机制，实现群内专业相互融合、相互促进、共同提升的目标。

多路并进：即从原有的"以就业为导向"逐步转变为"就业与升学并重"的人才培养路径。一方面依托校企合作优势，以需求为导向，做好"普适培养""订单培养"，多路径提升就业通道的人才培养质量。另一方面，在继续推进"3+证书"高考、中高职衔接"3+2"模式的基础上，积极探索中高职衔接"5+0"模式，有效拓宽升学渠道、提高升学质量，通过探索"中高企协同"人才培养、就业与升学双路互通等方式，构建"就业—升学立交桥"。

新能源汽车运用与维修专业群在建设过程中，也在不断探索深化校企合作、产教融合的新途径，主要包括以下措施。

在校内，实施学生订单培养，建立企业员工培训中心，引入国际先进的企业培训理论及培训课程体系，将行业中的新技术、新工艺、新规范及时引入课堂，使专业群课程教学内容紧跟行业发展、使人才培养方向紧跟行业需求。同时，聘请行业、企业专家共同组建教学创新团队，打造"1+9"教师教学创新团队体系，即以1个国家级职业教育教师教学创新团队——新能源汽车运用与维修教师教学创新团队为核心，9个校级教师教学创新团队为支撑，系统化推进各类教育教学改革。

在企业，建设以生产实践为中心，能够支撑学生工学交替、跟岗实习、顶岗实习和综合素质培养的校外实践教学基地。同时，紧跟新能源汽车技术、智能网联汽车技术发展的步伐，打造以一体化教学为中心，集社会培训、技术服务、竞赛训练、认证考核等功能于一体的"一心多能，虚实结合"共享型校内实践教学基地。

上述措施取得了明显成效。广州市交通运输职业学校新能源汽车运用与维修专业群现有在校生2 144人，2023届毕业生679人，其中升学259人，占比38%；就业420人，占比62%，专业对口率98%，就业满意率100%，其中，在奔驰、奥迪、宝马等高端汽车品牌就业105人，占就业总人数的25%。

（四）职业院校的招生和毕业生规模

1. 中职学校毕业生规模

如前文中表3.16所示，中职学校开设的汽车类专业包括新能源汽车制造与检测、汽车电子技术应用、新能源汽车运用与维修、汽车制造与检测、汽车服务与营销、汽车运用与维修、汽车车身修复、汽车美容与装潢等8个专业。2021—2023年，这8个专业的招生人数呈现"三增、三降、两平稳"的态势，具体如下：新能源汽车制造与检测、汽车电子技术应用、新能源汽车运用与维修3个专业的招生规模逐年增长，这与新能源汽车行业的发展情况一致；汽车制造与检测、汽车服务与营销、汽车运用与维修 3 个专业的招生规模逐年下降，但汽车运用与维修仍是中职学校的龙头专业；汽车车身修复、汽车美容与装潢 2 个专业三年间出现小幅波动，但大体保持稳定，如表 3.22 所示。

表 3.22 被调研中职学校 2021—2023 年各专业招生情况

单位：人

专业	2021 年	2022 年	2023 年
新能源汽车制造与检测	3 592	4 761	6 106
汽车电子技术应用	795	851	1 314
新能源汽车运用与维修	10 983	14 461	19 127
汽车制造与检测	5 716	5 523	4 421
汽车服务与营销	3 466	3 165	2 855
汽车运用与维修	30 084	29 693	26 806
汽车车身修复	2 554	2 213	2 244
汽车美容与装潢	1 248	1 082	1 310
合计	58 438	63 749	64 183

注：表中数据为被调研的 284 所中职学校招生合计人数。
数据来源：中国汽车工程学会职业院校调研问卷

受中职学校各专业近年来招生人数的影响，在招生人数呈现增长趋势的 3 个专业中，仅新能源汽车运用与维修专业的毕业生规模出现增长，其他专业略有波动，但相对稳定，如表 3.23 所示。这一数据反映出，随着新能源汽车保有量的提升，售后服务端及与新能源汽车运用与维修相关的技能人员的紧缺问题日益突出；而与新能源汽车制造与检测和汽车电子技术应用相关的技能人员，由于其从专业技能要求方面与传统燃油汽车存在共性，目前企业尚可以从现有人才储备中通过内部培训满足要求。

表 3.23 被调研中职学校 2021—2023 年各专业毕业生情况

单位：人

专业	2021 年	2022 年	2023 年
新能源汽车制造与检测	2 160	4 475	3 079
汽车电子技术应用	682	669	645
新能源汽车运用与维修	6 345	7 400	9 181
汽车制造与检测	5 739	5 292	5 241
汽车服务与营销	3 116	2 916	2 898

续表

专业	2021 年	2022 年	2023 年
汽车运用与维修	30 920	29 780	28 510
汽车车身修复	2 408	2 130	2 012
汽车美容与装潢	1 056	877	990
合计	52 426	53 539	52 556

注：表中数据为被调研的 284 所中职学校毕业生合计人数。
数据来源：中国汽车工程学会职业院校调研问卷

基于被调研院校提供的"十四五"发展规划，课题组对被调研中职学校未来五年的招生规模进行了预测。总体判断结果为：2024—2028 年的招生人数总体呈上升趋势，但汽车制造与检测、汽车运用与维修专业招生人数将会减少，如表 3.24 所示。这说明，各中职学校对新能源汽车发展带来的对技能人员的旺盛需求充满信心，同时也对产业发展人才需求向高职、职业本科倾斜的新变化有着客观、清晰的认识。

表 3.24 被调研中职学校 2024—2028 年各专业招生规模预测

单位：人

专业	2024 年	2025 年	2026 年	2027 年	2028 年
新能源汽车制造与检测	8 211	8 756	9 393	9 506	10 077
汽车电子技术应用	1 012	1 012	1 018	1 073	1 123
新能源汽车运用与维修	21 277	23 156	24 494	25 788	27 069
汽车制造与检测	4 817	4 837	4 773	4 748	4 798
汽车服务与营销	3 038	3 056	3 069	3 129	3 189
汽车运用与维修	24 098	23 849	22 790	22 407	22 273
汽车车身修复	2 914	2 994	3 070	3 100	3 270
汽车美容与装潢	1 590	1 697	1 739	1 819	1 809
合计	66 957	69 357	70 346	71 570	73 608

注：表中数据为被调研的 284 所中职学校招生合计人数。
数据来源：中国汽车工程学会职业院校调研问卷

2. 高职专科学校毕业生规模

如前所述，高职汽车类专业包括新能源汽车技术、汽车电子技术、新能源汽车检测与维修技术、智能网联汽车技术、汽车智能技术、汽车制造与试验技术、汽车造型与改装技术、汽车技术服务与营销、汽车检测与维修技术等9个专业。2021—2023年，新能源汽车技术、新能源汽车检测与维修技术和智能网联汽车技术等3个专业的招生规模增长幅度较大，但目前招生规模最大的3个专业仍然是新能源汽车技术、汽车检测与维修技术、汽车制造与试验技术，如表3.25所示。

表3.25 被调研高职专科学校2021—2023年各专业招生情况

单位：人

专业	2021年	2022年	2023年
新能源汽车技术	20 163	27 379	31 204
汽车电子技术	2 422	2 757	2 814
新能源汽车检测与维修技术	3 010	4 134	5 422
智能网联汽车技术	1 289	2 578	3 929
汽车智能技术	2 721	3 736	3 779
汽车制造与试验技术	9 591	9 670	10 425
汽车造型与改装技术	663	852	790
汽车技术服务与营销	8 699	9 752	9 693
汽车检测与维修技术	19 711	21 935	21 746
合计	68 269	82 793	89 802

注：表中数据为被调研的238所高职专科学校招生合计人数。
数据来源：中国汽车工程学会职业院校调研问卷

从近三年的毕业生数量看，新能源汽车技术、新能源汽车检测与维修技术、汽车智能技术3个专业的毕业生规模呈增长态势，汽车电子技术、汽车技术服务与营销2个专业的毕业生规模出现下降，其他4个专业的毕业生规模均出现小幅波动，与这些专业近年来的招生规模高度吻合，如表3.26所示。

表3.26 被调研高职专科学校2021—2023年各专业毕业生情况

单位：人

专业	2021年	2022年	2023年
新能源汽车技术	13 433	16 648	19 058
汽车电子技术	3 051	2 678	2 529
新能源汽车检测与维修技术	1 700	2 269	2 774

续表

专业	2021 年	2022 年	2023 年
智能网联汽车技术	659	589	680
汽车智能技术	904	1 380	2 091
汽车制造与试验技术	7 104	7 566	7 609
汽车造型与改装技术	722	691	761
汽车技术服务与营销	7 263	6 994	6 825
汽车检测与维修技术	19 757	19 236	19 566
合计	54 593	58 051	61 893

注：表中数据为被调研的 238 所高职专科学校毕业生合计人数。
数据来源：中国汽车工程学会职业院校调研问卷

基于被调研院校提供的"十四五"发展规划，课题组对被调研的高职专科学校未来五年的招生规模进行了预测。总体判断结果为：高职专科学校的 9 个相关专业中，不同专业平均每年的招生人数在各年度之间略有波动，但总体规模呈现稳定增长的趋势，其中智能网联汽车技术专业计划的增长率最高，如表 3.27 所示。

表 3.27　被调研高职专科学校 2024—2028 年各专业招生规模预测

单位：人

专业	2024 年	2025 年	2026 年	2027 年	2028 年
新能源汽车技术	31 136	32 555	35 409	37 569	38 930
汽车电子技术	2 938	3 077	2 774	2 829	3 249
新能源汽车检测与维修技术	5 974	6 678	6 914	7 045	7 689
智能网联汽车技术	8 999	7 990	9 410	10 663	11 310
汽车智能技术	3 780	4 016	4 151	4 185	4 837
汽车制造与试验技术	9 428	9 825	9 925	9 975	9 738
汽车造型与改装技术	1 079	1 204	1 154	1 194	1 204
汽车技术服务与营销	11 836	10 720	10 856	10 983	10 768
汽车检测与维修技术	20 075	19 710	18 745	18 714	18 637
合计	95 245	95 775	99 338	103 157	106 362

注：表中数据为被调研的 238 所高职专科学校招生合计人数。
数据来源：中国汽车工程学会职业院校调研问卷

3. 职业本科学校毕业生规模

自 2019 年教育部启动职业本科试点工作以来，已有 33 所职业本科学校开设了新能源汽车和智能网联汽车相关专业，包括新能源汽车工程技术、智能网联汽车工程技术、汽车工程技术、汽车服务工程技术等 4 个专业。从 2021—2023 年的数据来看，所有专业规模均呈现上升趋势，这与职业本科学校数量的增长有关，如表 3.28 所示。

表 3.28　被调研职业本科学校 2021—2023 年各专业招生情况

单位：人

专业	2021 年	2022 年	2023 年
新能源汽车工程技术	366	510	640
智能网联汽车工程技术	0	0	50
汽车工程技术	278	503	546
汽车服务工程技术	89	276	350
合计	733	1 289	1 586

注：表中数据为被调研 10 所职业本科学校招生合计人数。
数据来源：中国汽车工程学会职业院校调研问卷

首批职业本科生于 2023 年毕业，4 个专业总计 694 人，且各专业分布不均，这与开设相关专业学校的数量有关，如表 3.29 所示。

表 3.29　被调研职业本科学校 2023 年各专业毕业生情况

单位：人

专业	2023 年
新能源汽车工程技术	177
智能网联汽车工程技术	0
汽车工程技术	381
汽车服务工程技术	136
合计	694

注：表中数据为被调研的 10 所职业本科学校毕业生合计人数。
数据来源：中国汽车工程学会职业院校调研问卷

基于被调研院校提供的"十四五"发展规划，课题组对被调研的职业本科学校未来五年的招生规模进行了预测。总体判断结果为：新能源汽车工程技术、智能网联汽车工程技术两个专业的招生计划预计会增加，汽车工程技术、汽车服务工程技术两个专业的招生规模预计会持平或减少，如

表 3.30 所示，说明职业本科这两个专业的发展定位尚不够清晰，在如何形成与普通本科的车辆工程专业和汽车服务工程专业的差异化发展方面仍需做更深入的探讨。

表 3.30　被调研的职业本科学校 2024—2028 年各专业招生规模预测

单位：人

专业	2024 年	2025 年	2026 年	2027 年	2028 年
新能源汽车工程技术	220	250	350	350	350
智能网联汽车工程技术	160	250	250	250	250
汽车工程技术	460	400	400	400	400
汽车服务工程技术	310	250	250	250	250
合计	1 150	1 150	1 250	1 250	1 250

注：表中数据为被调研的 10 所职业本科学校招生合计人数。
数据来源：中国汽车工程学会职业院校调研问卷

（五）职业院校人才供给预测

1. 职业院校毕业生流入新能源汽车产业比例

中职毕业生、高职专科毕业生、职业本科毕业生的去向有所不同。受学历驱动和企业用人需要影响，很多中职学生毕业后的第一意向是升学。因此，本课题仅对高职专科和职业本科两个层次的院校相关专业的毕业生进入新能源汽车企业的流入比进行分析。

表 3.31 反映了近三年高职专科学校新能源汽车和智能网联汽车相关专业毕业生的去向。经测算，流入新能源汽车和智能网联汽车企业的比例，年平均为 28.3%，其中：2021 年为 26.1%、2022 年为 28.0%、2023 年为 30.7%，呈现出逐渐上涨的趋势，这与汽车产业人才需求的总趋势一致。

表 3.31　被调研高职专科 2021—2023 年毕业生去向

高职专科毕业生去向	2021 年占比	2022 年占比	2023 年占比
新能源汽车和智能网联汽车相关行业	26.1%	28.0%	30.7%
传统燃油汽车相关行业	44.6%	42.9%	41.2%
升学	11.1%	12.2%	12.1%
其他行业	18.2%	16.9%	16.0%

数据来源：中国汽车工程学会职业院校问卷调查数据

表3.32反映了2023年6月第一批职业本科毕业生的去向，约有32.0%的毕业生流入新能源汽车和智能网联汽车相关行业。

表3.32 被调研职业本科2021—2023年毕业生去向

职业本科毕业生去向	2023年占比
新能源汽车和智能网联汽车相关行业	32.0%
传统燃油汽车相关行业	46.6%
升学	15.3%
其他行业	6.1%

数据来源：中国汽车工程学会职业院校调研问卷

2. 职业院校人才供给数量预测

调研显示，多数中职学校新能源汽车相关专业的人才培养以升学为主，极少数学生选择就业或待业，流入新能源汽车工作岗位的毕业生极少，且中职开设汽车相关专业的学校数暂无准确权威数据，因此课题组仅综合2021—2023年高职专科学校和职业本科学校新能源汽车相关的13个专业的在校生规模和应届毕业生规模，采用平滑指数预测方法来预测新能源汽车强相关专业的总供给量。由于《职业教育专业目录（2021年）》对新专业调整较大，在预测分析中对原合并专业或更名专业进行了合并计算。

纳入的供给预测包括全国826所开设汽车相关专业的高职专科学校和全国25所开设汽车相关专业的职业本科学校。预测方法如下：首先根据被调研学校提供的数据，分析各校相关专业的技能人才的平均供给数（见表3.33）；之后与全国开设汽车相关专业的高职专科和职业本科学校数求积，测算出总的技能人员供给数；最后根据流入新能源汽车和智能网联汽车的技能人员比例测算出新能源汽车产业技能人员供给数。

表3.33 被调研学校平均技能人员供给数

单位：人/校

层次	2024年	2025年	2026年	2027年	2028年
高职专科	417.2	417.8	435.6	449.2	462.7
职业本科	268.0	287.4	308.9	330.9	410.2

综合考虑各种因素，推测2024—2028年职业院校新能源汽车技能人员的供给数量约为52.3万人，如表3.34和表3.35所示。

表 3.34 全国开设汽车相关专业学校数及流入比例

层次	学校数/个	流入比例
高职专科	826	28.3%
职业本科	25	32.0%

表 3.35 新能源汽车产业技术技能人员供给数

单位：万人

层次	2024 年	2025 年	2026 年	2027 年	2028 年	合计
高职专科	9.8	9.8	10.2	10.5	10.8	51.1
职业本科	0.2	0.2	0.2	0.3	0.3	1.2

第4章 新能源汽车产业人才需求预测

一、需求预测研究方法

（一）挑战与对策

新能源汽车，尤其是具有智能网联特征的新能源汽车，较传统汽车在技术特征、商业模式、产业生态等方面都有明显变化。即使本次研究将边界确定为产业链中的整车企业、新旧供应链企业和它们的设计开发、生产制造和销售/服务环节，但要对新能源汽车和智能网联汽车人才需求进行准确预测也面临极大挑战。

第一，新能源汽车的产业边界存在模糊性，它与传统汽车的产业链既有交叉，又有区别。交叉在于新能源汽车的车身和底盘系统与传统汽车的产业链基本重叠，区别在于围绕动力系统的改变和智能化、网联化，这一区别形成了新产业链和新核心能力。

第二，较传统汽车产业链，新能源汽车涉及领域众多，不同行业、不同技术、不同领域的人才之间，影响要素复杂且交织，而新能源汽车企业与智能网联汽车企业在研发人员、技能人员的岗位设置、知识和能力要求等方面存在巨大差异。

第三，可用数据识别存在较大挑战。目前我国尚未建立针对新能源汽车和智能网联汽车人才的统计体系，研究经验和数据积累相对缺乏，从各渠道获得的数据存在统计口径、标准不一，混杂程度高等问题，使用时须先做甄别。

针对上述新能源汽车和智能网联汽车人才需求预测的难点和瓶颈，本次研究综合运用了定性与定量的分析方法。一方面，充分融入行业专家对新能源汽车产业发展前景的专业判断和系统剖析，对新能源汽车产业进行定性分析，厘清业务新变化、技术新内涵、岗位新需求和人才新特征，并基于新能源汽车产业的可能前景进行预期情景设计。另一方面，构建符合新能源汽车产业特色的多指标量化评价模型，定量预测产业人才的具体需求数量，并基于研究结果为产业未来发展提供关键岗位和紧缺人才的重要参考支撑。定性与定量分析相结合，确保新能源汽车产业人才需求预测结果的科学性和可靠性。

（二）预测方法

在方法学上，产业人才需求的预测研究有多重维度，适用于不同的研究目标和诉求。按照研究目标的不同，产业人才需求预测通常可以分为人才结构预测、人才特征预测和人才数量预测三个维度，分别有不同的应用价值和研究方法。

人才结构预测适用于新兴产业。新兴产业将产生新的人才需求类型，预测重点是分析相关产业人才结构的变化，一般采用定性分析的方法。

人才特征预测适用于新兴产业或发生了较大变化的既有产业，预测重点是识别人才胜任相关新工作所需的理念、能力和知识等，同样宜采用定性分析的方法。

人才数量预测广泛适用于不同类型的产业，重点是构建量化预测模型，得到产业人才需求的具体数量，从而为行业和企业决策者提供重要参考依据，须采用定量分析的方法。

基于新能源汽车和智能网联汽车的人才类型及其基本内涵，本次研究同时涉及上述三个维度，即人才结构预测、人才特征预测和人才数量预测，且三者相互关联，课题组在研究中将人才结构和人才特征进行系统分析作为研究工作的基础，以确保需求分析的准确性。

在具体工作中，课题组综合运用定性与定量分析的方法，以人才结构与人才特征需求预测为支撑，对未来五年产业人才需求数量进行预测，预测结果将为确定产业岗位紧缺度及人才缺口等提供参考。具体研究方法如下。

首先，清晰定义研究工作的边界，确定产业人才需求的类别和类型，明确产业人才结构。

其次，采集并分析企业调研问卷结果、权威研究报告，以及来自行业专家和学者的观点，基于频次分析等方法进行人才特征识别，并采用加权计算方式筛选、提取、整合人才特征，构建新能源汽车产业人才的特征框架及画像。

最后，构建各细分领域发展度评价指标体系和分层级、多指标人才需求数量预测模型，以此对新能源汽车产业人才需求数量进行定量预测，并在快速发展、平稳发展、滞缓发展三种情景下进行分析。

（三）研究思路

本课题的基本研究思路是：聚焦新能源汽车的"增量"开展研究。

"增量"来自两个方面：一是在传统汽车产业基础上实现电动化、智能化升级带来的新增，所需人才可由传统汽车产业的相关人才进行适当"升级"后胜任；二是车辆电动化、智能化过程中的新增业务，所需人才是独立于传统汽车之外的新增人才类型，需要全新"培育"才能胜任。

首先，基于新能源汽车和智能网联汽车的特点，厘清"增量"的内涵，分析能够有效承载"增量"的产业人才结构和特征。

其次，挖掘新能源汽车、智能网联汽车与传统汽车的区别，结合本课题设定的研究边界，深度剖析不同情境下各细分领域发展度与人才需求之间的对应关系。

最后，应用所建立的预测模型，预测产业发展度未来五年的变化趋势，完成后续对新能源汽车产业人才需求数量的预测。

二、人才需求数量预测

（一）预测模型构建

1. 预测模型总体架构

人才服务于产业，而产业发展又会驱动人才需求，产业发展水平直接关系到人才需求的数量。因此，选择适宜的产业（各业务模块）发展度评价指标，是科学构建量化预测模型的关键。

本次研究在对影响新能源汽车产业核心业务模块发展水平的评价指标

进行选择时，遵循全面性、代表性、独立性和可量化性四个基本原则。全面性，即所选指标必须全面覆盖影响新能源汽车产业发展的主要因素；代表性，即每个指标都必须代表影响新能源汽车产业发展的不同维度；独立性，即指标之间要相互独立，不存在相关性；可量化性，即各项指标要可采集、可计算、可比较。也就是说，预测模型的构建充分兼顾了开展预测研究的可行性与结果的科学性。最终，本研究选取了市场成熟度、技术驱动力、政策法规影响力作为一级评价指标，并确定了各项一级指标之下的二级指标及其内涵。

新能源汽车产业人才需求数量预测模型的架构如图 4.1 所示。本次研究将产业人才需求总量定义为研发技术、生产制造和销售/服务三类人才的总和。对三个类别的人才采取相同的方法，分别构建了研发技术人才、生产制造人才、销售/服务人才需求数量预测的子模型。三个子模型的预测结果相加，就是新能源汽车产业人才需求总量的预测结果。这种架构使预测模型的优点在于具有可拓展性，未来可视需要加入其他类别人才需求预测的子模型。

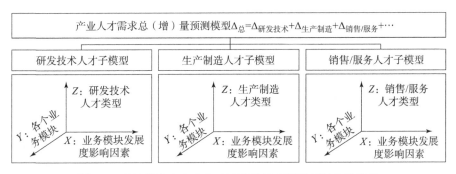

图 4.1　新能源汽车产业人才需求总量预测模型的总体架构

2. 预测子模型架构

（1）研发技术人才需求数量预测子模型架构

新能源汽车产业研发技术人才需求数量预测子模型的架构如图 4.2 所示。

模型中，X 轴代表产业发展水平的各个影响因素，即市场成熟度、技术驱动力和政策法规影响力；Y 轴代表七大核心业务模块，即动力电池、燃料电池、电驱、整车共性、自动驾驶、智能座舱、车联网的发展度；Z 轴则代表 11 类研发技术人才的需求数量。

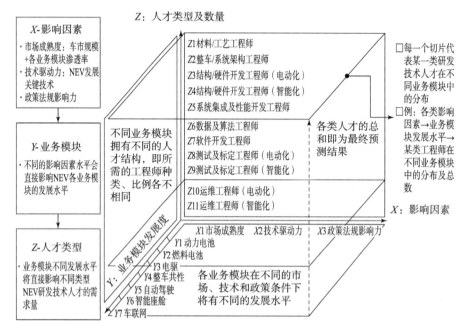

图4.2 新能源汽车产业研发人才需求数量预测子模型架构

由此，XY平面就构成了预测研究的基础，即基于各项影响因素及评价指标的不同得分预测未来七大业务模块的发展度。而Z轴上每个类型的研发技术人才，均可与XY平面形成一个彼此平行的平面，每个平面分别代表在不同的产业发展水平下，七个业务模块所需要的该类研发技术人才的数量。

将不同岗位11个平面的人才数量汇总，就可以得到新能源汽车产业研发技术人才需求的总量。此外，还可对YZ平面进行延展分析，得到不同类型的研发技术人才在不同业务模块中的比例，这对产业发展也颇具参考价值。

（2）生产制造人才需求数量预测子模型架构

新能源汽车产业生产制造人才需求数量预测子模型的架构如图4.3所示。

模型中的X轴和Y轴同样分别代表产业发展水平的影响要素和七大核心业务模块的发展度；Z轴则代表9类生产制造人才的需求数量。该三维子模型的具体内涵及应用方式与研发技术人才子模型相似，在此不再赘述。

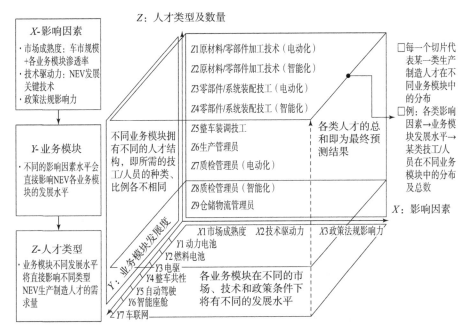

图 4.3　新能源汽车产业生产制造人才需求数量预测子模型架构

（3）销售/服务人才需求数量预测子模型架构

新能源汽车产业销售/服务人才需求数量预测子模型的架构如图 4.4 所示。

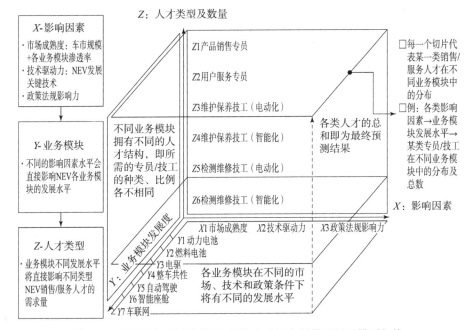

图 4.4　新能源汽车销售/服务制造人才需求数量预测子模型架构

同样的，模型中的 X 轴和 Y 轴分别代表产业发展水平的影响要素和七大核心业务模块的发展度；Z 轴代表 6 类销售/服务人才的需求数量。该三维子模型的具体内涵及应用方式与研发技术人才子模型相似，在此也不再赘述。

3. 预测模型构建

如图 4.5 所示，新能源汽车产业人才需求数量预测模型的目标层为各类别人才的需求数量，可以基于不同业务模块的发展度测算得到。而用于评价业务模块发展度的一级指标是市场成熟度、技术驱动力和政策法规影响力。

市场成熟度共包含 8 个二级指标，分别是：车市规模、纯电动汽车/插电式混合动力汽车/增程式电动汽车市场占有率、燃料电池汽车市场占有率、充/换电站规模、加氢站规模、自动驾驶市场占有率、智能座舱市场占有率和车联网市场占有率。

技术驱动力共包含 18 个二级指标，分别是：动力电池关键材料技术发展水平、动力电池整体技术发展水平、动力电池系统集成技术发展水平、燃料电池电堆与关键材料技术发展水平、燃料电池系统技术发展水平、车载储氢技术发展水平、驱动电机技术发展水平、机电耦合技术发展水平、电控技术发展水平、充/换电技术发展水平、电池回收与梯次利用技术发展水平、能量管理与存储技术发展水平、感知决策与控制技术发展水平、人机交互技术发展水平、电子电气架构与操作系统发展水平、大数据与云计算技术发展水平、人工智能技术发展水平和信息通信技术发展水平。

政策法规影响力共包含 4 个二级指标，分别是：新能源汽车国家类政策完善度、新能源汽车地方类政策完善度、智能网联汽车国家类政策完善度和智能网联汽车地方类政策完善度。

课题组建立了一、二级评价指标体系与七大核心业务模块相互对应的权重矩阵，采用德尔菲方法，充分听取了政府、行业、企业、高等院校、职业学校等各方专家的意见，并对初步结果进行了一致性检验，证明了其准确性和可信度。采用这一矩阵，不同业务模块受不同评价指标影响程度的差异，可以通过不同的权重赋值来有效体现。

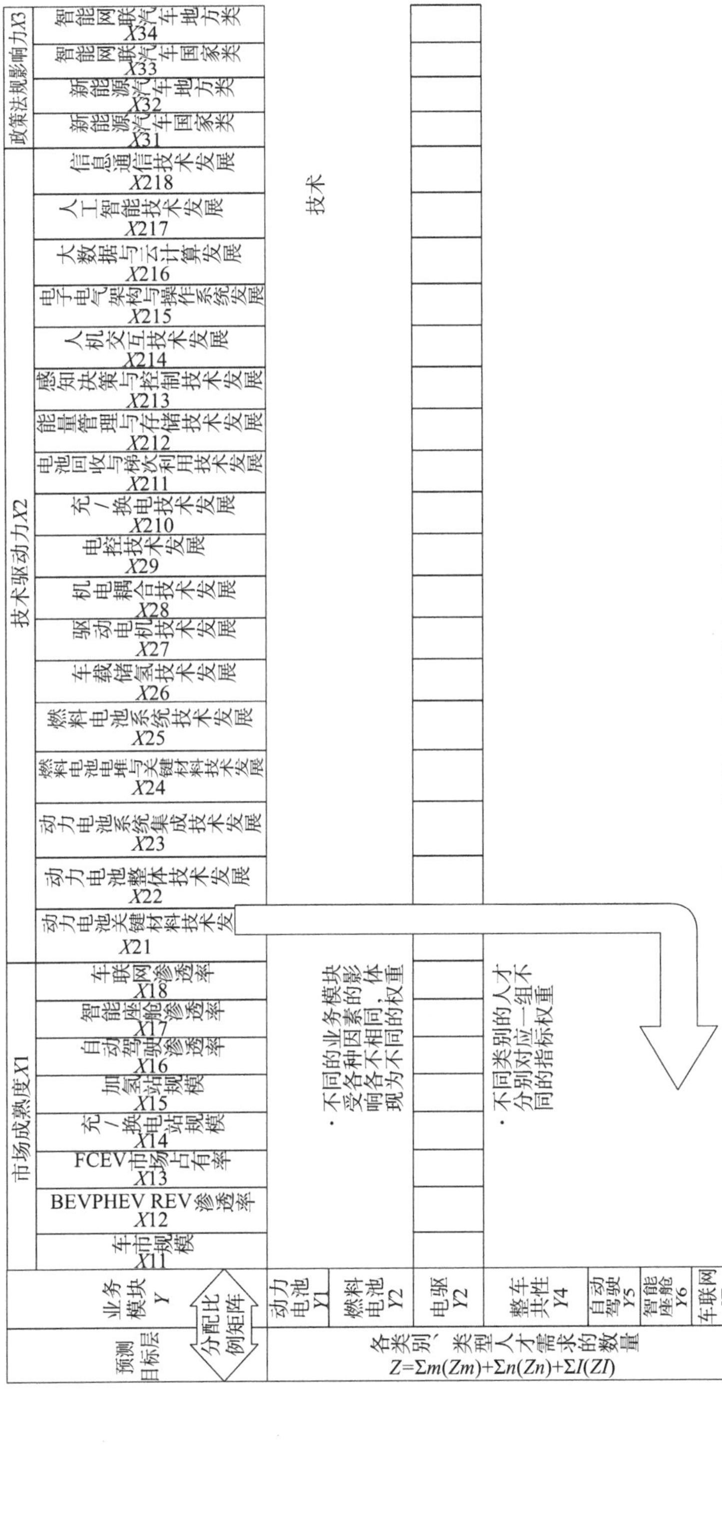

图 4.5 新能源汽车产业人才需求数量预测模型

（二）人才需求预测过程

1. 研发技术人才需求数量的预测

将上述模型应用于新能源汽车产业研发技术人才需求数量预测的具体过程如图 4.6 所示。

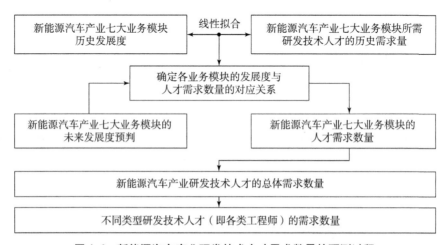

图 4.6　新能源汽车产业研发技术人才需求数量的预测过程

首先，基于此前研究掌握的历史数据，确定市场成熟度、技术驱动力、政策法规影响力三个一级指标之下各项二级评价指标的分值，并通过耦合相应的权重矩阵，得到七个核心业务模块的历史发展度；同时，基于企业调研得到的人才数据，综合考虑被调研企业群体在全产业的覆盖度和人才需求的缺口比例等因素，得到新能源汽车产业各业务模块研发技术人才的历史需求量；再将二者进行线性拟合分析，确定各业务模块发展度与人才需求数量之间的对应关系（函数）。

在此基础上，对未来新能源汽车产业各业务模块的发展度进行预测，并结合前述对应函数，得到各业务模块人才需求数量的预测结果。将七个业务模块的人才需求数量进行汇总，即可得到新能源汽车产业研发技术人才的总体需求数量。此外，还可进一步分析不同类型的研发技术人才（即各类工程师）的需求数量，以便为企业提供更直接和细致的参考。

2. 生产制造与销售/服务人才需求数量的预测

新能源汽车企业生产制造、销售/服务人才需求预测的原理和过程与针对研发人员的研究大体类似，但受缺乏这一群体人才状况历史数据和本次研究时间仓促、研究范围扩大的影响，本次研究仅参考以往调研得到的生产制造、销售/服务人才需求的总量数据，与新能源汽车产业总体的历史发展度进行线性拟合分析，确定对应关系（函数）。

在上述研究基础上，通过预测未来产业的总体发展度，得到生产制造、销售/服务人才需求总体数量的预测结果。基于前述原因，本次研究未能进一步分析不同业务模块以及不同类型的生产制造和销售/服务人才需求数量。

3. 人才需求总量的预测

按照前文所述的方法，分别对新能源汽车产业的研发技术、生产制造和销售/服务人才进行预测，再汇总求和，即可得到新能源汽车产业人才需求总量的预测结果，如图 4.7 所示。同时，还可以对研发技术人才进行进一步的具体分析。

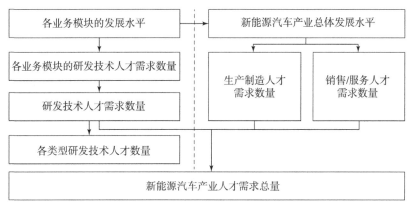

图 4.7　新能源汽车产业人才需求总量的预测过程

三、新能源汽车产业人才需求数量预测及分析

(一) 新能源汽车各大业务模块的发展度

基于本课题研究所建立的模型,课题组首先对新能源汽车产业新增的动力电池、燃料电池、电驱、整车共性、自动驾驶、智能座舱、车联网等七大核心业务模块的发展度进行预测,具体结果如图4.8所示。

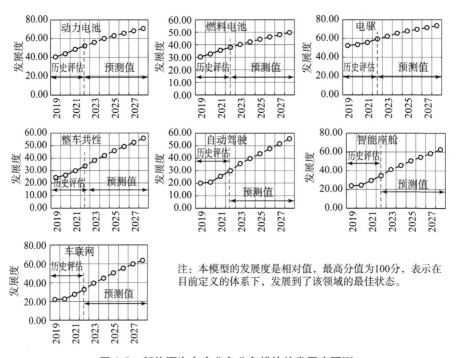

注:本模型的发展度是相对值,最高分值为100分,表示在目前定义的体系下,发展到了该领域的最佳状态。

图4.8 新能源汽车产业各业务模块的发展度预测

从图中可以看到,未来五年,新能源汽车产业各业务模块的发展均呈快速增长趋势;其中,燃料电池业务的增长趋势相对平缓,电驱业务的初

始发展水平较高,整车共性、自动驾驶、智能座舱和车联网业务的发展增速较快,而动力电池业务的增速略有放缓。

(二) 新能源汽车产业人才需求数量

基于前述分析,并应用前述预测模型,课题组提出了未来五年研发人员、生产制造技能人员和销售/服务技能人员需求数量的预测数据,如图4.9 所示。

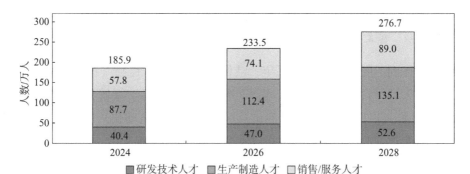

图 4.9 新能源汽车产业人才需求总量预测

新能源汽车产业研发技术人员需求数量:2024 年约为 40.4 万人,2026 年约为 47.0 万人,2028 年约为 52.6 万人。

新能源汽车产业生产制造技能人员需求数量:2024 年约为 87.7 万人,2026 年约为 112.4 万人,2028 年约为 135.1 万人。

新能源汽车产业销售/服务技能人员需求数量:2024 年约为 57.8 万人,2026 年约为 74.1 万人,2028 年约为 89.0 万人。

将上述预测结果相加,得到了新能源汽车产业未来五年的人才需求总量:2024 年约为 185.9 万人,2026 年约为 233.5 万人,2028 年约为 276.7 万人。

课题组进一步提出了新能源汽车七个核心业务模块和不同岗位 11 类研发人员需求数量的预测结果。

总体看,未来五年,各业务模块对应的研发人员需求数量均呈上升趋势。其中:电驱、动力电池所需的人才数量相对较多,自动驾驶、整车共性和车联网次之,燃料电池、智能座舱所需的人才数量相对较少,如图 4.10 所示。

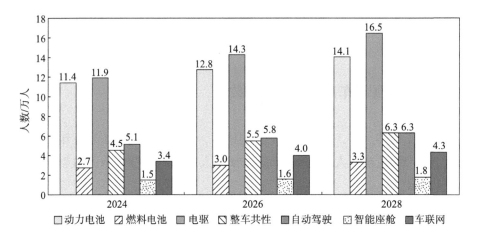

图 4.10 新能源汽车各业务模块研发技术人才需求数量预测

具体到不同岗位,未来五年,结构/硬件开发工程师(电动化)的需求量最大;材料/工艺工程师、整车/系统架构工程师、系统集成及性能开发工程师、软件开发工程师、测试及标定工程师(电动化)的需求量也较多;其余类型的工程师需求量相对较少,如图 4.11 所示。

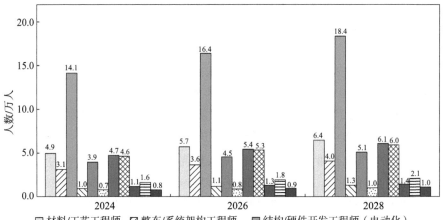

图 4.11 新能源汽车不同岗位研发人员需求数量预测

(三)不同情景需求分析

新能源汽车产业正处于成长期,后续发展存在很大的不确定性,相应的人才需求也会有很大的不确定性。为此，本次研究采用情景分析方法，探讨不同市场、技术和政策条件下新能源汽车产业人才需求数量的差别，确定可能的人才需求数量区间。

1. 不同情景下新能源汽车各大业务模块的发展度

本研究按照快速发展、稳步发展和缓慢发展三种情景展开分析。

快速发展情景是指汽车市场及新能源汽车渗透率超预期发展，技术快速进步，政策法规体系能够促进和激励产业发展。

稳步发展情景即前述预测中采用的基准情景，是指汽车市场及新能源汽车渗透率稳步发展，技术平稳进步，政策法规体系与产业发展基本匹配。

缓慢发展情景是指汽车市场低迷，新能源汽车渗透率增长缓慢，技术慢速进步，政策法规体系滞后于产业发展。

在三种不同的发展情景下，新能源汽车产业各业务模块的发展速度有明显不同，具体如图 4.12 所示。

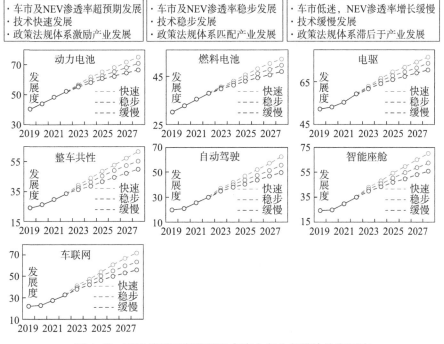

图 4.12　不同情景下新能源汽车产业各业务模块的发展度

2. 不同情景下各类别人才需求数量预测结果

在快速发展、稳步发展和缓慢发展三种情景下，课题组对新能源汽车产业研发人员、生产制造技能人员和销售/服务技能人员需求数量的预测结果如下。

未来五年，新能源汽车产业研发技术人才需求数量的可能区间如图4.13所示：2024年为38.3万~42.5万人，2026年为43.2万~50.9万人，2028年为47.3万~58.3万人。

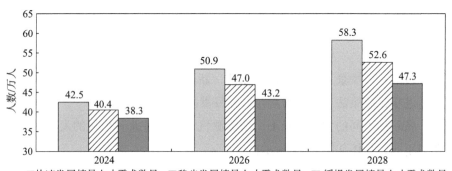

图4.13　不同情景下新能源汽车产业研发技术人才需求数量预测

未来五年新能源汽车企业生产制造技能人员需求数量的可能区间如图4.14所示：2024年为81.1万~94.5万人，2026年为100.0万~125.5万人，2028年为116.9万~154.7万人。

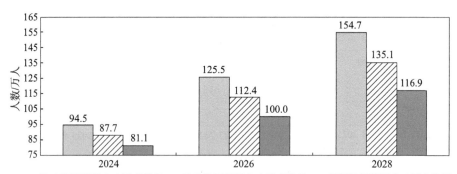

图4.14　不同情景下新能源汽车产业生产制造人才需求数量预测

未来五年新能源汽车销售/服务技能人员需求数量的可能区间如图4.15所示：2024年为53.5万~62.3万人，2026年为65.9万~82.6万人，2028年为77.0万~101.9万人。

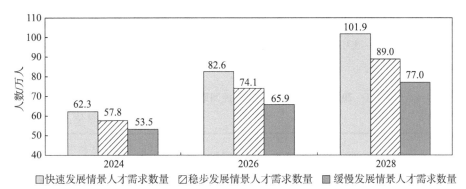

图 4.15 不同情景下新能源汽车产业销售/服务人才需求数量预测

四、人才缺口预测

（一）研发人员缺口预测

新能源汽车和智能网联汽车研发人员主要来源于公司社会招聘、校园招聘等。随着新能源汽车产业发展越来越成熟，社会招聘多集中面向行业内部的成熟人才。据此推测，到 2028 年，新能源汽车和智能网联汽车产业人才的供给来源主要为校园招聘。

根据表 3.14 提供的 2023—2028 年普通高等学校理、工学本硕博毕业生数和前述由纳人提供的 1991—2019 届毕业生流入新能源汽车企业的比例测算，2023 年新能源汽车和智能网联汽车研发人员的存量为 30.4 万人。这一测算结果基于以下判断：其一，由于新能源汽车企业从业人员出现年轻化的年龄结构，退休的人员数量占比非常低；其二，由于新能源汽车企业需要大量有丰富实践经验的从业者，研发人员退/离职后绝大多数仍会在产业内就职，不会对研发人员数量变化产生显著影响，可忽略不计。

综合表 3.15 提供的 2024—2028 年普通高等学校人才供给预测结果和图 4.13 的预测结果推测，2028 年新能源汽车和智能网联汽车研发人员的缺口为 6.9 万~17.9 万人，稳步发展情境下缺口数据为 12.2 万人，如表4.1 所示。

表 4.1　2028 年新能源汽车和智能网联汽车研发人员净缺口预测

单位：万人

人才状况		2024—2028年理学、工学毕业生数	2024—2028年毕业生流入新能源汽车人数	2024—2028年毕业生流入智能网联汽车人数	新能源汽车和智能网联汽车研发人员存量	2028年新能源汽车和智能网联汽车研发人员需求量	2028年新能源汽车和智能网联汽车研发人员缺口
毕业生类型	本科生	1052.8	2.7	3.6	—	—	—
	硕士研究生	189.5	1.6	1.6	—	—	—
	博士研究生	24.6	0.3	0.2	—	—	—
行业发展情境	缓慢发展	1 266.9	4.6	5.4	30.4	47.3	6.9
	稳步发展					52.6	12.2
	快速发展					58.3	17.9

（二）技能人员缺口预测

根据《新能源汽车产业人才需求预测报告（2021—2025）》测算，2023 年我国规模以上整车及零部件企业新能源汽车生产制造人员存量约为 85.1 万人，新能源汽车和智能网联汽车销售及售后服务人员存量约为 50.1 万人。综合表 3.35 和图 4.13 的预测结果进行推测，新能源汽车在缓慢、稳步和快速发展三种情境下，2028 年技能人员缺口分别约为 6.4 万人、36.6 万人和 69.1 万人，如表 4.2 所示。

表 4.2　2028 年新能源汽车和智能网联汽车技能人员缺口预测

单位：万人

人才状况		2024—2028 年毕业生数	2024—2028 年毕业生流入新能源汽车人数	新能源汽车和智能网联汽车技能人员存量	2028 年新能源汽车和智能网联汽车技能人员需求量	2028 年新能源汽车和智能网联汽车技能人员缺口
毕业生类型	高职专科	180.3	51.1	—	—	—
	职业本科	4.0	1.2	—	—	—
行业发展情境	缓慢发展	184.3	52.3	135.2	193.9	6.4
	稳步发展				224.1	36.6
	快速发展				256.6	69.1

第 5 章　存在的主要问题和原因分析

1. 人力成本偏高是企业人才队伍建设中最突出的问题

本次调研中,约1/3的被调研企业将人力成本偏高列为研发人员队伍建设中最突出的问题,如图5.1所示。

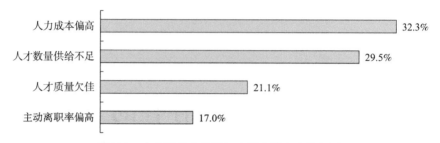

图5.1 企业研发人员队伍建设中最突出的问题

数据来源:中国汽车工程学会企业调研问卷

中国人才研究会发布的《2022年汽车行业薪酬对标报告》也证实了这一调查结果。报告显示,2022年自主乘用车板块人工成本总额和工资总额呈现高速增长趋势,人工成本总额增幅(+17.4%)和工资总额增幅(+12.8%)均高于行业增幅。

企业的人力成本压力主要来自激烈的市场竞争。

一方面,企业之间的人才争夺战愈演愈烈,高薪仍然是企业获得优秀人才最重要的手段之一,尤其是人才紧缺岗位;同时,薪酬也仍然是当前企业对研发人员的最有效激励措施,是新能源汽车研发人员和技能人员就业中所关心的问题。因此企业不得不用更大的人力成本来吸引和稳定人才队伍。

另一方面,企业的利润水平受到市场环境的制约,频繁的价格战,使企业不得不在人力成本、研发投入、营销投入、供应链稳定等诸多方面做出平衡。

2. 企业面临人才数量不足和离职率高的双重压力

如前所述,2023年新能源汽车和智能网联汽车研发人员的存量为30.4万人,技能人员的存量为135.2万人,但部分细分技术领域已经出现人才结构性矛盾,无论新能源汽车还是智能网联汽车,都有大量紧缺岗位期待高素质人才的补充。预计2028年,研发人员的缺口达到6.9万~17.9万人,技能人员的缺口达到6.4万~69.1万人。因此,缺人,尤其是关键岗位缺人,将是今后一个时期各企业不得不面对的共性问题。

出现这一局面的根本原因，是产业的快速发展和新技术革命。同时，企业面对一些前瞻领域技术发展的诸多不确定性，不得不采用"堆人"战术获得先发优势，也进一步加剧了人才紧张的问题。解决这一问题，要靠"开源节流"，即扩大来源渠道，提升流入比，降低主动离职率。

造成流入比低的原因，有从业者自身职业发展规划和对薪酬待遇、成长环境关注度方面的原因，也有不同行业间的薪酬水平差异方面的原因，更有业外人士对新能源汽车和智能网联汽车人才岗位的认知差异方面的原因。而对于职业学校的毕业生来说，还存在就业意愿、技能岗位认知等方面的问题。

如前所述，目前多数新能源汽车企业研发人员的离职率已经降到15%以下，但拥有计算机类、电子信息类、自动化类、电气类等专业背景的研发人员和新能源汽车企业技能人员的离职率仍然偏高，尤其是销售及售后服务企业的技能人员，离职率更是高达20%以上。这一问题的出现，同样有薪酬、职业规划和成长环境方面的原因，对于技能人员，还存在职业适应性方面的问题。

3. 解决人才质量问题既是长期任务，也是系统工程

人才质量欠佳，反映在现职人员质量和后备人才质量两个方面。

新能源汽车和智能网联汽车，是汽车产业加快向低碳化、电动化、智能化和网联化转型的产物，已经完全脱离了机械产品的范畴，企业对人才的复合能力和知识交叉的要求更加强烈。从现职人员看，员工的知识结构和以往积累的经验，已经不能满足企业发展的需要。针对这一问题，企业目前的解决途径主要包括内部培训转岗、社会招聘和校园招聘。

对于内部培训转岗，企业面临着知识系统性的问题。企业目前掌握的培训资源尚显不足，一些可利用的社会培训资源过于商业化。此外，虽然汽车行业已有中国汽车工程学会颁布的《汽车工程类工程能力评价规范》作为参考，但针对不同岗位工程师的知识和能力的评价标准仍在完善中，构建系统、完善的岗位培训体系尚待时日。

通过社会招聘方式吸纳的人才，更多来自其他专业或行业，企业不得不面对"人从哪里来"和"好不好用"的问题。一方面，汽车产业并非对所有需要的人才都具有足够的吸引力；另一方面新加入者通常缺乏对汽车技术的深度理解，导致与团队沟通存在障碍，会出现无法与团队有效协同的问题。

对于校园招聘，目前面临的主要问题是毕业生的知识结构和能力素质均无法满足企业需求，尤其是在研发岗位后备人才的问题分析能力、设计/开发解决方案能力和技能岗位后备人才的抗压能力方面。出现这一状况，与目前高等学校和职业院校人才培养中面临的诸多问题紧密相关。例如，面向新能源汽车和智能网联汽车人才需求的课程体系调整、支撑条件建设和师资队伍建设仍在摸索中；面向复合型人才培养，还有许多体系、制度性障碍需要突破。

4. 普通高等学校后备人才培养急需加快完成从"硬"到"硬+软"的转型

长期以来，高等学校围绕"为谁培养人，培养什么样的人，怎样培养人"做了一系列的研究、探讨和创新实践，汽车产业后备人才培养体系也在这一过程中不断完善。但在新一轮技术革命的带动下，汽车产业转型的步伐正在加快，我们需要对这些问题有新的思考和新的作为。

第一，汽车产业已经转型升级成为集成多专业、具有明显学科交叉特征的产业，新能源汽车和智能网联汽车是典型的跨界融合的产品，需要车辆、交通、信息、电子、软件、化学等各个领域人才的融合，而能够实现多学科高效协同的基础，是多学科、交叉型人才的培养，目前高校的专业设置和培养方式已不能满足需要。

第二，未来，基于AI、5G技术的发展和在汽车研发、生产领域的应用，具备跨学科背景的复合型人才将成为企业人才队伍建设的新焦点，对人才知识结构的要求正在从"硬"向"硬+软"转变，复合型人才培养将成为高校车辆专业教育改革的新高地。如何满足产业对研发后备人才拓展专业知识、提升工程实践能力、增强思维能力的要求，需要在培养体系方面取得新突破。

世界汽车工程师学会联合会终身名誉主席、清华大学赵福全教授指出："复合型人才与专业型人才的真正区别在于，能否从思维方式和认知模式上突破专业领域的限制来进行思考、判断和决策。就是说，复合型人才必须具有更宽的眼界、视野和更高的思维层次，能够对新专业、新领域的知识触类旁通，并能将跨专业、跨领域的知识和经验进行整合以达到融会贯通，从而形成从本质出发、系统性看待问题和解决问题的核心能力。"①

针对上述问题，当前车辆相关专业培养体系的种种不适应表现在以下方面。

在专业设置方面，根据教育部2023年4月发布的《普通高等学校本科专业目录》（教高函〔2023〕3号），车辆工程、汽车服务工程、新能源汽车工程和智能车辆工程专业仍设置在机械门类之下，由于学分总数以及课程比例限制等问题，高等学校在课程设置上难以与行业发展需要的电气工程、信息与通信工程、控制科学与工程、计算机科学与技术以及化学工程与技术等多个关联学科进行深度交叉融合，导致高等院校的人才培养方案和课程设置难以快速响应产业与科技变革，特别是在前沿基础研究和关键技术攻关上难以形成交叉融合型的团队，无法形成人才资源优势。研究生培养也存在同样的问题。

在教材建设方面，如前所述，目前多数院校采取的方式是科研反哺、选用其他高校教材和与其他单位合作编写教材，但受到新能源汽车和智能网联汽车发展进程的影响，无论采用上述哪种方式，教材的编写都绝非易事，这导致了学生知识掌握和能力培养的碎片化和不系统。

在师资队伍建设方面，目前承担新能源汽车和智能网联汽车教学任务的主要以年轻、高学历的教师为主，而多数教师是从校门走向校门，教师工程能力弱的问题普遍存在。尽管目前各高校均与产业建立了一定的科研合作关系，如一些学校与企业的合作非常紧密，一些高学历教师从学生时代就开始了与企业的合作，但在高等学校对教师的管理中，普遍把科研能力和工程能力混为一谈。近年来，越来越多具有丰富企业一线工程实践经验的工程师加入高等院校教师队伍中，但受到教师评价体系的影响，其优势难以得到有效发挥。

在实训设施建设方面，缺少必要的设备、设施和现有条件与产业技术发展存在差距是主要问题，尤其在一些弱势学校，受到资金投入来源和投入力度的制约，这一问题更加突出，一些学校甚至不得不以虚拟实验设备替代台架实验，导致毕业生实操能力不足。

---

① 《赵福全：对车辆专业本科生如何完成学业及培养能力的几点建议》，盖斯特汽车战略咨询，https://mp.weixin.qq.com/s/Wtu6jUOpxjNzrobSsCWzFA。

5. 现有本科专业之间的发展定位亟待进一步清晰

如前所述，目前普通高等院校、职业学校分别设置有 5 个和 4 个与车辆相关的本科专业，如表 5.1、表 5.2 所示。而在已获准设立新能源汽车专业和智能车辆工程专业的学校中，都已设有车辆工程专业，或是汽车服务工程专业，或是两者兼有。目前这些专业的发展定位仍在摸索中。

表 5.1 普通高等学校本科车辆相关专业设置情况

专业门类	专业代码和名称	布点数量
机械类	080207 车辆工程	271
	080208 汽车服务工程	175
	80216T 新能源汽车工程	53
	80214T 智能车辆工程	31
电气类	080609T 电动载运工程	1

注：统计数据截止到 2022 年 12 月。

表 5.2 职业院校本科车辆相关专业设置情况

专业门类	专业代码和名称
装备制造大类 汽车制造类	260701 汽车工程技术
	260702 新能源汽车工程技术
	260703 智能网联汽车工程技术
交通运输大类 道路运输类	00203 汽车服务工程技术

注：统计数据截止到 2022 年 12 月。

普通高等学校主要采取了两种做法：一是暂不申请设置新能源汽车工程专业和智能车辆工程专业，但在车辆工程专业设置了新能源汽车方向和智能网联汽车方向；二是积极申请设置新能源汽车工程专业和智能车辆工程专业，在与车辆工程专业、汽车服务工程专业的并行发展中，积极探讨如何实现专业之间的差异化发展。选择这两种做法，与前述普通高等院校车辆专业设置方面的问题紧密相关，尽快将车辆工程升级为一级交叉学科是唯一的出路。

对于职业院校，设置本科专业打通了技能人才成长的通道，但调研发现，这些职业院校往往不甘于培养技能人员，而是希望有更多的毕业生进入企业的产品研发岗位，造成其与一些非骨干普通高等学校的汽车人才培养目标存在相近性，即均定位于"应用型人才培养"。由此造成了这些职业院校对未来新能源汽车工程技术专业、智能网联汽车工程技术专业毕业生的去向及汽车工程技术专业未来发展方向相关的很多困惑。

此外，近年来，普通高等学校本科汽车服务工程专业的发展也一直受到定位不清的困扰，职业院校本科汽车服务工程技术专业如何与之形成差异化发展，也有待进一步破解。

6. 职业院校需要更加重视对学生职业精神的培养

2019 年，习近平总书记在对我国技能选手在第 45 届世界技能大赛上取得佳绩作出重要指示中强调："技术工人队伍是支撑中国制造、中国创造的重要基础，对推动经济高质量发展具有重要作用。"

可以预见，未来无论是节能汽车、新能源汽车还是智能网联汽车，职业院校都是技能人员的最主要来源。培养具备面向未来知识和能力、素质的技能人员，是提升汽车产业人才队伍质量、推动产业升级和高质量发展的重要保障，是推进我国由汽车制造大国向汽车制造强国转变的必然要求。

遗憾的是，如前所述，目前职业院校的毕业生中，除了部分有升学需求的毕业生外，仍有部分毕业生因为各种原因选择不进入所学所针对的岗位就业，甚至不就业。此外，即使进入岗位后，技能人员的高离职率也一直困扰着企业。

造成这些问题的原因，有职业学校学生本身自我约束力差、学艺不精、基础知识和技能不够扎实等方面的原因，也有入职后职业适应性、薪资待遇、学习机会、晋升途径等方面的原因，更与学校改革的步伐跟不上产业发展需要有关。因此，相比于普通高等学校，职业院校除了提升学生的基础知识和技能，更需要在职业精神培养方面下大力气。

第 6 章　对策建议

新能源汽车是新一轮科技革命最重要的载体性平台，智能网联汽车是产业转型发展最重大的战略机遇。当今的汽车产业，已经不再是由硬件主导的传统制造业，而是以硬件为基础，由软件主导并通过数据来驱动的战略性新兴产业，是众多新技术的载体。无论是制造业转型升级，还是数字经济加速发展，汽车产业都是最佳的龙头和抓手。

人才是第一生产力，构建我国面向未来的新能源汽车人才队伍，需要政府、行业组织、高校和企业的共同努力。

1. 面向政府

批准将车辆工程设置为一级交叉学科。广义角度来看，车辆包括道路车辆、轨道车辆和军用车辆等运载工具和系统。近20余年，车辆对支撑国家强国目标实现的作用日益突出，车辆工程专业也已经完全脱离了机械的范畴，形成了融合众多先进科学及技术的陆地运载出行知识体系，成为涉及大数据、人工智能、机械工程、数学、力学、物理、化学、交通运输工程、动力工程与工程热物理、材料科学与工程、电子电气工程、信息与通信工程、控制科学与工程、计算机科学与技术等诸多学科领域的交叉学科。将车辆工程设立为一级学科，可以更有效地优化后备人才的知识结构和专业能力，提升人才与产业需求的匹配度，提升人才培养效率，进而支撑国家强国目标的实现。

支持全国科技社团开展工程师能力评价。建议政府出台相关政策，明确鼓励和支持全国科技社团开展本领域工程师能力评价工作，将其纳入国家人才评价体系中，并作为中国工程师获得国际互认的重要基础。

加快推进国家资历框架制度建设。国家资历框架的制定和实施，可以有效统筹工程师职业资格和学历学位证书制度，为实现"两个"证书相衔接提供基本的政策工具，为搭建工程师职业发展立交桥提供了有益的视角。同时也将为实现职业教育、高等教育、继续教育等不同类型、不同层次教育间的协同发展提供认可、衔接、融通的渠道。

2. 面向行业

持续开展人才需求研究。深入分析产业人才需求变化趋势，为企业人才队伍建设提供指导。一要剖析人才培养体系中存在的问题，提出提升后备人才培养质量的解决方案；二要探讨产业人才队伍建设中面临的突出问题，提出扩大人才来源、稳定人才队伍和实现各类企业共赢、校企共赢的路径，扩展吸引产业所需跨专业/学科人才的渠道。

完善细分领域工程师能力标准。以中国汽车工程学会发布的《汽车工程类工程能力评价规范》为基础，组织行业力量，加快制定细分专业领域人才能力评价标准，提高各类人才评价的精准度，推动中国工程师国际互认。

组织制定并提出车辆相关专业建设指导意见。以深入系统的人才需求研究为基础，围绕普通高等学校和职业学校车辆及相关专业发展中面临的突出问题，研究不同类型学校、专业的发展定位，提出专业的建设指导意见，包括课程体系建设、教材建设、教师工程能力提升、实训设施建设等，引导车辆相关专业加快从"以硬为主"向"硬+软"的转型。

联合社会力量，完善人才岗位培训平台。这一平台要实现与高校后备人才培养的有机衔接，与企业内部培训的有机衔接，两者互为补充，为各类人才的持续职业发展提供更多帮助。

搭建推进"科技、人才、教育"三位一体的工作平台。积极探索产教融合的新模式、人才协同培养的新机制，找出通过产学研协同、实现人才对科技创新贡献最大化的途径，促进高校科研工作更深入地开展，并以科研积累反哺人才培养，以科研成果助力合作企业的发展，并在这一过程中，推动学生、教师和企业工程师能力的共同提升。

3. 面向企业

进一步紧密与各类社会团队的合作。为行业开展人才需求研究提供支撑，借助行业力量，做好人才队伍规划和布局，扩大紧缺岗位的人员来源渠道。

进一步紧密与普通高等学校和职业院校的合作。针对企业急需的人才，与学校科研团队建立更紧密联系，为学校确立更加清晰的培养目标、完善的课程体系、丰富的学生工程实践渠道、教师工程能力提升提供支撑，也为企业围绕特定技术领域持续开展产学研攻关提升提供资源。

不断优化人才队伍的成长环境。完善内部培训机制，并充分利用行业资源，丰富员工知识和能力提升的渠道。同时，针对员工职业发展诉求，丰富激励手段。

4. 面向学校

充分利用行业资源，不断深化对未来人才需求的认识。针对未来新能源汽车和智能网联汽车产业人才知识结构和能力、素质的要求，完善课程体系和实训设施，丰富教材来源渠道。

在知识层面，要强化知识扩展。工科基础课程要紧跟产业发展脉络，把握好既能满足当前、又能紧跟未来的课程比重关系,增加材料科学、计算机科学、机电液控制/工程测试、汽车能源与驱动系统、汽车整车与系统测试等知识领域的学时安排。同时,学校对企业呼声较高的嵌入式系统、电池技术、复变函数、燃料电池、优化理论、智能汽车集成和软件开发等技能也应高度重视。

在能力层面,要强化问题分析、设计/开发解决方案能力和工程实践能力培养。问题分析能力,是指能够应用数学、自然科学和工程科学的基本原理,识别、表达并通过文献研究分析复杂工程问题的能力。设计/开发解决方案能力,是指能够设计针对复杂工程问题的解决方案,设计满足特定需求的系统、单元(部件)或工艺流程,并能够在设计环节体现创新意识,考虑社会、健康、安全、法律、文化以及环境等因素的能力。工程实践能力,是指对企业常用工具、软件的应用能力和对实验设施、设备的操作能力。

在素质层面,要强化项目管理、沟通协调、工程伦理等能力的培养。这包括能够基于工程相关背景知识,分析和评价工程实践对健康、安全、环境、法律以及经济和社会可持续发展的影响,并理解应承担的责任;能够清晰认识复杂工程问题的实质,并与业界同行及社会公众进行有效沟通和交流;具有人文社会科学素养和社会责任感,能够在工程实践中遵守工程职业道德、规范和相关法律,履行责任。

附录一 产业人才需求预测关键指标

主要内容	2023 年		2028 年	
	核心指标	指标内容	核心指标	指标内容
新能源汽车产业发展情况	全球产值规模（单位：亿元）	28 915.3	全球产值规模（单位：亿元）	61 103.4
	我国产值规模（单位：亿元）	17 985.3	我国产值规模（单位：亿元）	34 523.4
智能网联汽车产业发展情况	我国产值规模（单位：亿元）	6 130	我国产值规模（单位：亿元）	11 491
产业人才情况	从业人员数量（单位：万人）	143.4（样本数据）	从业人员数量（单位：万人）	228.3
院校人才供给情况（研发人员）	相关专业招生数量（单位：万人）	—	相关专业招生数量（单位：万人）	—
	相关专业在校生数（单位：万人）	—	相关专业在校生数（单位：万人）	—
	相关专业毕业生数（单位：万人）	227.2	相关专业毕业生数（单位：万人）	274.4
	毕业生流入目标产业比例	新能源：本科 0.256%，硕士 0.848%，博士 1.231%；智能网联：本科 0.343%，硕士 0.830%，博士 1.004%	—	—

续表

主要内容	2023 年		2028 年	
	核心指标	指标内容	核心指标	指标内容
院校人才供给情况（研发人员）	人才供给数量（单位：万人）	1.9	人才供给数量（单位：万人）	2.4
院校人才供给情况（技能人员）	相关专业招生数量（单位：万人）	15.6（样本数）	相关专业招生数量（单位：万人）	18.1（样本数）
	相关专业在校生数（单位：万人）	—	相关专业在校生数（单位：万人）	—
	相关专业毕业生数（单位：万人）	11.5（样本数）	相关专业毕业生数（单位：万人）	20.6（样本数）
	毕业生流入目标产业比例	高职28.3%，职业本科32.0%	—	—
	人才供给数量（单位：万人）	8.8	人才供给数量（单位：万人）	11.1
产业人才需求情况	人才需求数量（单位：万人）	—	人才需求数量（单位：万人）	276.7
	人才缺口数量（单位：万人）	—	人才缺口数量（单位：万人）	48.8

附录二 院校相关学科（专业）人才培养方案优秀案例

序号	相关学科/专业	人才培养层次	院校名称	人才培养特色	毕业生进入目标行业情况
1	车辆工程	本科	北京航空航天大学	以学科交叉融合为原则，市场需求为导向，"宽口径、厚基础"为培养理念，突出理论与实践相结合，强化国际视野与本土国情相统一	本科生：约30%选择就业，70%选择升学或留学。就业生中约70%进入新能源汽车领域，约20%进入智能网联汽车领域；研究生：就业生中约30%进入新能源汽车领域，约50%进入智能网联汽车领域；主要就业车企：比亚迪、奔驰、上汽、一汽、北汽等
2	车辆工程	本科	燕山大学	基于"实创结合""全过程递进式"的创新实践教育体系，将创新实践教学贯穿大学教育全过程。形成"竞创结合""互促互利"的创新实践教学体系，通过"线创结合""线上教学""虚拟仿真"等多途径、新手段形成线上线下共同进行创新实践的新模式，形成"三体系一提升"教学新模式	本科生：约33%选择就业，63%选择升学或留学（其中约22%复研）。就业生中约18%进入新能源汽车领域，约8%进入智能网联汽车领域；研究生：就业生中约53%进入新能源汽车领域，约20%进入智能网联汽车领域；主要就业车企：长城汽车、比亚迪、吉利汽车研究院、蔚来、极氪汽车、毫末智行、徐工汽车等

续表

序号	相关学科/专业	人才培养层次	院校名称	人才培养特色	毕业生进入目标行业情况
3	机械工程	研究生	东南大学	针对学术学位硕士研究生培养，在机械工程一级学科下设新能源汽车方向；针对专业学位硕士研究生培养，在机械工程一级学科下设新能源和智能网联汽车方向	研究生：就业生中约11.5%进入新能源汽车领域，约25%进入智能网联汽车领域；主要就业车企：理想、上汽、华为（自动驾驶）等
4	车辆工程——东风跃迁班	专业学位研究生	武汉理工大学	以企业创新需求为导向，实现多学科交叉融合；打破传统学院学科专业限制，校企联合面试，在全校范围内进行选拔；校企联合建立导师库；校企联合制定人才培养方案	2023年是东风跃迁班开班第二年，第一批学生全部在东风技术中心开展实习实践，暂未有毕业生
5	智能车辆工程	本科	大连理工大学	围绕车辆研发制造的关键环节开展教育教学、工程实践和创新创业训练	暂未有毕业生
6	智能电动车辆急需学科	研究生	同济大学	科教融汇、产教融合的人才培养新模式	2023年新增试点，暂未有毕业生
7	新能源汽车工程技术	职业本科	河北科技工程职业技术大学	依托职业本科汽车职教集团，利用校企、校校、企企、区域优质资源，共建实训基地，落实"工学交替"实习；共培汽车产业学院，丰富产教融合内涵	2021年9月职业本科专业开始招生，暂无毕业生
8	新能源汽车技术	高职专科	成都航空职业技术学院	创新提出"工学交替双循环"的内涵框架，构建了"素质核心，能力本位，循线递进，工学交替双循环"的人才培养模式	近三年学生就业率均在96%以上

续表

序号	相关学科/专业	人才培养层次	院校名称	人才培养特色	毕业生进入目标行业情况
9	新能源汽车运用与维修	中职	广州市交通运输职业学校	组建了"以传统汽车维修技术为基础，以新能源汽车维修技术为核心，以智能网联汽车维修技术为方向"的新能源汽车运用与维修专业群	现有在校生2 144人。2023届毕业生679人，其中升学259人，占比38%；就业420人，占比62%，专业对口率98%，就业满意率100%，其中，在奔驰、奥迪、宝马等高端汽车品牌就业105人，占就业总人数的25%

附录三 紧缺人才需求目录（研发人员）

一、新能源汽车产业紧缺人才需求目录

序号	行业或领域	技术领域	岗位（群）名称	职业分类	岗位（群）职责	岗位任职资格标准	主要学科专业来源		紧缺度（五星为最紧缺）	工程师级别
							本科专业类	研究生学科		
1	新能源汽车	动力蓄电池	电池性能开发工程师（含热管理、EMC、高压安全、功能安全）	汽车工程师	1. 负责动力电池材料、单体电芯及系统的热安全、高压安全及功能安全的测试与评估； 2. 负责撰写动力电池安全、高压安全评估报告； 3. 负责动力电芯及系统的材料、单体电芯及系统的热安全、高压安全及功能安全软件模型使用、分析及优化； 4. 负责跟进公司相关的合作项目	1. 具有锂电池相关研究或测试经验； 2. 熟悉锂电池电芯、模组、PACK的结构，熟悉形式和安全全失效测试和安全测试方法者优先； 3. 熟悉电池建模常用软件平台，如COMSOL、Fluent等优先	化学类、能源动力类等	材料科学与工程、化学工程与技术、动力工程及工程热物理等	★★★★★	中级工程师；高级工程师

续表

序号	行业或领域	技术领域	岗位（群）名称	职业分类	岗位（群）职责	岗位任职资格标准	主要学科专业来源 本科专业类	主要学科专业来源 研究生学科	紧缺度（五星为最紧缺）	工程师级别
2	新能源汽车	动力蓄电池	BMS算法工程师	汽车工程师	1. 基于整机产品需求，输出电池系统需求、设计电池系统架构、系统方案，对不同技术方向的权衡做决策； 2. 主导电池系统架构、高可靠性系统设计，电池使用工况统计等重大技术难题、风险研究及攻克； 3. 负责领域内的新框架预研，并评估其为业务带来的价值，制定所在技术领域的未来发展规划与路径，并推动执行落地； 4. 主导开展电池经验积累，输出和专利开发	1. 至少在电池的BMS开发设计测试、可靠性设计或热设计某一技术领域达到专家水平； 2. 具备系统和系统架构设计能力；对外结合整机应用给出电池产品交付方案（如双/多电池，落地即充等）；具备指定电池产品性能规格，并对性能指标进行资源领域分解、制定电池工作策略的能力。 3. 熟悉电芯、软件、硬件、算法、工艺、测试等各技术方向的技术知识	计算机类，仪器类，电气类，自动化类等	计算机科学与技术，软件工程，仪器科学与技术，电气工程，控制科学与工程等	★★★★	高级工程师；首席（总）工程师

续表

序号	行业或领域	技术领域	岗位（群）名称	职业分类	岗位（群）职责	岗位任职资格标准	主要学科专业来源 本科专业类	主要学科专业来源 研究生学科	紧缺度（五星为最紧缺）	工程师级别
2	新能源汽车	动力蓄电池	BMS算法工程师	汽车工程师		点，开发流程、规范；4. 对电池产品的认识，能从产品层面对性能、结构、产品可靠性等方面给出设计方向，评估产品设计可行性及风险情况				
3	新能源汽车	动力蓄电池	电芯仿真、测试工程师（含寿命、热管理、电化学、电流密度）	汽车工程师	1. 负责电芯性能测试对接与数据整理汇总；2. 负责电芯失效表征分析；3. 负责电芯整车对接与数据分析反馈；4. 负责电芯测试标准规范及认证	1. 硕士1年以上或本科2年以上工作经验；2. 熟悉动力电池的工艺流程和性能指标；3. 掌握锂离子电池材料、电化学等基本知识和锂离子电芯设计及工艺知识；4. 熟悉DOE和6Sigma等工程方法；5. 工作富有激情，逻辑清晰，有良好的工作习惯，工作细致认真	化学类、化工与制药类、材料类等	化学、化学工程与技术、材料科学与工程等	★★★★	中级工程师、高级工程师

续表

序号	行业或领域	技术领域	岗位（群）名称	职业分类	岗位（群）职责	岗位任职资格标准	主要学科专业来源 本科专业类	主要学科专业来源 研究生学科	紧缺度（五星为最紧缺）	工程师级别
4	新能源汽车	动力蓄电池	电芯材料工程师	汽车工程师	1. 负责正极/负极/电解液/辅材等材料机理方面的研究（一种材料即可）及性能开发； 2. 负责动力电池先进材料（高镍、无钴、无金属正极/新型负极/新体系电解液等）的技术开发及机理研究； 3. 负责车用动力电池材料级别失效机理的研究	1. 硕士研究生及以上学历，3年工作经验，本科学历，5年相关行业工作经验； 2. 具有较强的文献调研能力、实验能力； 3. 对正极/负极/电解液等材料的发展方向有清晰的认识和理解，对原材料性能与电芯性能之间的对应关系有较为深刻的理解，对电芯失效、原材料失效有明确的分析方法和分析手段，并能提出相应的改善方向； 4. 学习能力强，责任心强，工作踏实，性格开朗，有较强的沟通和协作能力	化学类、化工与制药类、材料类等	化学、化学工程与技术、材料科学与工程等	★★★	高级工程师

续表

序号	行业或领域	技术领域	岗位(群)名称	职业分类	岗位(群)职责	岗位任职资格标准	主要学科专业来源		紧缺度(五星为最紧缺)	工程师级别
							本科专业类	研究生学科		
5	新能源汽车	动力蓄电池	BMS策略工程师	汽车工程师	1. 基于整机产品需求,编制及下发BMS整车策略需求、上下电流程等文档; 2. BMS故障分析; 3. BMS技术标杆分析及前瞻性分析	1. 大学本科以上学历; 2. 具备电池管理系统、新能源控制系统策略开发经验或CAN总线设计经验; 3. 熟悉总线的层次化结构和可靠性设计; 4. 对各种总线技术有深刻的理解; 5. 了解国内外电池管理系统策略动态及行业内产品水平	机械类、自动化类等	机械工程、控制科学与工程等	★★★	中级工程师;高级工程师

附录三 紧缺人才需求目录（研发人员） | 243

续表

序号	行业或领域	技术领域	岗位（群）名称	职业分类	岗位（群）职责	岗位任职资格标准	主要学科专业来源 本科专业类	主要学科专业来源 研究生学科	紧缺度（五星为最紧缺）	工程师级别
6	新能源汽车	动力蓄电池	PACK 仿真、测试工程师（含寿命、热管理、结构）	汽车工程师	1. 制定结构、热管理及寿命仿真流程、仿真标准；2. 针对仿真需求制订仿真计划；3. 完成整包仿真、热管理仿真、寿命分析；4. 审核评估 FT 整包结构仿真报告、审核评估结构部件仿真报告；5. 跟踪电池系统机械类试验并进行试验对标工作；6. 提出结构优化建议，协助产品及性能工程师优化	1. 本科及以上学历；2. 2年以上 PACK 仿真经验；3. 熟悉电池包相关参数、电池系统性能要求；4. 熟悉 CAE 基础及应用；5. 熟练使用办公软件	机械类、自动化类、材料类等	机械工程、控制科学与工程、材料科学与工程等	★★★★	高级工程师

续表

序号	行业或领域	技术领域	岗位(群)名称	职业分类	岗位(群)职责	岗位任职资格标准	主要学科专业来源 本科专业类	主要学科专业来源 研究生学科	紧缺度（五星为最紧缺）	工程师级别
7	新能源汽车	动力蓄电池	电池大数据工程师	汽车工程师	1. 负责锂电池大数据分析，包括数据清洗、数据分析、建模及优化；2. 负责电池SOC、SOH、热失控等算法调优；3. 协助锂电池电芯模组、系统测试；4. 负责电池模型的搭建、调试与优化；5. 负责相关技术文档的编制与代码的编写、测试	1. 本科及以上学历；2. 具备新能源汽车大数据项目开发经历者优先，具备动力电池性能开发经历者优先；3. 精通锂电池特性；4. 数理基础扎实，算法数据结构、系统计算方法，熟悉深度学习算法及其框架；5. 有较好的MAT-LAB、C、Java、Python等语言基础，精通1~2种	计算机类、自动化类等	计算机科学与技术、控制科学与工程等	★★★	中级工程师；高级工程师

续表

序号	行业或领域	技术领域	岗位（群）名称	职业分类	岗位（群）职责	岗位任职资格标准	主要学科专业来源 本科专业类	主要学科专业来源 研究生学科	紧缺度（五星为最紧缺）	工程师级别
8	新能源汽车	动力蓄电池	电池材料工程师	汽车工程师	1. 收集锂电行业内正负极主材的材料数据，掌握当前锂离子电池主材的技术发展趋势及评估方法；2. 根据公司项目开发产品的特性及技术要求，支持项目的选型工程师材料的选型工作；3. 负责已稳定量产电芯产品的替代供应商开发、材料性能分析评估等工作并记录；4. 主导编制与维护常用材料测试规范及测量设备操作规程和注意事项；5. 对测试/测量结果进行评价和分析，并持续优化评估方法	1. 本科以上学历；2. 2年以上工作经验；3. 具有实验室的规划和建设经验，优秀的归纳分析能力；4. 掌握锂离子电池的材料合成、评估，应用相关理论，具备实际操作能力；5. 熟悉锂离子电池的特性及性能检测方法与数据处理及报告整理；6. 优秀的团队协作能力，工作积极主动，沟通能力强	材料类、化学类等	化学、化学工程与技术、材料科学与工程等	★★★	中级工程师；高级工程师

续表

序号	行业或领域	技术领域	岗位（群）名称	职业分类	岗位（群）职责	岗位任职资格标准	主要学科专业来源 本科专业类	主要学科专业来源 研究生学科	紧缺度（五星为最紧缺）	工程师级别
9	新能源汽车	动力蓄电池	BMS硬件工程师	汽车工程师	1. 负责电池管理系统及保护板设计，确保电路器件选型和硬件硬件的可靠性；2. 负责生产代工厂生产质量跟踪，解决相关问题；3. 负责生产车间及售后相关问题处理；4. 负责设计手册编制、零部件供货技术条件编制、系统对标、通用化等工作，保障电池管理系统相关的标准及设计手册完备、准确	1. 有单片机控制电路设计经验，设计过BMS或保护板优先；2. 熟练掌握硬件设计软件，如Altium Designer、PADS、Cadence等；3. 熟练掌握硬件电路分析软件，如Multisum等	自动化类、电子信息等	控制科学与工程、电子科学与技术、信息与通信工程等	★★★★	高级工程师
10	新能源汽车	动力蓄电池	电芯工艺工程师	汽车工程师	1. 负责工艺优化、工艺改善，提升过程管控CPK和工序的FPY；2. 负责电芯端量产前、后的工艺标准制定	1. 本科及以上学历；2. 3年以上工作经验，有新能源动力电池行业经验者优先；3. 熟悉Office等软件，能独立设计	化学类、材料类、化工与制药类等	化学、化学工程与技术、材料科学与工程等	★★★	中级工程师

续表

序号	行业或领域	技术领域	岗位(群)名称	职业分类	岗位(群)职责	岗位任职资格标准	主要学科专业来源 本科专业类	主要学科专业来源 研究生学科	紧缺度(五星为最紧缺)	工程师级别
10	新能源汽车	动力蓄电池	电芯工艺工程师	汽车工程师	3. 负责电芯端新工艺的开发、验证、导入；4. 协助子公司电芯端现场工艺优化改善项目	实验验证计划并完成产线验证，能够独立完成工艺文件的技术输出工作；4. 熟悉锂电池现场工艺，熟悉APQP体系				
11	新能源汽车	动力蓄电池	电池系统集成工程师	汽车工程师	1. 参与项目前期系统热管理技术方案设计、选型及相关评审工作；2. 参与电池系统热管理部件设计，2D/3D布线图纸设计及优化等工作；3. 参与制定动力电池系统热管理相关技术要求和设计规范；4. 跟进热管理设计过程中存在的质量问题；5. 参与电池热管理件的供应商评估、管理、技术评审，进行项目眼	1. 全日制本科及以上学历；2. 熟悉电池热管理开发流程，具有1~2个以上电池项目正向开发经验；3. 具备相关传热学基础，了解电池发热机理，会使用至少一种CFD软件；4. 熟悉动力电池电气系统热管理及产品性能；5. 熟练使用CATIA以及办公软件，	车辆工程、能源动力类、机械类等	车辆工程、动力工程及工程热物理、机械工程等	★★★★	中级工程师；高级工程师

续表

序号	行业或领域	技术领域	岗位（群）名称	职业分类	岗位（群）职责	岗位任职资格标准	主要学科专业来源 本科专业类	主要学科专业来源 研究生学科	紧缺度（五星为最紧缺）	工程师级别
11	新能源汽车	动力蓄电池	电池系统集成工程师	汽车工程师	能独立完成 2D 图纸、3D 建模；6. 具备良好的团队合作能力，思维逻辑、有较强的责任心以及沟通能力踪、完成部件的同步开发测试；6. 负责电池包热管理部件装配技术支持和维护					
12	新能源汽车	动力蓄电池	电池/PACK工艺工程师	汽车工程师	1. 负责电池模组PACK产线设备工艺开发、技术协议编写，设备方案评审和工装夹具的设计、导入；2. 负责电池产线产能规划、节拍分析、平面布局等工作；3. 负责模组PACK装配工艺文件制定和修订，产品可制造性评估及新产品、新工艺的开发和验证；4. 负责模组PACK产线工艺调试、产能爬坡和关键技术问题解决	1. 本科及以上学历；2. 3年以上新能源电池行业PACK产线工艺开发经验；3. 熟悉模组PACK制造工艺流程，熟悉装配、拧紧、涂胶等设备；4. 熟悉运用质量工具：FMEA、SPC、6Sigma；5. 熟练操作Pro/E、CATIA、CAD等三维/二维软件	化学类、自动化类、电气类等	化学、电气工程、控制科学与工程等	★★★	中级工程师

续表

序号	行业或领域	技术领域	岗位（群）名称	职业分类	岗位（群）职责	岗位任职资格标准	主要学科专业来源		紧缺度（五星为最紧缺）	工程师级别
							本科专业类	研究生学科		
13	新能源汽车	动力蓄电池	电池结构工程师	汽车工程师	1. PACK 结构：新技术、新方案可靠性、创新性设计、行业对标，PACK 主设计担当；2. 根据整车需求分解设计指标，定义包络及机械接口和电气接口；3. 制定 PACK 总布置方案，结构可靠性设计、轻量化设计，包括托盘、密封设计、防腐设计等；4. 熟悉金属、非金属、胶粘剂、塑料、发泡等材料及成型工艺；5. 协助仿真工程师完成仿真设计；6. 熟练使用三维软件，出图纸、BOM，了解 GD&T 标准；7. 跟踪处理装配、装车问题	1. 本科及以上学历；2. 从事工作5年以上，有电池行业经验优先，精通电化学反应原理、电池寿命老化及失效机理，熟悉电池系统数据分析测试方法及数据分析方法，至少参与2个以上新能源整车车型开发；3. 熟悉 PACK 开发流程；4. 熟悉三维软件、系统模型并能进行相应强度计算；5. 熟悉电池相关标准、国标电池 UL、CE；6. 具备电池系统测试及数据分析经验	车辆工程、机械类、化学类等	车辆工程、机械工程、化学工程与技术、化学等	★★★★	高级工程师

续表

序号	行业或领域	技术领域	岗位（群）名称	职业分类	岗位（群）职责	岗位任职资格标准	主要学科专业来源 本科专业类	主要学科专业来源 研究生学科	紧缺度（五星为最紧缺）	工程师级别
14	新能源汽车	燃料电池	燃料电池控制策略工程师（含控制算法）	汽车工程师	1. 参与电池管理系统BMS的控制策略制定及仿真开发；2. 支持模型在环测试及硬件在环测试；3. 负责BMS研发、调试，生产各阶段的技术支持及相关法规的研究；4. 负责与EE功能层对接相关控制策略，支持BMS零部件层级的软件开发工作；5. 建立并完善BMS的设计失效库、DFMEA	1. 本科及以上学历；2. 有8年以上新能源BMS应用层软件开发经验；3. 熟悉汽车电子软件开发流程；4. 熟悉Simulink/Stateflow模型设计，熟悉C语言、MATLAB等；5. 熟练应用Vector等开发及标定工具；6. 熟练应用AUTOSAR开发工具；7. 熟悉MATLAB、Embedded Coder、Target Link等自动代码生成工具的应用	车辆工程、机械类、电子信息类等	车辆工程、机械工程、电子科学与技术等	★★★	高级工程师

续表

序号	行业或领域	技术领域	岗位（群）名称	职业分类	岗位（群）职责	岗位任职资格标准	主要学科专业来源 本科专业类	主要学科专业来源 研究生学科	紧缺度（五星为最紧缺）	工程师级别
15	新能源汽车	燃料电池	燃料电池电堆工艺工程师	汽车工程师	1. 针对当前的金属双极板基体材料对涂层材料进行选型分析，分析不同类型涂层材料的制备工艺并对可行性进行比较； 2. 选型合适的涂层加工工艺，对市面上的涂层加工设备进行调研并提出设备的具体参数要求，协助完成设备采购； 3. 针对已选型试验设计工艺方法进行试验验证，开发金属双极板涂层制备工艺路线； 4. 负责金属双极板涂层微观结构、导电性、电化学性能、腐蚀性能、耐久性能的测试	1. 对金属双极板涂层有研究基础； 2. 了解市面常用的金属双极板加工工艺、类型及加工工艺； 3. 熟悉电镀、化学镀、气相沉积、物理气相沉积等金属表面处理工艺和相关设备操作； 4. 具备较强的试验分析能力，关注最新材料及金属表面处理技术动态及发展方向	不限	不限	★★★★	高级工程师

续表

序号	行业或领域	技术领域	岗位（群）名称	职业分类	岗位（群）职责	岗位任职资格标准	主要学科专业来源 本科专业类	主要学科专业来源 研究生学科	紧缺度（五星为最紧缺）	工程师级别
16	新能源汽车	燃料电池	燃料电池系统性能工程师（含水管理、热、EMC、功能安全）	汽车工程师	1. 根据燃料电池系统开发需求确定并编写测试方案；2. 根据测试要求，进行燃料电池系统和零部件的测试、标定、数据记录，测试故障处理和数据分析；3. 负责测试平台的建议；4. 负责燃料电池系统实验说明书及测试报告产品的编写	1. 本科及以上学历；2. 掌握传热、流体、电化学等多学科专业知识；3. 熟悉 Office 办公软件及数据分析软件；4. 具有两年以上燃料电池相关工作经验；5. 对燃料电池汽车有一定了解；对燃料电池标准规范有一定了解	机械类、化工与制药类、自动化类、能源动力类、车辆工程类等	机械工程、化学、化学工程与技术、控制科学与工程、动力工程及工程热物理、车辆工程等	★★★★	高级工程师
17	新能源汽车	燃料电池	燃料电池电堆结构工程师	汽车工程师	1. 负责燃料电池电堆团队的研发管理工作，熟悉电堆开发流程；2. 负责燃料电池电堆系统以及系统维护；3. 负责电堆建和测试以及的设计开发；4. 负责制定燃料电池开发技术文档	1. 具有较丰富的经验，燃料电池研发项目研发经验者优先考虑；2. 有较好的沟通协调能力，能够实时跟进并确保项目顺利进行	化学类、工程类等	化学、动力工程及工程热物理等	★★★	高级工程师

附录三 紧缺人才需求目录（研发人员） | 253

续表

序号	行业或领域	技术领域	岗位（群）名称	职业分类	岗位（群）职责	岗位任职资格标准	主要学科专业来源 本科专业类	主要学科专业来源 研究生学科	紧缺度（五星为最紧缺）	工程师级别
18	新能源汽车	燃料电池	燃料电池系统结构工程师	汽车工程师	1. 负责新型燃料电池的结构设计，包括密封、气液输运、电学和力学结构设计；2. 优化新型燃料电池的结构，提升燃料电池的性能；3. 参与新型燃料电池的性能测试；4. 参与燃料电池失效机制的分析，提供相关问题的解决方案；5. 搭建各种型号燃料电池结构设计技术平台，参与新产品和客户定制产品的开发	1. 本科及以上学历；2. 对燃料电池试验有3年以上的工作经验；3. 能够将结构相关的关键技术转化成专利以及公司新品设计的SOP；4. 能够对影响燃料电池性能的各种机制进行分析，并提供、试验和完善设计方案；5. 能够参与、协调和管理与外部机构的协作项目；6. 具备参与、激励和带动团队以及外部协作方技术攻关的能力；7. 能够对自己和团队的研发工作进行内部沟通和归纳报告	机械类、核工程类等	机械工程、动力工程及工程热物理等	★★★	高级工程师

续表

序号	行业或领域	技术领域	岗位（群）名称	职业分类	岗位（群）职责	岗位任职资格标准	主要学科专业来源		紧缺度（五星为最紧缺）	工程师级别
							本科专业类	研究生学科		
19	新能源汽车	燃料电池	燃料电池系统工程师（含集成、架构、设计等）	汽车工程师	1. 负责燃料电池系统电控架构设计； 2. 负责燃料电池系统应用层软件的建模、仿真与分析； 3. 负责软件策略说明文档的编制，参与燃料电池控制系统的集成； 4. 现场调试与控制系统验证标定的工作	1. 本科及以上学历； 2. 熟悉燃料电池系统组成及其工作原理； 3. 有一个以上燃料电控制系统开发经历，用软件开发参与过实际车架标定； 4. 掌握 MATLAB、Simulink、Stateflow 等软件模型开发工具； 5. 熟悉 CAN 通信，掌握 CAN 数据分析软件	自动化类、车辆工程类、计算机类、电气类等	控制科学与工程、车辆工程、计算机科学与技术、电气工程等	★★★★	高级工程师

附录三 紧缺人才需求目录（研发人员） | 255

续表

序号	行业或领域	技术领域	岗位（群）名称	职业分类	岗位（群）职责	岗位任职资格标准	主要学科专业来源		紧缺度（五星为最紧缺）	工程师级别
							本科专业类	研究生学科		
20	新能源汽车	燃料电池	车载氢系统仿真、测试工程师	汽车工程师	1. 负责车载氢系统建模及仿真技术研究；2. 负责机电液联合仿真技术难题的攻关；3. 负责车载氢系统机械、流场、热场、电磁场等方面的仿真；4. 负责车载氢系统整车匹配仿真；5. 为车载氢系统设计提供技术支持	1. 硕士及以上学历，3年工作经验，本科学历，5年工作经验；2. 熟练使用Creo、CAD、Ansys等软件；3. 具备部件结构有限元分析能力	机械类、自动化类等	电气工程、机械工程、控制科学与工程等	★★★	高级工程师
21	新能源汽车	燃料电池	燃料电池软件工程师	汽车工程师	1. 负责燃料电池系统软件架构设计；2. 负责燃料电池系统控制流程及控制策略开发；3. 负责设计软件的验证方案及组织实施；4. 负责硬件选型与资源匹配；	1. 本科及以上学历；2. 5年以上工作经验，具备大功率燃料电池系统开发经验者优先；3. 熟悉开发V流程软件，熟悉流程；熟练使用MATLAB、Simulink搭建模型及编程，熟悉自	电子信息类、计算机类、自动化类等	电气工程、信息与通信工程、计算机科学与技术、控制科学与工程、电子科学与技术等	★★★★	高级工程师

续表

序号	行业或领域	技术领域	岗位（群）名称	职业分类	岗位（群）职责	岗位任职资格标准	主要学科专业来源（本科专业类）	主要学科专业来源（研究生学科）	紧缺度（五星为最紧缺）	工程师级别
21	新能源汽车	燃料电池	燃料电池软件工程师	汽车工程师	5. 参与电子器件如传感器等的选型；6. 负责整车软件调试与问题分析解决	动生成代码技术；4. 燃料电池系统控制经验优先，具备 FCU、BMS、VCU、BCM 控制器开发经验者优先；5. 具有较强的沟通能力、逻辑分析能力				
22	新能源汽车	燃料电池	燃料电池电气工程师	汽车工程师	1. 能完成电气图纸设计、电气元件选型、PLC 程序、HMI 程序编写；2. 根据所负责项目进行现场调试，能够独立处理调试过程中出现的各种问题；3. 及时反馈无法处理的问题；4. 及时总结项目困难和问题并与同事分享	1. 本科及以上学历；2. 优秀应届毕业生，或1年工作经验；3. 熟悉倍福、西门子等主流 PLC 系统；4. 优先考虑会使用变频器和伺服驱动器，并能够根据现场工况调整优化参数者；5. 熟悉 EtherCAT、PROFINET 等现场工业总线的使用	电气类、核工程类等	电气工程、核技术等	★★★★	中级工程师；高级工程师

续表

序号	行业或领域	技术领域	岗位（群）名称	职业分类	岗位（群）职责	岗位任职资格标准	主要学科专业来源 本科专业类	主要学科专业来源 研究生学科	紧缺度（五星为最紧缺）	工程师级别
23	新能源汽车	燃料电池	燃料电池电堆仿真、测试工程师	汽车工程师	1. 负责相关电堆测试任务，并做数据初步处理，撰写测试报告； 2. 制定电堆测试协议及测试标准； 3. 负责测试故障的处理、分析及跟踪； 4. 负责测试前的电堆组装、气密性检查； 5. 配合部门其他同事，完成相关电堆测试； 6. 对采购设备进行维护及保养，负责与设备商一起调试并解决设备问题	1. 本科及以上学历； 2. 有燃料电池开发、测试或者验经验者优先； 3. 熟悉燃料电池、电化学工作站测试设备，电堆测试台、测试设备，能够独立完成测试台操作，具有较强的学习能力与动手能力	化学类、材料类等	化学、材料科学与工程等	★★★★	中级工程师；高级工程师

续表

序号	行业或领域	技术领域	岗位(群)名称	职业分类	岗位(群)职责	岗位任职资格标准	主要学科专业来源		紧缺度（五星为最紧缺）	工程师级别
							本科专业类	研究生学科		
24	新能源汽车	燃料电池	燃料电池工艺工程师	汽车工程师	1. 负责浆料制备、涂布以及膜边框(膜和边框的成型和贴合等)的开发和优化；2. 熟悉膜电极制备过程中的各种方法，负责对膜电极制备过程中的加工和检测检测；3. 根据检测和测试结果实现制备工艺标准化；4. 与研发和测试部门协作，解决生产过程中遇到的工艺问题；5. 对设计完成后转入产业化生产提供工艺技术支持	1. 本科及以上学历；2. 对电化学、浆料制备、涂布以及膜电极组装有一定的了解	材料类、化学类、化工与制药类、机械类等	材料科学与工程、化学工程与技术、机械工程等	★★★	高级工程师

续表

序号	行业或领域	技术领域	岗位(群)名称	职业分类	岗位(群)职责	岗位任职资格标准	主要学科专业来源		紧缺度(五星为最紧缺)	工程师级别
							本科专业类	研究生学科		
25	新能源汽车	电驱动系统	电驱动性能开发工程师(含热管理、EMC、NVH、高压安全、功能安全)	汽车工程师	1. 负责产品热管理、EMC、NVH、高压安全、功能安全性能指标的制定; 2. 在产品设计阶段,负责产品前期的热管理、EMC、NVH、高压安全、功能安全性能的评估及优化设计; 3. 负责电机振动与噪声试验方案的制定及后续测试工作; 4. 负责产品热管理、EMC、NVH、高压安全、功能安全数据采集及分析,并完成分析报告; 5. 产品在产生振动、噪声异响时,负责分析原因,并制定产品改进对策	1. 本科及以上学历; 2. 具备3年及以上的NVH分析或测试经验,有风机、驱动电机、轴承、NVH方面工作经历者优先; 3. 精通振动与NVH基本原理,理解驱动电力发电机或驱动电机的NVH形式; 4. 能够使用Ansys、ACT或LMS进行零部件的振动模态、谐响应和声音传播的仿真; 5. 能够独立开展产品NVH测试(振动、模态、噪声); 6. 具备良好的沟通能力和团队合作精神	电气类、机械类、物理类等	电气工程、机械工程、物理学等	★★★	中级工程师;高级工程师

续表

序号	行业或领域	技术领域	岗位（群）名称	职业分类	岗位（群）职责	岗位任职资格标准	主要学科专业来源 本科专业类	主要学科专业来源 研究生学科	紧缺度（五星为最紧缺）	工程师级别
26	新能源汽车	电驱动系统	功率器件工程师（含芯片、模块）	汽车工程师	1. 负责IGBT等功率器件的设计及仿真；2. 负责器件封装、测试；3. 负责优化设计方案；4. 负责提高功率器件产品的性能及良率	1. 熟悉IGBT等功率器件开发流程；2. 熟悉Wafer-Scale等设计软件；3. 熟悉功率器件动静态测试方法；4. 熟练使用英文，具备良好的沟通能力	电子信息类等	电子科学与技术等	★★★	中级工程师；高级工程师
27	新能源汽车	电驱动系统	电驱动系统仿真、测试工程师	汽车工程师	1. 协助完成CAE、CFD仿真分析工具平台采购调研，输出平台建设规划；2. 负责电驱动系统（EDU、EDS或e-Axle）各部件的流热及热传导仿真分析，包括不限于电机的散热水道、IGBT的散热水道、转子油冷、转子磁钢温度分析、齿轮箱、轴承散热分析等；3. 负责供应商的审核、沟通	1. 本科及以上学历；2. 工作5年以上；3. 有成熟的电驱动系统（EDU、EDS或e-Axle）热仿真工作经验；4. 有油冷仿真经验的优先；5. 熟练使用Ansys或Simcenter系列软件	电气类、机械等	电气工程、机械工程等	★★★	高级工程师

续表

序号	行业或领域	技术领域	岗位(群)名称	职业分类	岗位(群)职责	岗位任职资格标准	主要学科专业来源 本科专业类	主要学科专业来源 研究生学科	紧缺度(五星为最紧缺)	工程师级别
28	新能源汽车	电驱动系统	电机控制器策略工程师	汽车工程师	1. 负责新能源驱动电机控制的系统需求分析; 2. 负责控制软件架构的设计及控制软件架构的设计; 3. 负责电机驱动控制系统的软件性能测试方案制定; 4. 负责完成各项测试、试验、标定任务	1. 本科及以上学历; 2. 3年以上电机控制算法和软件设计经验; 3. 熟悉电机驱动系统工作原理及控制需求; 4. 良好的学习能力, 较强的沟通能力和逻辑分析能力	机械类、电子信息类、自动化类等	机械工程、信息与通信工程、控制科学与工程等	★★★	高级工程师
29	新能源汽车	电驱动系统	电机控制器算法工程师	汽车工程师	1. 根据电机控制器产品方案设计进行软件功能的开发; 2. 根据产品需求提出基本的软件设计方案, 绘制流程框图; 3. 建立工具链; 4. 创建和维护软件开发工具文档; 5. 支持测试工作, 及时修复测试反馈的软件	1. 本科及以上学历(研究生毕业优先); 2. 熟悉电机控制, FOC、SVPWM、PI等控制算法; 3. 精通C语言编程; 4. 熟悉汽车电子相关标准和规范; 5. 有AUTOSAR开发经验优先;	自动化类、电气类、电子信息类、计算机类、车辆工程类等	控制科学与工程、电气工程、电子科学与技术、计算机科学与技术、车辆工程等	★★★★	高级工程师

续表

序号	行业或领域	技术领域	岗位（群）名称	职业分类	岗位（群）职责	岗位任职资格标准	主要学科专业来源 本科专业类	主要学科专业来源 研究生学科	紧缺度（五星为最紧缺）	工程师级别
29	新能源汽车	电驱动系统	电机控制器算法工程师	汽车工程师	问题，并形成闭环；6. 参与软件代码、文档、技术方案的评审；7. 输出一定技术成果（专利、软著、软件开发报告等）	6. 熟练掌握 MAT-LAB、Simulink 等软件开发工具；7. 能独立编写设计和开发文档；8. 具备独立工作的能力，工作认真负责，积极主动，有责任心				
30	新能源汽车	电驱动系统	电机控制器结构/硬件工程师	汽车工程师	1. 参与自研零部件开发全过程，负责产品总体EMC设计及后期的测试整改，并输出对应的测试报告；2. 在零部件设计开发阶段，对产品的EMC风险进行评估，与硬件结构及PCB工程师共同制定可量产化的EMC设计方案；	1. 3 年以上从业经历；2. 具有较为系统的EMC理论知识和应用技能；3. 精通EMC设计的基本方法和应用；4. 对EMC测试有比较深入的了解，深入理解各测试项目的测试方法及基本原理；	机械类、自动化类、电气类等	机械工程、信息与通信工程、控制科学与工程、电气工程等	★★★	高级工程师

附录三 紧缺人才需求目录（研发人员） | 263

续表

序号	行业或领域	技术领域	岗位（群）名称	职业分类	岗位（群）职责	岗位任职资格标准	主要学科专业来源		紧缺度（五星为最紧缺）	工程师级别
							本科专业类	研究生学科		
30	新能源汽车	电驱动系统	电机控制器结构/硬件工程师	汽车工程师	3. 在零部件测试验证阶段，制订详细的EMC测试计划，并输出第三方实验室检测报告； 4. 配合主机厂完成整车对零部件EMC的验收； 5. 为零部件的EMC设计及整改方案组织相关人员进行优化评审，确保EMC对策有效导入； 6. 研究零部件的EMC前沿技术和测试标准，并做内部转化	5. 熟悉汽车电子的EMC标准，如CISPR 25、ISO 7637-2、ISO 11452-2、ISO 11452-4、ISO 16750-2、ISO 10605、GB/T 36282、ECER 10等EMC标准； 6. 了解整车的EMC标准，如GB/T 18387、GB 34660、GB/T 37130等EMC标准； 7. 热爱EMC行业，具有钻研精神，能开展对问题的持续深入研究工作； 8. 具有高度的责任感和良好的团队协作精神，沟通能力强				

续表

序号	行业或领域	技术领域	岗位(群)名称	职业分类	岗位(群)职责	岗位任职资格标准	主要学科专业来源 本科专业类	主要学科专业来源 研究生学科	紧缺度(五星为最紧缺)	工程师级别
31	新能源汽车	电驱动系统	电驱动系统集成工程师(结构)	汽车工程师	1. 负责MCU事业部硬件团队建设及管理; 2. 负责MCU事业部所有项目硬件相关工作的协调和管理; 3. 配合产品负责人完成项目开发	1. 本科及以上学历,研究生优先; 2. 6年以上新能源汽车电控设计经验; 3. 负责整车系统电驱系统产品开发的技术需求制定、技术对接; 4. 负责与电驱系统相关的试制、试验以及售后问题的分析整改; 5. 负责跟踪和开发电驱系统前瞻性技术; 6. 负责电驱动效率、NVH以及EMC性能管控	自动化类、电气类、电子信息类、机械类、车辆工程等	电气工程、控制科学与工程、电子科学与技术、车辆工程、机械工程、信息与通信工程等	★★★★	中级工程师;高级工程师

续表

序号	行业或领域	技术领域	岗位（群）名称	职业分类	岗位（群）职责	岗位任职资格标准	主要学科专业来源		紧缺度（五星为最紧缺）	工程师级别
							本科专业类	研究生学科		
32	新能源汽车	电驱动系统	电机仿真、测试工程师	汽车工程师	1. 负责新能源汽车水冷、油冷电机的热设计、验证和优化。2. 负责电机热仿真，包括冷却水道、油路、流阻等热路模型的搭建和仿真；3. 与电磁工程师合作进行电机多物理场耦合分析及优化设计	1. 本科3年以上工作经验，硕士1年以上工作经验；2. 熟悉电机结构和原理，掌握力学、热力学、流体力学等专业知识；3. 熟练使用Ansys、MotorCAD、Fluent等机械结构和热仿真软件；4. 熟悉电机常用材料，对电机生产工艺有深入了解；5. 具备优秀的团队合作能力，主动积极的自学能力，良好的沟通能力以及创新精神	电气类、机械类等	电气工程、机械工程等	★★★★	高级工程师

续表

序号	行业或领域	技术领域	岗位（群）名称	职业分类	岗位（群）职责	岗位任职资格标准	主要学科专业来源（本科专业类）	主要学科专业来源（研究生学科）	紧缺度（五星为最紧缺）	工程师级别
33	新能源汽车	电驱动系统	电机控制器软件工程师	汽车工程师	1. 负责电机控制器功能开发；2. 负责电机控制策略、模型应用层控制代码；3. 负责电机控制器软件集成与测试；4. 负责电机控制器功能标定	1. 5年以上电机控制器功能开发经验；2. 熟悉本专业领域开发技术、试验技术及标准法规；3. 熟悉本专业（工艺、质量管理、材料等）的相关知识；4. 熟悉或了解本专业常用的汽车开发软件及仿真软件，如CATIA、Ansys、ADAMS、MATLAB等	电气类、机械类等	电气工程、机械工程、控制科学与工程等	★★★★	高级工程师
34	新能源汽车	电驱动系统	减速器结构工程师	汽车工程师	1. 负责减速器结构开发与设计；2. 负责减速器开发进度跟踪、质量控制；3. 负责解决减速器在样车中的组装、测试、量产过程中出现的问题；4. 负责减速器产品的设计变更	1. 大学本科及以上学历；2. 熟悉机械加工和制造工艺；3. 熟练使用制图软件，熟悉机械制图规范	机械类、电子信息类等	控制科学与工程、机械工程、电气工程等	★★★★	中级工程师

续表

序号	行业或领域	技术领域	岗位（群）名称	职业分类	岗位（群）职责	岗位任职资格标准	主要学科专业来源		紧缺度（五星为最紧缺）	工程师级别
							本科类专业	研究生学科		
35	新能源汽车	使用/服务	车载电源性能开发工程师（含热管理、EMC、高压安全、功能安全）	汽车工程师	1. 负责车载电源产品的系统方案设计（含热管理、EMC、高压安全、功能安全等）；2. 负责车载电源模块功能安全、产品性能的设计与测试；3. 帮助工程师进行车载电源硬件设计、软件设计；4. 负责性能集成、调试，与台架测试，HIL与整车测试；5. 负责编写各种标准、流程、规范	1. 本科及以上学历；2. 3年以上电源研发生产工作经验；3. 良好的应用电子技术和自动控制理论基础；4. 了解电源技术，了解散热处理技术，了解高电压及其绝缘技术；5. 有较强的学习能力和动手能力	计算机类、电子信息类等	计算机科学与技术、软件工程、电子科学与技术、信息与通信工程等	★★★★	高级工程师
36	新能源汽车	使用/服务	车载充电器控制策略工程师	汽车工程师	1. 负责OBC车载充电控制的系统需求分析；2. 负责OBC控制策略及控制软件架构设计；3. 负责OBC控制系统的软件性能测试方案制定；4. 协助完成各项测试、试验、标定任务	1. 本科及以上学历；2. 3年以上OBC控制算法或软件设计经验；3. 熟悉电源系统工作原理及控制需求；4. 良好的沟通能力，较强的学习能力和逻辑分析能力	电子信息类、自动化类等	电子科学与技术、信息与通信工程、控制科学与工程等	★★	中级工程师

续表

序号	行业或领域	技术领域/服务	岗位（群）名称	职业分类	岗位（群）职责	岗位任职资格标准	主要学科专业来源 本科专业类	主要学科专业来源 研究生学科	紧缺度（五星为最紧缺）	工程师级别
37	新能源汽车	使用/服务	车载电源系统集成工程师	汽车工程师	1. 负责设备开关电源产品的设计及开发调试，研究高频逆变电源等关键技术； 2. 根据要求完成总体方案、器件选型、原理图设计、PCB设计、测试维护优化等工作，并对设计质量负责； 3. 根据项目需求完善电源产品各项参数指标； 4. 协助软件工程师的加查硬件问题； 5. 组织生产、过程控制及验收，解决产品的技术问题； 6. 编写硬件相关文档和标准化资料； 7. 为项目产品化提供技术支持	1. 本科以上学历； 2. 3年以上电源研发生产工作经验； 3. 熟悉电力电子器件、开关电源拓扑结构、电子电路设计、PCB设计、具备良好的应用电子技术和自动控制理论基础； 4. 熟悉变压器的特性、高频磁性材料及应用； 5. 具有EMI、EMC的分析和调试能力； 6. 了解电源产品散热处理技术，了解高电压及其绝缘技术	计算机类、电子信息类等	计算机科学与技术、软件工程、电子科学与技术、信息与通信工程等	★★★	高级工程师

续表

序号	行业或领域	技术领域	岗位（群）名称	职业分类	岗位（群）职责	岗位任职资格标准	主要学科专业来源		紧缺度（五星为最紧缺）	工程师级别
							本科专业类	研究生学科		
38	新能源汽车	使用/服务	OBC车载充电器算法工程师	汽车工程师	1. 负责充电桩功能开发；2. 负责完成充电桩应用层控制策略、模型及代码；3. 负责充电桩软件集成与测试；4. 负责充电桩功能标定	1. 3年以上OBC控制算法设计经验；2. 熟悉本专业技术、试验的开发技术及标准法规；3. 熟悉本专业相关领域（工艺、质量管理、材料等）的相关知识；4. 熟悉或了解本专业常用的汽车开发仿真软件，如CATIA、Ansys、AD-AMS、MATLAB等	电子信息类、电气类、机械类等	信息与通信工程、电子科学与技术、控制科学与工程等	★★★	高级工程师
39	新能源汽车	使用/服务	OBC车载充电器软件工程师	汽车工程师	1. 负责充电桩控制系统软件编程与调试工作；2. 负责开发过程中的程序版本控制与技术升级；3. 负责基于STM32系列ARM的软件设计与程序编写；4. 负责其他相关产品软件的开发和维护工作	1. 研究生学历；2. 具备独立开发充电桩软件的能力，3年以上充电桩行业工作经验；3. 具有嵌入式开发经验，具备底层驱动开发经验，熟练STM32系列ARM	计算机类、电子信息类等	计算机科学与技术、软件工程、电气类、信息与通信工程等	★★★★	高级工程师

续表

序号	行业或领域	技术领域	岗位（群）名称	职业分类	岗位（群）职责	岗位任职资格标准	主要学科专业来源 本科专业类	主要学科专业来源 研究生学科	紧缺度（五星为最紧缺）	工程师级别
39	新能源汽车	使用/服务	OBC车载充电器软件工程师	汽车工程师	负责大功率锂电池充电机的产品研发工作；	的软件设计与程序编写；4. 熟练使用C/C++或其他编程语言；5. 熟悉充电桩相关标准，熟悉BMS通信协议、TCP/IP协议、RS 232/RS 485、CAN通信等；6. 具备一定的硬件基础，熟练使用硬件接口编程；7. 有规范的代码编写习惯和很强的文档编写能力				
40	新能源汽车	使用/服务	充电开发工程师	汽车工程师	1. 负责高低压充电系统方案的确定、性能匹配计算、技术资料和图纸的确认；	1. 本科及以上学历；2. 精通电力电子开关电源相关专业知识，有大功率电源开发经验者优先；3. 熟练使用电脑办	电气类等	电气工程等	★★	中级工程师

附录三 紧缺人才需求目录（研发人员） | 271

续表

序号	行业或领域	技术领域	岗位（群）名称	职业分类	岗位（群）职责	岗位任职资格标准	主要学科专业来源 本科专业类	主要学科专业来源 研究生学科	紧缺度（五星为最紧缺）	工程师级别
40	新能源汽车	使用/服务	充电开发工程师	汽车工程师	3. 负责公司重点项目产品实施；4. 配合电动汽车充电业务的市场推广工作；5. 配合新能源充电站的设计及技术管理工作	公软件和CAD等设计软件；4. 具有一定的充电桩工程工作经验；5. 具有敏锐的洞察力，熟悉电动汽车充换电行业领域；6. 具有较强的沟通能力及灵活应变能力				
41	新能源汽车	使用/服务	V2G工程师	汽车工程师	1. 负责V2G（车向电网）和V2I（车向负载）产品的规划、定义、开发及管理；2. 负责V2G测试实验的设计、需求分析设计；3. 负责根据相关国家标准，制定公司产品的规格	1. 本科及以上学历；2. 通信理论基础扎实；3. 熟悉国际和国内主流V2G技术路线及标准制定；4. 较强的归纳、统计、分析能力和判断力，具备文档规范编写能力	电子信息类、电气类等	电子科学与技术、信息与通信工程、电气工程等	★★	中级工程师

二、智能网联汽车产业紧缺人才需求目录

序号	行业或领域	技术领域	岗位（群）名称	职业分类	岗位（群）职责	岗位任职资格标准	主要学科专业来源 本科专业类	主要学科专业来源 研究生学科	紧缺度（五星为最紧缺）	工程师级别
1	智能网联汽车	自动驾驶	网络安全工程师	汽车工程师	1. 负责主导建立和完善符合 ISO 21434 的流程，负责汽车电子网络安全计划、项目的实施； 2. 2年以上汽车电子软件开发经验； 3. 2年以上网络安全开发经验； 4. 2年以上网络安全开发经验； 5. 至少有1个项目的网络安全设计与验证得到了国内主流车企的认可； 6. 熟悉 ISO 21434，有相关资质鉴定更佳	1. 研究生及以上学历，3年以上工作经验；本科学历，5年以上工作经验； 2. 精通 Simulink 建模，熟悉编程标准； 3. 底盘制动系统工程师优先； 4. 至少熟悉 ISO 26262、IEC 61508 中的一个标准； 5. 熟练掌握 HAZOP、HARA、FTA、FMEA 等安全分析方法	车辆工程、自动化类等	车辆工程、控制科学与工程等	★★★★	高级工程师

序号	行业或领域	技术领域	岗位（群）名称	职业分类	岗位（群）职责	岗位任职资格标准	主要学科专业来源		紧缺度（五星为最紧缺）	工程师级别
							本科专业类	研究生学科		
2	智能网联汽车	自动驾驶	线控底盘工程师系统（EPS、ESC等）	汽车工程师	1. 负责线控底盘系统的开发与测试评价；2. 负责线控底盘系统实验台架的建设；3. 负责线控底盘系统开发流程体系建设	1. 本科及以上学历；2. 本科8年及以上，硕士5年以上，从事底盘相关系统开发工作（有转向系统开发经验者优先）；3. 熟悉汽车构造、汽车理论及设计知识，熟悉汽车四大工艺，熟悉汽车冲压、机加、材料等基本专业知识；4. 具备系统匹配计算能力，了解系统主观评价方法；5. 熟悉设计开发流程，熟悉底盘系统ESC、ABS、EBS等底盘系统标校；6. 有2~3个乘用车底盘系统开发经	车辆工程、自动化类等	车辆工程、电气工程、控制科学与工程等	★★★★	高级工程师

续表

序号	行业或领域	技术领域	岗位（群）名称	职业分类	岗位（群）职责	岗位任职资格标准	主要学科专业来源 本科专业类	主要学科专业来源 研究生学科	紧缺度（五星为最紧缺）	工程师级别
2	智能网联汽车	自动驾驶	线控底盘系统工程师（EPS、ESC等）	汽车工程师		验（有电动转向系统开发经验者优先）；7. 熟练使用MATLAB等软件；8. 有底盘相关系统控制策略实际开发经验				
3	智能网联汽车	自动驾驶	软件架构工程师	汽车工程师	1. 负责需求分析，架构设计及编码实现，基于智能座舱系统的视觉相关功能应用；2. 与功能定义工程师一起，对功能需求进行分析评审；3. 根据功能需求，设计功能的整体架构并进行接口定义；4. 根据架构设计方案和API文档，编码实现相应功能；5. 对整个功能的质量负责，参与集成和问题分析解决	1. 硕士及以上学历；2. 五年以上汽车智能化产品开发经验或15年以上软件行业经验，10年以上架构相关经验（汽车行业）；3. 熟悉汽车电子产品软件开发流程及工具链；4. 熟悉MBD开发中的MIL、SIL和HIL的具体实现，熟悉汽车电子产品的开发流程和底盘电	/	车辆工程，计算机科学与技术，电气工程等	★★	高级工程师

续表

| 序号 | 行业或领域 | 技术领域 | 岗位（群）名称 | 职业分类 | 岗位（群）职责 | 岗位任职资格标准 | 主要学科专业来源 | | 紧缺度（五星为最紧缺） | 工程师级别 |
							本科专业类	研究生学科		
3	智能网联汽车	自动驾驶	软件架构工程师	汽车工程师		子开发流程；5. 能熟练使用MATLAB、Simulink、Stateflow软件进行仿真、设计和验证				
4	智能网联汽车	自动驾驶	智能驾驶架构系统工程师	汽车工程师	1. 负责智能驾驶系统、电子电气架构正向分析，设计与验证，确保电子电气架构诸如NPG、ACC、LCC、AP、APA、AEB、LSS、FCW、BSM等智能驾驶子功能安全、运行稳定；2. 负责智能驾驶域控制器开发，以及与整车电子电气架构的匹配和软硬件交互；3. 负责智能驾驶传感器中、统筹及交互终端需求分析以及交互验证，避免整体系统设计缺陷；	1. 本科及以上学历；2. 6年及以上汽车相关系统开发工作经验，3年及以上ADAS或智能驾驶系统设计与开发经验，具备系统架构设计能力；3. 熟悉ADAS工作原理、法规和标准，开发流程，如AUTOSAR、ISO 26262；4. 熟悉转向系统、制动系统等执行部件的工作原理，熟悉毫米波雷达、超	车辆工程、电子信息类、自动化等	车辆工程、电气工程、控制科学与工程、电子科学与技术、信息与通信工程等	★★★★	高级工程师

续表

序号	行业或领域	技术领域	岗位（群）名称	职业分类	岗位（群）职责	岗位任职资格标准	主要学科专业来源 本科专业类	主要学科专业来源 研究生学科	紧缺度（五星为最紧缺）	工程师级别
4	智能网联汽车	自动驾驶	智能驾驶系统架构工程师	汽车工程师	4. 协助智能驾驶产品的规划、方案、选型的评估及优化工作	声波雷达、摄像头等传感器的功能、性能、标定、总线和诊断设计开发，具备控制器需求分析和管控能力；5. 具备良好的沟通与协调能力，较强的归纳、统计、分析和判断力，文档规范编写能力				
5	智能网联汽车	自动驾驶	线控底盘硬件工程师（EPS、ESC等）	汽车工程师	1. 负责新开发产品的需求分析，硬件方案设计，如硬件平台选型规划；2. 负责产品的硬件设计、实现；3. 负责与软件、结构、测试等部门的技术对接；4. 负责产品小批量产阶段反馈问题的分析、判断、解决	1. 具有丰富的整车电子零部件开发和整车功能安全设计经验；2. 熟悉硬件安全部分开发流程；3. 熟悉产品开发规范及开发规范；4. 熟悉功能安全技术要求，熟悉硬件的可靠性分析；	车辆工程、电子信息类、自动化类等	车辆工程、电子科学与技术、信息与通信工程	★★	高级工程师

续表

序号	行业或领域	技术领域	岗位(群)名称	职业分类	岗位(群)职责	岗位任职资格标准	主要学科专业来源 本科专业类	主要学科专业来源 研究生学科	紧缺度(五星为最紧缺)	工程师级别
5	智能网联汽车	自动驾驶	线控底盘系统硬件工程师(EPS、ESC等)	汽车工程师		5. 具备整车底盘安全相关的电子零部件如EBS、ESC等的硬件开发经验；6. 熟悉国家标准、汽车行业标准等相关标准，熟悉整车电子零部件实验流程和标准				
6	智能网联汽车	自动驾驶	感知融合算法工程师	汽车工程师	1. 负责摄像头、激光雷达、毫米波雷达等多传感器融合算法开发工作；2. 负责基于图像或三维点云数据的目标检测和追踪算法开发工作	1. 理工科类专业，2年以上工作经验，有多传感器融合算法开发经验；2. 熟悉多目标检测、识别、跟踪等算法，熟悉卡尔曼滤波器及非线性优化，有毫米波雷达、摄像头融合算法开发经验；3. 熟悉C/C++、以及MATLAB、Simulink等各种开发工具；	计算机类、电子信息类、数学类等	计算机科学与技术、信息与通信工程、电子科学与技术、数学等	★★★	中级工程师；高级工程师

续表

序号	行业或领域	技术领域	岗位（群）名称	职业分类	岗位（群）职责	岗位任职资格标准	主要学科专业来源 本科专业类	主要学科专业来源 研究生学科	紧缺度（五星为最紧缺）	工程师级别
6	智能网联汽车	自动驾驶	感知融合算法工程师	汽车工程师		4. 具备一定的 Linux 下开发经验，能够使用基本的计算机开发语言完成算法原型开发				
7	智能网联汽车	自动驾驶	决策与路径规划算法工程师	汽车工程师	1. 负责智能驾驶汽车的决策与路径规划算法的设计研发； 2. 负责智能驾驶汽车的行为预测算法研发； 3. 梳理并研究前沿智能驾驶技术，修正并完善智能驾驶路线； 4. 配合智能驾驶各模块工程师完成系统集成和调试工作	1. 本科及以上学历，3 年以上机器人、无人驾驶相关开发经验； 2. 熟悉决策规划、路径规划、运动控制、车辆动态控制等相关算法，例如 A*、D*、RRT 等； 3. 有在 Linux 系统下的开发经验，掌握 C++、Python 等开发语言； 4. 熟悉智能驾驶相关功能的规划控制算法开发、代码单元测试、算法发布等	自动化类、计算机类等	控制科学与工程、计算机科学与技术等	★★★★	中级工程师；高级工程师

续表

序号	行业或领域	技术领域	岗位（群）名称	职业分类	岗位（群）职责	岗位任职资格标准	主要学科专业来源 本科专业类	主要学科专业来源 研究生学科	紧缺度（五星为最紧缺）	工程师级别
8	智能网联汽车	自动驾驶	智能驾驶域控制器开发工程师	汽车工程师	1. 负责智驾域架构产品的发展趋势及需求调研分析，系统需求定义；2. 负责架构产品方案设计（芯片、硬件架构，软件架构，关键指标），设计文档集成和系统集成；3. 负责架构产品方案分析（成本、重量、结构、性能、可扩展性等），对产品相关技术方案进行评估与优化；4. 负责架构产品开发计划，包括技术评审，质量把控，同题的分析和解决方案等，满足整车开发节点产品交付	1. 本科以上学历，5年以上汽车相关经验，2年以上VCU、MCU、BMS软件开发经验；在关键Tier1负责ADAS控制器产品或相关ADAS零件开发者优先；2. 对整车动力、底盘域内的控制器有深入理解，系统架构，系统方案，开发流程及工具链或者关键控制器的直接开发经验，熟练使用Altium Designer，Keil等设计软件；3. 掌握功能方案设计，系统方案设计，软硬件开发的方法及研发体系，熟练使用飞思卡尔、英飞凌等单片机嵌入	车辆工程、自动化类等	车辆工程、控制科学与工程等	★★★	高级工程师

续表

序号	行业或领域	技术领域	岗位(群)名称	职业分类	岗位(群)职责	岗位任职资格标准	主要学科专业来源 本科专业类	主要学科专业来源 研究生学科	紧缺度(五星为最紧缺)	工程师级别
8	智能网联汽车	自动驾驶	智能驾驶控制器域开发工程师	汽车工程师	1. 负责ADAS产品系统分析与控制策略设计工作;2. 负责ADAS产品的系统DFMEA编写;3. 负责与ADAS系统供应商进行技术交流,了解最新行业技术动态,进行ADAS技术路线和产品开发的规划;4. 负责ADAS功能的创新和开发;5. 负责对公司内部产品中的ADAS产品进行测评、路试等	武设计软件者优先;4. 熟悉ADAS实现方案及系统架构;5. 熟悉常见TCP/IP协议和Socket编程者优先				
9	智能网联汽车	自动驾驶	ADAS系统工程师(ACC、AEB等)	汽车工程师		1. 5年以上汽车相关工作经验,2年以上汽车先进驾驶辅助系统产品开发经验;2. 熟悉汽车产品开发流程,熟悉底盘系统设计,熟悉EPS、ESC、ABS、EBS等底盘系统标校;3. 有智能驾驶系统的架构设计、智能驾驶系统控制算法开发、智慧交通架构设计经验;4. 了解汽车横纵向反馈控制,了解车辆底盘控制、车	自动化类、车辆工程、计算机类等	控制科学与工程、车辆工程、软件工程、计算机科学与技术等	★★★★	高级工程师

附录三 紧缺人才需求目录（研发人员） | 281

续表

序号	行业或领域	技术领域	岗位（群）名称	职业分类	岗位（群）职责	岗位任职资格标准	主要学科专业来源		紧缺度（五星为最紧缺）	工程师级别
							本科专业类	研究生学科		
9	智能网联汽车	自动驾驶	ADAS系统工程师（ACC、AEB等）	汽车工程师		身动力学与运动学； 5. 熟悉系统先进驾驶辅助系统ADAS技术及市场发展趋势，有AEB、ACC、LKA、TJA等ADAS功能开发经验者优先； 6. 有系统匹配计算能力，了解系统主观评价方法； 7. 熟练使用MAT-LAB等软件； 8. 熟悉ADAS相关核心技术，掌握车辆控制算法的基本原理并具备实现算法的能力与嵌入式开发的能力； 9. 熟悉机器人、无人机、人工智能、智能汽车等领域上的应用； 10. 熟悉ADAS法规及标准，EU-NCAP、C-NCAP； 11. 摄像头车用雷达、辅助系统等驾驶产品特性				

续表

序号	行业或领域	技术领域	岗位（群）名称	职业分类	岗位（群）职责	岗位任职资格标准	主要学科专业来源		紧缺度（五星为最紧缺）	工程师级别
							本科专业类	研究生学科		
10	智能网联汽车	自动驾驶	图像及视频处理工程师	汽车工程师	1. 负责模式识别、图像视频分析处理、计算机视觉等技术、算法的前沿性研究，引导室研究员进行产业相关的先进性技术探索；2. 负责学术成果产出和创新技术成果内外部落地	1. 博士学历；2. 3年以上国内外知名科技公司或高校工作经验；3. 具备扎实的模式识别、图像视频处理、图像视频分析、机器视觉、三维重建等方面的理论基础和实践能力，在这些领域有丰富的技术积累和研究经验，有突出的成果产出；4. 有带团队的经验或项目负责人经验，智能学者，有世界顶级会议、期刊论文者，人工智能获奖者优先界顶级赛获奖者优先		计算机等	★★★	高级工程师；首席（总）工程师

附录三 紧缺人才需求目录（研发人员） | 283

续表

序号	行业或领域	技术领域	岗位（群）名称	职业分类	岗位（群）职责	岗位任职资格标准	主要学科专业来源		紧缺度（五星为最紧缺）	工程师级别
							本科专业类	研究生学科		
11	智能网联汽车	自动驾驶	系统测试工程师	汽车工程师	1. 负责FCW、LKA等ADAS相关功能控制策略和控制算法的研发与优化；2. 负责基于车辆动力学的运动控制方案的设计、实施与验证；3. 配合其他工程师完成系统集成和调试工作；4. 负责ADAS相关软件技术的前期追踪和研究	1. 有智能交通、车联网、智能网联汽车、车路协同等领域2年以上工作经验；2. 理解智能网联汽车V2X相关场景并能够进行V2X场景功能开发，熟悉国际和国内主流V2X技术路线及相关标准；3. 熟悉DSRC、LTE-V、4G、5G等无线通信技术中至少一种，具有无线通信产品、GPS产品射频产品开发调试经验；4. 熟悉整体车路协同的整体架构相关问题，具备车路协同产品架构设计和体系搭建的能力	电子信息类、计算机类、电气工程类等	电子科学与技术、信息与通信工程、计算机科学与技术、电气工程等	★★	中级工程师

续表

序号	行业或领域	技术领域	岗位（群）名称	职业分类	岗位（群）职责	岗位任职资格标准	主要学科专业来源（本科专业类）	主要学科专业来源（研究生学科）	紧缺度（五星为最紧缺）	工程师级别
12	智能网联汽车	自动驾驶	地图/定位算法工程师（SLAM, IMU）	汽车工程师	1. 使用多源传感器（包括但不限于视觉与LiDAR）开发基于不同依据的高精度定位模块，用于智能驾驶中分米级别的高精度定位； 2. 使用视觉和LiDAR技术建立以上定位模块使用的高精度地图； 3. 综合使用大规模自动化识、完成多源传感器标定，包括但不限于相机，LiDAR, IMU	1. 5年以上软件开发经验，3年以上地图/定位算法开发经验； 2. 了解常用vS-LAM, VO/VIO 或Li-DAR SLAM 算法，有实际动手或项目经验； 3. 使用多传感器（LiDAR, Camera 等）实现高精度地图，能使用高精地图设计与定位算法； 4. 熟悉 Python, C++，有很强的动手能力； 5. 了解视觉车道的检测算法，并可以使用检测的车道以帮助视觉定位，此为导向为视觉优化的方向检测反馈优化的方向	计算机类，电子信息类，自动化类等	计算机科学与技术，软件工程，电子科学与技术，信息与通信工程，控制工程等	★★★★	高级工程师

续表

序号	行业或领域	技术领域	岗位（群）名称	职业分类	岗位（群）职责	岗位任职资格标准	主要学科专业来源		紧缺度（五星为最紧缺）	工程师级别
							本科专业类	研究生学科		
13	智能网联汽车	自动驾驶	仿真测试工程师	汽车工程师	1. 负责自动驾驶仿真测试技术的跟踪、调研，支持自动驾驶仿真能力的规划、建设；2. 负责跟踪、掌握相关领域的国标、团标及行标，基于标准和市场的需求建设仿真测试体系；3. 负责实验室自动驾驶仿真测试软件、硬件工具购置的调研及可行性论证；4. 负责自动驾驶仿真软硬件工具设备的信息咨询、询价及采购工作；5. 负责设备的技术掌握，完成测试项目及测试环境的开发调试；	1. 本科以上学历，硕士、博士优先；2. 熟悉汽车仿真软件，具备物理建模、仿真、测试及数据分析经验；3. 掌握主流的建模、自动化测试工具语言（如MAT-LAB、Simulink、Python、Control Desk、LabVIEW等）；4. 有主机厂及检测机构工作经验者优先；5. 有优秀的逻辑思维能力和学习能力，有较强抗压能力，乐于分享，自我驱动	车辆工程、计算机类、电子信息类等	车辆工程、计算机科学与技术、电子科学与技术、信息与通信工程等	★★	高级工程师

续表

序号	行业或领域	技术领域	岗位（群）名称	职业分类	岗位（群）职责	岗位任职资格标准	主要学科专业来源 本科专业类	主要学科专业来源 研究生学科	紧缺度（五星为最紧缺）	工程师级别
13	智能网联汽车	自动驾驶	仿真测试工程师	汽车工程师	6. 负责编制自动驾驶仿真测试方案、流程，并在此基础上开发测试脚本、测试用例、测试报告生成工具；7. 负责自动驾驶仿真测试及工程服务项目，基于客户需求完成测试定制，执行，数据分析及项目交付；8. 牵头自动驾驶仿真工具设备的维护、功能扩展和技术升级					
14	智能网联汽车	自动驾驶	智能网联安全工程师（信息安全、功能安全、预期功能安全）	汽车工程师	1. 负责智能网联安全相关的安全需求分析、设计、评价等工作；2. 负责智能网联安全相关的安全需求分析、设计、评价等工作；3. 负责生产产品全生命周期内对产品的系统安全工作进行支持，确保系统安全需求的实现；4. 负责系统安全相关文档输出	1. 5年以上汽车相关上主机厂经验，2年以上一级供应商系统安全相关的设计开发项目经验；2. 熟悉汽车电子电气系统，熟悉汽车嵌入式电子产品架构及嵌入式电子产品开发流程和规范，熟悉Linux、AUTOSAR等常用车载操作系统底层安全知识；	计算机类、电子信息类、自动化类、电气工程类、车辆工程类等	计算机科学与技术、电气工程、软件工程、信息与通信工程、电子科学与技术、控制科学与工程、车辆工程等	★★★★ ★★★	高级工程师

续表

序号	行业或领域	技术领域	岗位（群）名称	职业分类	岗位（群）职责	岗位任职资格标准	主要学科专业来源		紧缺度（五星为最紧缺）	工程师级别
							本科专业类	研究生学科		
14	智能网联汽车	自动驾驶	智能网联系统安全工程师（信息安全、功能安全、预期功能安全）	汽车工程师		3. 熟悉 ISO 26262、GB/T34590、ISO/PAS 21448 等标准，熟练掌握 FEMA、FTA、HAZOP 等验证方法分析及方法； 4. 熟悉智能网联系统路径规划、行为预测、决策等算法；了解智能网联系统架构，SIPA、STMAP、HAZOP 等预期功能安全分析方案； 5. 熟悉常见的漏洞扫描、网络攻击手法及防护方法，熟练掌握主要信息安全分析实践；熟悉车载网络安全的具体实践，如加密芯片、安全启动、ARM TrustZone，总				

续表

序号	行业或领域	技术领域	岗位（群）名称	职业分类	岗位（群）职责	岗位任职资格标准	主要学科专业来源 本科专业类	主要学科专业来源 研究生学科	紧缺度（五星为最紧缺）	工程师级别
14	智能网联汽车	自动驾驶	智能网联安全系统工程师（信息安全、功能安全、预期功能安全）	汽车工程师		线（如 CAN、ETH）与网络（TCP/IP、https）加密通信，防火墙、车载 IDPS 等；6. 有汽车主动安全产品开发经验者优先				
15	智能网联汽车	智能座舱	人工智能算法工程师（深度学习、强化学习等）	汽车工程师	1. 负责深度学习算法框架设计、训练和部署；2. 熟悉 GPU、FPGA 上深度学习算法的实现；3. 熟悉 CUDA、Python、C 等常用语言，深入理解各种深度学习算法架构；4. 熟悉 Deep Learning 算法在嵌入式平台的实现；	1. 有智能驾驶相关图像算法开发经验，相关方向博士优先；2. 精通 C/C++、Python、Pytorch 等语言，能独立进行这些语言的设计与调试；3. 能够学习与设计，能够独立进行算法的开发与实现，能独立进行深度网络模	计算机类，电子信息类，自动化类等	计算机科学与技术、电子科学与技术、信息与通信工程、控制科学与工程等	★★★★	高级工程师

续表

序号	行业或领域	技术领域	岗位(群)名称	职业分类	岗位(群)职责	岗位任职资格标准	主要学科专业来源 本科专业类	主要学科专业来源 研究生学科	紧缺度(五星为最紧缺)	工程师级别
15	智能网联汽车	智能座舱	人工智能算法工程师(深度学习、强化学习等)	汽车工程师	5. 熟悉摄像机标定、三维重建、目标检测等视觉算法；6. 熟悉常用机器学习算法，如强化学习等	型的压缩与嵌入式实现；4. 通晓图像处理算法，熟练掌握OpenCV编程，熟悉常用的机器学习算法；5. 具有坚实的统计分析、矩阵分析、模式识别、数据挖掘、最优化等相关理论基础				
16	智能网联汽车	智能座舱	人工智能软件工程师	汽车工程师	1. 负责软件系统总体方案设计和详细设计，负责系统层、应用层软件架构定义，负责测试方案、系统测试方案；2. 负责AI产品开发，技术难点攻克等；3. 负责代码配置管理、移植及整合；	1. 3年以上工作经验；2. 有监督和无监督机器学习算法和现代人工神经网络控制经验，如CNN、RNN、LSTM或GAN4，拥有深度学习开发库或框架开发的先前经验；	计算机类、电子信息类等	计算机科学与技术、软件工程、电子科学与技术、信息与通信工程等	★★★	高级工程师

续表

序号	行业或领域	技术领域	岗位（群）名称	职业分类	岗位（群）职责	岗位任职资格标准	主要学科专业来源 本科专业类	主要学科专业来源 研究生学科	紧缺度（五星为最紧缺）	工程师级别
16	智能网联汽车	智能座舱	人工智能软件工程师	汽车工程师	4. 负责软件系统需求分解和集成调试组织；5. 负责产品整体软件性能提升及架构优化；6. 跟踪业界最新进展，了解新技术突破情况	3. 精通 Python、GO、R、Scala、LISP、JavaScript 或 Java 中的至少一种编程语言。4. 熟悉图像分析（计算机视觉）、机器学习、深度学习、自然语言处理、大规模分布式计算				
17	智能网联汽车	智能座舱	智能座舱系统工程师	汽车工程师	1. 负责智能驾驶技术平台开发及技术路线规划；2. 负责智能驾驶中短期及长期技术发展规划；3. 负责智能驾驶全生命周期内的技术规划、技术的研究、开发及维扩；4. 负责智能驾驶新技术的研究、应用；5. 负责各车型开发项目智能驾驶系统制跟踪、记录，改进试制试验及试制	1. 针对智能网联领域中开发设计复杂的具有前瞻性、将来性的课题，立足现状为改革目标，以运用具有一定高度广泛的专业性技术独自或作为团队核心进行课题的调查、研究、立案、协调并最终使之实现；	车辆工程、计算机类、电子信息类、自动化类等	车辆工程、电子科学与技术、信息与通信工程、计算机科学与技术、控制科学与工程等	★★★★	领军人才

附录三 紧缺人才需求目录（研发人员） | 291

续表

序号	行业或领域	技术领域	岗位（群）名称	职业分类	岗位（群）职责	岗位任职资格标准	主要学科专业来源		紧缺度（五星为最紧缺）	工程师级别
							本科专业类	研究生学科		
17	智能网联汽车	智能座舱	智能座舱系统工程师	汽车工程师	装车技术指导，对整车及样件试制出现的各类设计问题进行处理；6. 负责智能和质量改关课题实施；7. 负责智能驾驶竞品分析；8. 负责智能驾驶的开发设计、改进、技术提升、性能标定优化工作	2. 能够策划并实施品质改善、技术降成本，参与公司全业务数字化转型；3. 能够根据管理要求的提升，组织推进新课题实施、实现；4. 能够对部门工作、岗位建议，改善建议，配合部门领导的相关管理工作；5. 能够对技术标准、规范论文审核，能够进行专业技术领域发明专利的申报				

续表

序号	行业或领域	技术领域	岗位（群）名称	职业分类	岗位（群）职责	岗位任职资格标准	主要学科专业来源 本科专业类	主要学科专业来源 研究生学科	紧缺度（五星为最紧缺）	工程师级别
18	智能网联汽车	智能座舱	智能座舱产品开发工程师	汽车工程师	1. 熟悉智能座舱产品（仪表、显示屏、多媒体主机、扬声器、天线）的开发流程；2. 参与智能座舱产品技术路线规划，主导编制开发需求规范，测试性能指标、测试用例；3. 负责整个开发周期的项目日程计划管控和推进，产品性能保证及开发过程中的问题解决；4. 负责车载 CAN 通信、车载以太网通信、UDS 诊断的协议编制；5. 负责本产品售后问题的原因分析及整改对策导入，负责产品功能、质量持续提升方案策划，再发防止等工作；6. 熟悉本岗位所承担零部件的设计标准和相关法规的要求，对全球化法规有充分的认证经验	1. 有主机厂 5 年以上工作经验或具有 8 年及以上 OEM 车载多媒体或车联网相关领域开发经验；2. 本科及以上学历；3. 熟悉整车或系统开发流程、设计规范、性能指标；4. 熟悉新能源汽车整车或系统技术标准、企业技术标准；5. 熟悉 C/C++/Java 软件开发工程，掌握常用软件开发手段和调试手段；熟悉常见操作系统如 QNX、Linux、Android 等；6. 有责任心、工作踏实，积极认真，团队协作意识强，沟通协调能力强	数学类、计算机类、电子信息类等	数学类、电子科学与技术类、信息与通信工程、计算机科学与技术、控制科学与工程、软件工程、电气工程等	★★★★	高级工程师

续表

序号	行业或领域	技术领域	岗位（群）名称	职业分类	岗位（群）职责	岗位任职资格标准	主要学科专业来源		紧缺度（五星为最紧缺）	工程师级别
							本科专业类	研究生学科		
19	智能网联汽车	智能座舱	智能座舱软件测试工程师	汽车工程师	1. 开发并执行智能座舱软件的测试计划，包括功能、性能、稳定性和兼容性测试；2. 根据需求编写测试用例，设计测试数据，并进行手动和自动化测试；3. 分析测试结果，准确定位并报告软件缺陷，跟踪问题的解决进度；4. 制定测试策略，不断优化测试流程，提高测试效率和覆盖率；5. 负责设计和维护自动化测试脚本，利用工具如 Selenium、Appium 等；6. 与开发团队密切合作，协助复现和解决问题，确保缺陷得到及时修复；	1. 本科及以上学历；2. 在智能座舱软件测试领域拥有 5 年以上工作经验，有汽车 HIL 测试、性能测试、压力测试经验；3. 熟悉测试方法和工具，有自动化测试经验；4. 具备软件开发基础，能够理解代码逻辑并进行代码审查；5. 熟悉测试管理工具，如 JIRA、TestRail 等，能够进行测试计划和缺陷跟踪；6. 有良好的问题	计算机类、电子信息类、自动化类等	计算机科学与技术、电子科学与技术、信息与通信工程、控制科学与工程	★★★★	高级工程师

续表

序号	行业或领域	技术领域	岗位（群）名称	职业分类	岗位（群）职责	岗位任职资格标准	主要学科专业来源 本科专业类	主要学科专业来源 研究生学科	紧缺度（五星为最紧缺）	工程师级别
19	智能网联汽车	智能座舱	智能座舱软件测试工程师	汽车工程师	7. 跟踪软件开发周期，确保测试与开发同步进行，保证高质量交付；8. 参与软件需求讨论和评审，确保测试需求被充分考虑	解决能力和分析能力，能够快速定位问题的根本原因；7. 有强大的沟通能力和团队合作精神，能够与多个部门合作解决问题；8. 对汽车科技和智能座舱技术有基本了解，熟悉汽车CAN总线、汽车诊断工具者优先考虑				
20	智能网联汽车	智能座舱	BSP工程师	汽车工程师	1. 负责Linux内核模块及驱动模块开发，Linux交叉编译环境配置；2. 负责BootLoad移植及系统启动工作，配合硬件工程师进行硬件调试；3. 负责驱动及系统方面故障定位，协助软件	1. 本科及以上学历；2. 英语四级以上，能阅读理解英文技术文档；3. 3年及以上Linux BSP开发经验，熟悉Linux 操作系统、ARM体系架构，常见总线驱动（UART、I2C、SPI、CAN等）；	计算机类、电子信息类等	计算机科学与技术、信息与通信工程、电子科学与技术等	★★★	中级工程师；高级工程师

续表

序号	行业或领域	技术领域	岗位(群)名称	职业分类	岗位(群)职责	岗位任职资格标准	主要学科专业来源		紧缺度(五星为最紧缺)	工程师级别
							本科专业类	研究生学科		
20	智能网联汽车	智能座舱	BSP工程师	汽车工程师	应用开发工程师定位系统及平台方面问题; 4. 负责MCU软件开发	4. 掌握C语言,具有良好编程风格,掌握GCC、Shell、Make等开发工具; 5. 具有一定硬件基础知识,能看懂原理图和Datasheet,能熟练使用示波器和万用表; 6. 有Camera、Ethernet开发经验者优先;有MCU开发经验者优先; 7. 具有较强的沟通能力和解决问题能力,工作态度积极主动,有团队合作精神				

续表

序号	行业或领域	技术领域	岗位(群)名称	职业分类	岗位(群)职责	岗位任职资格标准	主要学科专业来源 本科专业类	主要学科专业来源 研究生学科	紧缺度(五星为最紧缺)	工程师级别
21	智能网联汽车	车联网	大数据平台架构师	汽车工程师	1. 负责大数据平台框架的规划设计、搭建、优化和运维; 2. 负责架构及支持续迭代开发,协助团队解决开发过程中的技术难题; 3. 负责大数据相关技术的调研,关注大数据技术发展趋势,研究开源技术,将新技术应用到大数据平台,推动大数据平台发展	1. 从事车联网通信及大数据领域工作2年以上,熟悉车联网综合应用、技术原理、数据模型设计方法论等; 2. 具有通信数据分析、数据挖掘方向经验的优先考虑; 3. 熟悉Linux系统环境,对车联网通信及应用场景有深入理解; 4. 了解Cloudera Manager大数据平台架构,了解CDH、HDFS、Hive、HBase、Impala、Spark、Storm、YARN等Hadoop相关工具; 5. 了解Hive、HDFS、Hbase基本操作,熟练掌握MySQL数据库Oracle的操作,熟悉PL SQL语言	计算机类、电子信息类等	计算机科学与技术、信息与通信工程、电子科学与技术等	★★★★	高级工程师

附录三 紧缺人才需求目录（研发人员） | 297

续表

序号	行业或领域	技术领域	岗位（群）名称	职业分类	岗位（群）职责	岗位任职资格标准	主要学科专业来源 本科专业类	主要学科专业来源 研究生学科	紧缺度（五星为最紧缺）	工程师级别
22	智能网联汽车	车联网	电子电气架构工程师	汽车工程师	1. 根据整车功能定义、法规和设计需求，制定混动系统电子电气功能定义； 2. 根据混动系统功能定义，完成混动系统功能分配； 3. 根据需求定义，完成混动系统各系统功能需求分流向规划； 4. 与混动部各系统工程师完成功能开发方案及需求确认； 5. 与智能化部完成总线拓扑平台规划； 6. 与电子电气架构完成混动系统低压电气接口及整车匹配设计	1. 本科及以上学历； 2. 2年以上电子电气工作经验，熟悉架构机、车联网、等信息安全设计，有车联网开发经验优先； 3. 对整车电子电气系统架构、功能分配、策略定义、信息安全、能源分配及管理等相关专业界技术水平都有深入了解； 4. 熟悉车载网络架构和各种车载通信协议； 5. 熟悉电子电气相关法规知识，熟悉电子电气开发流程； 6. 具备智能驾驶、智能互联等新型的技术关键系统的技术趋势分析、架构方案设计及系统需求制定能力	信息类、电气工程类、车辆工程等	电子科学与技术、信息通信工程、电气工程、车辆工程等	★★★★	高级工程师

续表

序号	行业或领域	技术领域	岗位（群）名称	职业分类	岗位（群）职责	岗位任职资格标准	主要学科专业来源 本科专业类	主要学科专业来源 研究生学科	紧缺度（五星为最紧缺）	工程师级别
23	智能网联汽车	车联网	大数据挖掘工程师	汽车工程师	1. 基于业务需求，针对典型业务主题策划优化方案，同步应用统计建模、数据挖掘、机器学习等方法，建立数学模型与算法，对产品开发或业务流程进行优化实施； 2. 负责数据的分类、估值、预测，制定关联规则； 3. 负责数据整合与分析模型的建立，优化以及跟进； 4. 支持业务团队对重要或典型业务场景的研与需求挖掘； 5. 负责调研数据分析和数据挖掘领域的最新技术成果，针对企业业务新增写已有业务价值新创进行可行性分析	1. 本科及以上学历； 2. 具有数据相关项目开发经验； 3. 掌握常用的数据挖掘算法，包括但不限于决策树、逻辑回归、支持向量机、神经网络等； 4. 熟练掌握大数据技术，包括但不限于 Hadoop 相关技术 HDFS、Mapreduce、HBASE、Hive、Spark 等； 5. 掌握 Java、Python 语言之一，并具备应用经验； 6. 具有汽车及制造领域相关信息检索、机器学习、自然语言处理经验者优先； 7. 对云计算、大数据，特别是分布	计算机类、自动化类、数学类、电子信息类等	计算机科学与技术、控制科学与工程、数学、电子科学与技术、信息与通信工程等	★★★★	高级工程师

附录三 紧缺人才需求目录（研发人员） | 299

续表

序号	行业或领域	技术领域	岗位（群）名称	职业分类	岗位（群）职责	岗位任职资格标准	主要学科专业来源（本科专业类）	主要学科专业来源（研究生学科）	紧缺度（五星为最紧缺）	工程师级别
23	智能网联汽车	车联网	大数据挖掘工程师	汽车工程师		式计算和基于分布式的数据分析等有强烈的应用兴趣；8. 具有团队协作精神，能深入业务流程挖掘业务需求				
24	智能网联汽车	车联网	云平台架构工程师	汽车工程师	1. 调研跟进云计算、物联网等ICT技术发展，分析智能网联汽车下的应用场景，解决方案和技术路线；2. 参与系统架构设计、信息系统架构设计，分析分布式数据服务在智能网联汽车和智能交通系统中的应用方案，设计边缘计算、数据和基础功能架构；3. 结合信息系统架构设计开展新产品规划、设计和基础POC预研；4. 负责信息系统架构相关技术研究，满足电子系统应用需求	1. 硕士研究生及以上学历；2. 3年以上云平台、物联网、协同控制系统相关工作经验；3. 熟悉边缘计算、ROS系统、物联网技术架构和安全渗透		计算机科学与技术、软件工程等	★★★★	高级工程师

续表

序号	行业或领域	技术领域	岗位（群）名称	职业分类	岗位（群）职责	岗位任职资格标准	主要学科专业来源 本科专业类	主要学科专业来源 研究生学科	紧缺度（五星为最紧缺）	工程师级别
25	智能网联汽车	车联网	车联网系统工程师	汽车工程师	1. 负责公司内部ADAS相关算法的预研、实现、调优以及产品化，主要包括：负责FCW、LKA等ADAS相关功能控制策略和控制算法的研发与优化； 2. 负责基于车辆动力学的运动控制技术方案的设计、实施与验证； 3. 配合其他工程师完成系统集成和调试工作； 4. 负责ADAS相关软件技术的前期追踪和研究	1. 有智能交通、车联网、车路协同等领域汽车2年以上工作经验； 2. 理解智能网联汽车V2X相关场景并能够进行V2X场景功能开发，熟悉国际和国内主流V2X技术路线及相关标准； 3. 熟悉DSRC、LTE-V、4G、5G等无线通信技术中至少一种，具有无线通信产品、GPS产品等射频产品开发调试经验； 4. 熟悉整车架构和相同的关键问题，具备车路协同的产品架构设计和体系搭建能力	电子信息类、计算机类、电气工程类等	电子科学与技术、信息与通信工程、计算机科学与技术、电气工程等	★★★★	高级工程师

续表

序号	行业或领域	技术领域	岗位（群）名称	职业分类	岗位（群）职责	岗位任职资格标准	主要学科专业来源		紧缺度（五星为最紧缺）	工程师级别
							本科专业类	研究生学科		
26	智能网联汽车	车联网	App开发工程师（功能应用软件）	汽车工程师	1. 负责手机App控车类功能开发； 2. 负责梳理手机端、TSP云端、营销、售后、大数据等关联服务器的架构，定义端到端的业务流程，定义业务流程，定义端到端的接口； 3. 负责SDK、工程版App与车联网云端TSP，App与账号管理等IT系统、与车内TCAM、DHU等零部件的联调与测试； 4. 负责SOP之后的SDK、工程版App的迭代，控车类功能的迭代，牵头新车控车类功能的开发； 5. 负责处理SOP之后App运营中所产生的变更需求、升级需求	1. 5年以上车联网平台开发相关经验； 2. 熟悉主流车厂的车联网开发流程； 3. 具备一个以上完整车联网项目中手机App开发经验	计算机类等	计算机科学与技术、软件工程等	★★★★	高级工程师

续表

序号	行业或领域	技术领域	岗位（群）名称	职业分类	岗位（群）职责	岗位任职资格标准	主要学科专业来源 本科专业类	主要学科专业来源 研究生学科	紧缺度（五星为最紧缺）	工程师级别
27	智能网联汽车	车联网	OTA需求开发工程师	汽车工程师	1. 协助制定OTA平台整体解决方案；2. 跟踪产品新技术、市场流行趋势新方向；行标/国标解读，深入用户使用场景，挖掘新的用户需求痛点，协助推动产品持续创新及优化；3. 负责车型项目OTA开发协调相关人员完成产品的开发、测试和完善；4. 根据工作目标和要求，提出OTA开发流程优化建议；5. 负责功能开发需求的设计、系统定义编制；6. 负责系统设计执行成果及问题总结，系统设计优化。	1. 4年以上工作经验，2年以上从事OTA功能、OTA平台、终端、网关、安卓操作系统、Linux操作系统的开发经验，或嵌入式控制器刷写工具等相关工作经验；2. 具备可解决本岗位关键业务问题的基本能力；具备整车OTA开发经验	电子信息类、计算机类、车辆工程、自动化类等	电子科学技术、信息与通信工程、计算机科学与技术、车辆工程、控制科学与工程等	★★★★	高级工程师

附录三 紧缺人才需求目录（研发人员） | 303

续表

序号	行业或领域	技术领域	岗位（群）名称	职业分类	岗位（群）职责	岗位任职资格标准	主要学科专业来源 本科专业类	主要学科专业来源 研究生学科	紧缺度（五星为最紧缺）	工程师级别
27	智能网联汽车	车联网	OTA需求开发工程师	汽车工程师	7. 按照项目整车及OTA功能架构、整车唤醒休眠、网络通信机制等，独立完成OTA功能模块、升级策略适配开发；8. 按照项目新需求，独立适配调整云端与云端、云端与车端、车端内部通信协议接口					
28	智能网联汽车	车联网	车联网C++开发工程师	汽车工程师	1. 负责车联网相关模块的需求分析和评审；2. 基于ARM平台，独立进行子模块的代码设计、编写、调试与验证；3. 负责车联网系统的应用层、中间件软件的设计与开发；4. 与产品、系统等跨	1. 本科及以上学历；2. 3年以上嵌入式软件开发经验；3. 熟练掌握C++语言程序开发，熟悉至少一种处理器架构；4. 熟悉Linux系统架构和开发；	计算机类、电子信息类等	计算机科学与技术、电子科学与技术、信息与通信工程等	★★★★	中级工程师；高级工程师

续表

序号	行业或领域	技术领域	岗位（群）名称	职业分类	岗位（群）职责	岗位任职资格标准	主要学科专业来源 本科专业类	主要学科专业来源 研究生学科	紧缺度（五星为最紧缺）	工程师级别
28	智能网联汽车	车联网	车联网C++开发工程师	汽车工程师	5. 根据测试定位分析并解决；6. 按照项目要求完成对应功能的设计文档，软件开发和交付；7. 参与团队内成员经验交流与分享	5. 责任心强，具有良好的沟通能力和团队精神；6. 有车联网系统开发经验者优先				
29	智能网联汽车	车联网	车联网测试工程师	汽车工程师	1. 负责车联网协议测试规范的制定及测试实施；2. 负责现场车控制器、集成系统和实车测试工作；3. 负责与客户沟通测试结果并分析原因；4. 负责车联网测试开发工作；5. 负责测试用例及脚本代码的开发	1. 本科及以上学历；2. 熟练掌握车内CAN、LIN、Ethernet总线协议，对OSEK及UDS诊断协议有一定的了解；3. 了解车联网相关协议者优先；4. 熟悉Vector工具链者优先；	计算机类、电子信息类等	计算机科学与技术、电子科学与技术、信息与通信工程等	★★★	中级工程师

续表

序号	行业或领域	技术领域	岗位（群）名称	职业分类	岗位（群）职责	岗位任职资格标准	主要学科专业来源 本科专业类	主要学科专业来源 研究生学科	紧缺度（五星为最紧缺）	工程师级别
29	智能网联汽车	车联网	车联网测试工程师	汽车工程师		5. 对整车功能及控制器功能逻辑有一定了解者优先； 6. 有汽车相关控制器开发及测试项目经验者优先； 7. 熟悉C/C++语言，了解LabVIEW、MATLAB、VTD、DYNA4等工具； 8. 具备良好的沟通和协调能力，良好的英语阅读及翻译能力				

附录四 紧缺人才需求目录（技能人员）

行业或领域	岗位（群）名称	职业分类	岗位（群）职责	岗位任职资格标准	主要学科（专业）来源	紧缺度
新能源整车制造	装配与调试	汽车装调工	依据安全操作流程和装配工艺规范，使用专用拆装工具完成新能源汽车整车、动力电池、驱动电机总成和底盘系统和电气系统、机械零部件等的装配和调试	知识： 1. 汽车基本原理； 2. 新能源汽车构造与工作原理； 3. 电子电气基础知识； 4. 新能源汽车用高压电安全防护基础知识； 5. 新能源汽车动力电池系统和充电系统基本结构与原理。 技能： 1. 新能源汽车电路图、电气图、机械图识图能力； 2. 新能源汽车常用装配调试工具使用能力； 3. 合理选用新能源汽车常用材料能力； 4. 新能源汽车高压电安全操作防护技能； 5. 新能源汽车整车、总成、零部件规范装、检测和调试技能 6. 动力电池充电与更换操作技能； 7. 车辆数据分析技能 经验： 不限，具有低压电工特种作业操作证	高职专科、中职专科学历；汽车制造类、机械设计制造类、机电设备制造类相关专业	★★★★★

续表

行业或领域	岗位（群）名称	职业分类	岗位（群）职责	岗位任职资格标准	主要学科（专业）来源	紧缺度
新能源整车制造	焊装生产线操作工	生产线操作工	依据生产作业指导书，按照流程安全操作设备，操作生产线，完成车辆焊装生产加工任务	知识： 1. 电气基本知识； 2. 焊接基本知识； 3. 新能源汽车构造与基本原理； 技能： 1. 读懂工艺卡、作业指导书，理解流程作业单和工作要求的能力； 2. 焊装设备操作能力； 3. 焊点质量检查以及自车身调整能力； 4. 新能源汽车生产加工设备规范操作能力； 5. 新能源汽车用高压电安全防护技能； 6. 新能源汽车整车及主要部件拆装技能等； 经验： 半年以上相关工作经验	高职专科、中职专科；汽车制造类、新能源汽车制造类、自动化类相关专业方向	★★★
新能源整车制造	设备维修工	机电设备维修工	维护并保障机电设备的正常运营，解决机电设备的各类故障	知识： 1. 掌握机电设备的基本构造和工作原理； 2. 电工电子基础知识； 3. 机械基础理论知识； 4. 用电安全防护知识； 技能： 1. 电路图、机械结构识图能力； 2. 掌握PLC编程； 3. 高压电安全防护技能；	高职专科、中职专科；机电设备技术、机电一体化技术、智能设备运行与维护、机电技术应用等相关专业方向	★★★

续表

行业或领域	岗位（群）名称	职业分类	岗位（群）职责	岗位任职资格标准	主要学科（专业）来源	紧缺度
新能源整车制造	设备维修工	机电设备维修工		4. 机电设备故障诊断技能； 5. 设备常规保养、易损件更换技能 经验： 1年以上相关经验；具有低压电工特种作业操作证		
新能源汽车零部件制造	电池制造工	电池制造工	使用涂布机、绝缘电阻表、充放电设备和仪器，制造电池负极、正极、隔膜、电解液及辅助组件；组装、测试电池和超级电容器	知识： 1. 电路原理、电子元器件等电子基础知识； 2. 酸碱中和、电化学反应等基本化学知识； 3. 电池基本结构与设计知识； 4. 储能材料基础知识； 5. 电池性能检测流程、检测标准、技术要求等 技能： 1. 使用设备和仪器制作电极、电芯等组件的能力； 2. 使用设备将电极、隔膜、电芯、电解液等组件组装成动力电池的技能； 3. 掌握电池安全性能的诊断技能； 4. 使用相关软件对电池放电电流、电压等性能进行测试的技能 经验： 1年以上电池生产制造相关从业经验	高职本科、高职专科； 新能源汽车工程技术、新能源汽车技术、储能材料工程技术等相关专业方向	★★★

续表

行业或领域	岗位（群）名称	职业分类	岗位（群）职责	岗位任职资格标准	主要学科（专业）来源	紧缺度
新能源整车制造	智能辅助驾驶测试员	汽车检测工	对车辆的智能驾驶功能进行实车测试，解决一些简单的问题，协助工程师发现软硬件缺陷	知识： 1. 汽车机械基础、汽车构造、机械制图等基础知识； 2. 汽车电工电子技术、单片机技术应用知识； 3. C语言程序设计等基础算法知识； 4. 智能网联汽车概论、汽车网络通信等基础理论知识； 技能： 1. 具备传感器标定技能； 2. 掌握智能网联汽车整车和系统（部件）试验、测试技能； 3. 具有搭建整车测试场景、记录和分析测试数据的能力； 经验： 1年以上相关工作经验	高职本科、中职专科；高职专科；智能网联汽车工程技术、新能源汽车技术、智能网联汽车技术、信息技术等相关专业方向	★★

附录五 技能人员主要岗位目录及任职资格标准

行业或领域	岗位（群）	职业分类	岗位群职责	主要学科专业来源	学历	技能	经验
新能源整车制造	试制试验与试验	检验试验人员	1. 依据国家标准，使用专用测试设备、仪器与软件，完成车辆、总成性能测试，反馈数据记录，配与数据跟踪、参数匹配反馈和跟踪； 2. 制定整车试验方案，搭建测试系统，分析测试数据等	汽车制造类、机械设计制造类、机电设备类等相关专业方向	高职专科及以上学历	1. 汽车电路图、电气图识读及应用能力； 2. 新能源汽车测试台架、常用工量具规范使用能力； 3. 使用相关软件设计整车试验方案能力； 4. 搭建测试系统能力； 5. 新能源汽车高压电安全防护技能； 6. 新能源整车及零部件性能测试技能； 7. 智能网联车辆仿真测试、道路测试技能； 8. 使用测试软件，统计和分析数据的能力	3年以上相关工作经验

续表

行业或领域	岗位（群）	职业分类	岗位群职责	主要学科专业来源	学历	技能	经验
	工艺与开发管理	其他汽车制造人员	1. 策划整车生产线方案；2. 编制整车冲压、总装等生产工艺流程；3. 编制生产质量检验指导书、生产检验标准等	新能源汽车、汽车制造类、机械设计制造类等相关专业方向	高职专科及以上学历	1. 使用相关软件进行工艺设计、方案设计的技能；2. 使用机械设计软件、设计制作工装的技能；3. 过程监控，解决现场技术问题的能力等	3年以上相关工作经验
新能源整车制造	生产线操作	汽车生产线操作工	依据生产作业指导书，按照安全操作流程，操作生产设备，完成车辆涂装、焊装、冲压、机加等生产加工任务	新能源汽车、汽车制造类、自动化类、机电设备类等相关专业方向	高职专科，中职专科	1. 新能源汽车电路图识图能力；2. 读懂工艺卡、作业指导书，理解流程作业单和工作要求的能力；3. 新能源汽车生产加工设备规范操作能力；4. 新能源汽车用高压电安全防护技能；5. 新能源汽车整车及主要部件拆装技能等	具有低压电工特种作业操作证

续表

行业或领域	岗位（群）	职业分类	岗位群职责	主要学科专业来源	学历	技能	经验
新能源整车制造	装调	汽车装调工	依据安全操作流程和装配工艺规范，使用专用装配工具完成新能源汽车整车、动力电池、驱动电机总成、电机控制器总成、底盘系统、电气系统、机械零部件等的装配和调试	新能源汽车、汽车制造类、机械设计制造类、机电设备等类专业方向	高职专科、中职专科	1. 新能源汽车电路图、电气图、机械图识图能力；2. 新能源汽车常用装配调试工具使用能力；3. 合理选用新能源汽车常用材料能力；4. 新能源汽车高压电安全操作防护技能；5. 新能源汽车整车、总成、零部件规范拆装、检测调试技能；6. 动力电池充电与更换操作技能；7. 车辆数据分析能力	1年以上新能源汽车相关工作经验
	质检	质检员	1. 新能源汽车零部件来料检测；2. 新能源汽车制造和装配过程检测；3. 依产品质量标准，进行下线新车外观、安全、综合性能检测及各系统工作状态反馈；4. 质量数据检测；5. 返修检测；6. 进行产品质量改进与改善	汽车制造类、机电设备等类专业方向	中职专科及以上学历	1. 新能源汽车电路图、机械图识图能力；2. 新能源汽车常用检测设备、工量具规范使用及维护能力；3. 新能源汽车四大工艺和零部件质量检测和诊断技能；4. 新能源汽车电路及其元器件检测和故障诊断技能；5. 智能网联和智能座舱环境感知系统检测诊断技能；6. 应用相关软件进行新能源汽车故障码和数据流分析技能等	1年以上新能源汽车相关工作经验

续表

行业或领域	岗位（群）	职业分类	岗位群职责	主要学科专业来源	学历	技能	经验
新能源整车制造	返修	其他汽车制造人员	针对下线检测不合格车辆进行修复	汽车制造类、机械类、计算机类、电子信息类等相关专业方向	高职专科及以上学历	1. 新能源汽车常用维修设备、工具使用能力； 2. PLC故障诊断能力； 3. 基本软件编程能力； 4. 新能源汽车用高压电安全防护技能； 5. 新能源汽车驱动电机及控制系统、车身电气系统、动力电池系统、底盘系统、空调与舒适系统、充电系统拆装及检修； 6. 混合动力系统检修技能； 7. 电动汽车CAN总线检测技能； 8. 车载网络维护技能	1. 2年以上相关工作经验； 2. 具有低压电工特种作业操作证、驾驶证
	生产现场管理	其他生产辅助人员	1. 生产现场工艺指导； 2. 生产现场安全管理； 3. 生产现场设备维护及故障维修； 4. 生产现场技术问题排除； 5. 生产班组管理等计划、组织、协调、控制工作	汽车制造类、机电设备类、机械设计制造类、安全类、新能源汽车等相关专业方向	高职专科及以上学历	1. 生产现场班组管理能力； 2. 生产设备维护及故障维修能力； 3. 生产现场危险源识别及安全处置能力； 4. 生产现场技术问题排除能力	3年以上相关工作经验

续表

行业或领域	岗位（群）	职业分类	岗位群职责	主要学科专业来源	学历	技能	经验
新能源汽车整车制造	充电设施设备安装、运维	机电设备修理人员	1. 充电设施设备安装与调试；2. 充电设施设备日常监控与维护管理；3. 充电桩安全操作培训和指导	电力技术类、自动化类、机电设备类等相关专业方向	高职专科及以上学历	1. 电路分析和设计能力；2. 充电设施设备规范装调、质检常用工具和仪器规范操作能力；3. 高压电安全防护技能；4. 充电设施设备安装调试技能；5. 充电设施设备质检及维护技能等	1. 2年以上相关工作经验；2. 具有低压电工特种作业操作证、钳工证
汽车修理与维护	售后服务接待	汽车维修技术服务人员	1. 完成车辆从维修预约到结算交车安全流程的服务工作；2. 依据汽车安全操作规范，使用新能源汽车常见检测设备，进行整车基础检查；3. 依据安全操作流程和技术标准、工艺指导书，使用专用工具完成整车及零部件功能检查，进行故障初步诊断	道路运输类或新能源汽车等相关专业方向	中职专科、高职专科	1. 新能源汽车电路图、电气图、机械结构图识图能力；2. 新能源汽车常用检测维修设备、工具规范操作能力；3. 车用高压电安全防护技能；4. 新能源汽车常见故障检查诊断技能；5. 新能源汽车常规保养、易损件更换技能；6. 乘用车驾驶技能；7. 计算机及Office办公软件使用能力等	1. 1年以上新能源汽车服务经验；2. 具有低压电工特种作业操作证

续表

行业或领域	岗位(群)	职业分类	岗位群职责	主要学科专业来源	学历	技能	经验
汽车修理与维护	机电维修	汽车维修工	1. 依据维修手册和安全操作规范，正确使用新能源汽车常用工具设备，对新能源汽车底盘系统、车身电气系统、驱动电机及控制系统、动力电池及管理系统、空调系统等部件进行拆装、检测以及故障诊断和修复更换；2. 车用程序与软件升级	道路运输类、机电类、新能源汽车等相关专业方向	中职、高职专科、专科学历	1. 电路图、电气图、机械结构图识图能力；2. 常用检测维修设备、工具规范操作能力；3. 车用高压电安全防护技能；4. 车用高压电系统上电、断电、验电能力；5. 新能源汽车线束拆装、清理、检查能力；6. 高压电驱动及控制系统、车身电气系统、动力电池系统、底盘系统、充电系统、空调与舒适系统的拆装、检测与诊断维修技能；7. 智能网络维护技能；8. 车载能系统检测、调试与软件更新技能	1. 3年以上汽车相关工作经验；2. 具有国家低压电维修资质，驾驶证
	钣金维修	汽车维修工	依照客户需求或车辆故障情况，按照车辆维修工艺对车身开展整形修复工作	不限	技校或中职	1. 专用设备与工具规范使用能力；2. 车用高压电安全防护等技能；3. 钣金工艺技能；4. 密封胶涂胶技能	1年以上汽车相关工作经验

续表

行业或领域	岗位（群）	职业分类	岗位群职责	主要学科专业来源	学历	技能	经验
汽车修理与维护	喷涂维修	汽车维修工	依照客户需求或车辆故障情况，按照维修工艺对车身开展涂装修复	不限	技校或中职	1. 专用设备与工具规范使用能力； 2. 车用高压电安全防护技能； 3. 喷涂工艺技能； 4. 密封胶涂装技能	不限
	维修质检	质检员	1. 汽车零部件来料检测、制造和装配过程检测、下线新车外观、安全、性能检测，各系统工作状况和质量数据记录反馈； 2. 依据产品质量标准，进行综合性质量检测，提报、跟进质量问题； 3. 进行产品质量改进与改善	汽车制造类、机电设备等相关类专业方向	中职专科及以上学历	1. 新能源汽车电路图、电气图、机械结构图识图能力及机械制图能力； 2. 新能源汽车检验设备、测量工具规范使用与维护能力； 3. 车用高压电安全防护技能； 4. 维修工艺和零部件质量检验技能； 5. 新能源汽车电路系统、智能座舱、智能传感器、计算平台、智能座舱系统检测技能； 6. 新能源汽车故障码和数据流分析技能	1年以上新能源汽车相关工作经验
	美容装饰	其他修理及制作服务人员	新能源汽车美容、装饰、改装等	汽车制造类等相关专业方向	中职专科	1. 车用高压电安全防护技能； 2. 新能源汽车美容装饰装修改装项目的产品选用、材料选择、设备操作及任务实施能力； 3. 分析理解设计方案和编制新能源汽车美容装饰初级方案的能力	不限

续表

行业或领域	岗位（群）	职业分类	岗位群职责	主要学科专业来源	学历	技能	经验
汽车修理与维护	配件管理	采购员、仓储管理员	1. 新能源汽车零配件采购计划及供应管理； 2. 配件仓库管理； 3. 配件索赔	汽车制造类等相关专业方向	高职专科及以上	1. 新能源汽车零配件识别能力； 2. 提供配件相关技术问题咨询能力； 3. 汽车零配件仓储管理软件应用能力； 4. 数据统计、维护及管理能力	3年以上相关工作经验
汽车修理与维护	动力电池回收	汽车回收拆解工	1. 动力电池余能检测； 2. 动力电池均衡管理及维护； 3. 动力电池回收拆装	自动化类、机械设计制造类等方向	中职专科、高职专科	1. 动力电池余能检测技能； 2. 动力电池管理及维护技能； 3. 动力电池回收拆装技能	至少3年相关工作经验
汽车销售与服务	销售	销售人员	1. 向用户讲解新能源汽车，完成车辆销售； 2. 新能源汽车市场数据收集、处理、分析； 3. 开发潜在客户及客户关系维护	汽车营销类、新能源汽车制造相关专业等方向	中职及以上	1. 新能源汽车结构特性讲解技能； 2. 高水平的试乘试驾技能； 3. 车辆智能网络监控、诊断、维护技能； 4. 新媒体营销与自媒体制作能力； 5. 新能源汽车营销方案策划能力； 6. 车辆市场数据搜集、处理、分析能力	不限
汽车销售与服务	技术支持	汽车工程技术人员	1. 协助销售提供产品定制化服务和客户技术咨询； 2. 指导售后维修解决方案； 3. 对索赔进行技术判定	汽车制造类、机械设计制造类等相关专业方向	职业本科及以上	1. 新能源汽车整车、总成、零部件的产品设计、性能测试、工艺设计、装配调试、质量控制、相关软件应用、设备改造、生产管理、故障检修能力； 2. 相关软件应用、设备改造、生产管理、故障检修能力	3年以上相关工作经验

附录六 参与调研企业名录

产业链上游	代表性企业	产业链中游	代表性企业	产业链下游	代表性企业
动力蓄电池	宁德时代、弗迪动力、亿纬锂能、蜂巢能源、中创新航、孚能科技、安徽巨一、广州巨湾技研、清陶（昆山）能源、卫蓝新能源、国轩电池、力神电池、利源精制、江苏正力新能电池、蓝合动力	整车制造	一汽集团、东风汽车集团、长安汽车、深蓝汽车、北汽集团、上汽集团、上汽通用五菱、广汽集团、广汽埃安、广汽本田、广汽丰田、比亚迪、长城汽车、奇瑞汽车、奇瑞新能源、蔚来、**江汽集团、小鹏汽车、理想汽车**、哪吒汽车、零跑汽车、岚图汽车、特斯拉、福田戴姆勒、吉利四川商用车、一汽-大众青岛分公司、吉利汽车济南公司、山东汉唐电动汽车、南京长安汽车、开沃新能源、重汽集团济宁商用车、中车时代、中嘉汽车、北京汽车株洲分公司、济南比亚迪、北京百度智行、重庆铃耀汽车、中国重汽集团成都王牌商用车、南京长安、吉利远程新能源商用车	销售、售后及运营服务	安徽易和、南京天盈、湖北长泽、黑龙江博远、宁夏奥立升、中国第二重型机械集团德阳万路运业、四川申蓉雅泰、济宁恒悦、河北冀迪、河北利星行、上海宝诚、合肥丰源雷克萨斯汽车销售顾问、上海永达奥诚、济宁恒睿、石家庄宝翔行、北京博瑞祥驰、江苏天德、南京德宝、北京盈之宝、湘潭兰天嘉信、吴江区松陵镇预见汽车美容店、悦道养车、长春通立红旗、湖北宇强、潍坊宝行、江苏龙捷、江苏雨田广宏、合肥云创慧成、拉汽车销售服务苏州有限公司、成都浩龙、合肥敖翔、江苏苏舜集团、天津环耀盛迪
燃料电池	亿华通、上海氢晨、上海捷氢、重塑集团、上海冶臻、奥特佳科技、云内动力、上海赛科利				
电驱动系统	上海电驱动、精进电动、博格华纳、深圳威迈斯、博世汽车部件（长沙）有限公司上海分公司、东风电驱动、纬湃汽车电子、吉利汽车长兴、浙江达可尔、精诚工科、长春启明菱电、泰展机电、蓝谷明菱电、蓝谷动力				

附录六 参与调研企业名录

续表

产业链上游	代表性企业	产业链中游		代表性企业	产业链下游	代表性企业
智能网联	零束、黑芝麻、星云互联、国汽智控、国汽智图、赛目科技、上海北汇、博泰车联网、万集科技、意法半导体研发、天津智芯半导体、东风柳州汽车、桃芯科技、屹为科技、中汽数据、奥比中光、戈尔德智能、天弓智能、菲尔斯特、富赛汽车电子	研究机构		中国信通院、中汽中心、中汽研新能源、襄阳达安、国家智联、上汽集团技术中心、东风汽车集团技术中心、吉利汽车研究院、吉利新能源商用车研究院		浙江外事旅游股份有限公司、济宁润华、南京福联、南京黄埔汽车、浙江申通时代、青岛蔚蓝智行、青岛同众汽车、长春陆陆捷、重庆商杜悦通、东莞志诚、宁夏德福晟迪、北京鑫达润城、东莞顺熙、青岛宝宁、湖南丰泽、湖南蓝马集团、宁夏银迪汽车、邢台广通、顺德合诚、无锡正原大昌、赣州华中、株洲市美宝行、北京银建、重庆浙亚、深圳广信、吉林嘉旭、江西和平、保定特斯拉汽车销售、赣州和安铭、佛山理想维修、湖南致资集团、赣州金顺、湖南九城投资集团、合肥博仕达、合肥路骐、安徽之迪、安徽盛世迪罗、合肥永达风驰、杭州天猫众、上海阆途、江西华通、南昌同驰丰田、山东精英、南昌美通、南昌名副实车服务、北京名菁湖汽车修理发展、吴兴菁湖汽车修理厂

注：加粗字体为网络查询数据。

附录七 参与调研院校名录

普通高等学校（24 所）		
合肥工业大学	湖南大学	武汉科技大学
广西科技大学	昆明理工大学	北京航空航天大学
山东交通学院	华南理工大学	燕山大学
温州大学	长安大学	长春师范大学
重庆大学	江苏大学	重庆理工大学
山东理工大学	常州工学院	清华大学
东南大学	华东交通大学	武汉理工大学
吉林大学	哈尔滨工业大学（威海分校）	辽宁工业大学
职业本科院校（10 所）				
河北工业职业技术大学	河北石油职业技术大学	南京工业职业技术大学	山西工程科技职业大学	西安汽车职业大学
河北科技工程职业技术大学	兰州石化职业技术大学	山东工程职业技术大学	深圳职业技术大学	重庆机电职业技术大学
高职专科院校（238 所）				
安徽蚌埠技师学院	哈尔滨职业技术学院	江西生物科技职业学院	上海邦德职业技术学院	新疆职业大学
安徽电子信息职业技术学院	邯郸职业技术学院	江西现代职业技术学院	上海电子信息职业学院	邢台新能源职业学院
安徽国防科技职业学院	杭州科技职业技术学院	江西新能源科技职业学院	上海东海职业技术学院	邢台应用技术职业学院
安徽机电职业技术学院	杭州万向职业技术学院	江西应用技术职业学院	上海交通职业技术学院	烟台汽车工程职业学院
安徽交通职业技术学院	杭州职业技术学院	江西制造职业技术学院	上海科创职业技术学院	烟台文化旅游职业学院

续表

高职专科院校（238所）				
安徽汽车职业技术学院	合肥职业技术学院	金华职业技术学院	上海南湖职业技术学院	烟台职业学院
安徽水利水电职业技术学院	河北交通职业技术学院	克孜勒苏职业技术学院	上海思博职业技术学院	延边职业技术学院
安徽职业技术学院	莱芜职业技术学院	上饶职业技术学院	盐城工业职业技术学院	安顺职业技术学院
河南交通职业技术学院	廊坊职业技术学院	扬州工业职业技术学院	白城职业技术学院	河源职业技术学院
辽宁工程职业学院	深圳信息职业技术学院	扬州市职业大学	保定职业技术学院	菏泽职业学院
辽宁农业职业技术学院	山东铝业职业学院	宜宾职业技术学院	北京工业职业技术学院	黑龙江农业工程职业学院
辽宁职业学院	石家庄信息工程职业学院	北京交通运输职业学院	黑龙江职业学院	辽宁装备制造职业技术学院
石家庄职业技术学院	永州职业技术学院	北京铁路电气化学校	湖北工业职业技术学院	辽源职业技术学院
石嘴山工贸职业技术学院	云南国土职业技术学院	北京信息职业技术学院	湖北科技职业学院	临夏现代职业学院
四川城市职业学院	云南机电职业技术学院	滨州职业学院	湖南财经工业职业技术学院	临沂职业学院
四川工程职业技术学院	云南交通运输职业技术学院	渤海理工职业学院	湖南电气职业技术学院	柳州城市职业学院
四川工商职业技术学院	云南交通运输职业学院	沧州职业技术学院	湖南吉利职业技术学院	娄底职业技术学院
云南交通职业技术学院	昌吉职业技术学院	湖南交通职业技术学院	湄州湾职业技术学院	四川化工职业技术学院
云南林业职业技术学院	常州市高级职业技术学校	湖南理工职业技术学院	南京交通职业技术学院	四川汽车职业技术学院
张家口职业技术学院	成都工贸职业技术学院	湖南汽车工程职业学院	南京浦口中等专业学校	四川希望汽车职业学院

续表

高职专科院校（238 所）				
长春汽车工业高等专科学校	成都农业科技职业学院	湖南三一工业职业技术学院	南京信息职业技术学院	四川信息职业技术学院
长江职业学院	承德应用技术职业学院	湖南信息职业技术学院	南宁职业技术学院	松原职业技术学院
长沙职业技术学院	滁州职业技术学院	湖州职业技术学院	南通科技职业学院	苏州市职业大学
浙江工贸职业技术学院	达州职业技术学院	黄冈职业技术学院	南通职业大学	随州职业技术学院
浙江交通职业技术学院	德州职业技术学院	吉安职业技术学院	内蒙古交通职业技术学院	台州科技职业学院
浙江经济职业技术学院	东莞职业技术学院	吉林城市职业技术学院	台州职业技术学院	浙江经贸职业技术学院
东营职业学院	吉林电子信息职业技术学院	宁夏工商职业技术学院	泰州机电高等职业技术学校	浙江农业商贸职业学院
吉林工业职业技术学院	宁夏民族职业技术学院	天津滨海汽车工程职业学院	浙江汽车职业技术学院	佛山职业技术学院
吉林交通职业技术学院	黔南民族职业技术学院	天津渤海职业技术学院	浙江同济科技职业学院	福建船政交通职业学院
吉林科技职业技术学院	黔西南民族职业技术学院	天津机电职业技术学院	中山职业技术学院	抚州职业技术学院
吉林铁道职业技术学院	青岛工程职业学院	天津交通职业学院	重庆安全技术职业学院	甘肃工业职业技术学院
吉林通用航空职业技术学院	青岛交通职业学校	天津石油职业技术学院	重庆电信职业学院	赣州职业技术学院
济南工程职业技术学院	青海交通职业技术学院	天津市职业大学	重庆电讯职业学院	广安职业技术学院
济南职业学院	泉州经贸职业技术学院	铜陵职业技术学院	重庆电子工程职业学院	广东轻工职业技术学院

续表

高职专科院校（238所）				
济宁职业技术学院	三亚理工职业学院	威海职业学院	重庆工贸职业技术学院	广西工业职业技术学院
冀中职业学院	厦门南洋职业学院	潍坊工程职业学院	重庆工业职业技术学院	广西机电职业技术学院
江海职业技术学院	厦门软件职业技术学院	潍坊职业学院	重庆化工职业学院	广西交通职业技术学院
江苏海事职业技术学院	山东公路技师学院	乌兰察布职业学院	重庆建筑工程职业学院	广西生态工程职业技术学院
江苏航运职业技术学院	山东技师学院	乌鲁木齐职业大学	重庆旅游职业学院	广州番禺职业技术学院
江苏经贸职业技术学院	山东交通职业学院	无锡南洋职业技术学院	重庆能源职业学院	广州科技贸易职业学院
山东科技职业学院	武汉城市职业学院	重庆三峡职业学院	广州松田职业学院	山东劳动职业技术学院
武汉船舶职业技术学院	重庆应用技术职业学院	贵州电子科技职业学院	山东理工职业学院	西安汽车职业大学
重庆智能工程职业学院	贵州工业职业技术学院	江苏省徐州经贸高等职业学校	山东英才学院	仙桃职业学院
淄博职业学院	贵州交通职业技术学院	江苏信息职业技术学院	陕西国防工业职业技术学院	咸宁职业技术学院
遵义职业技术学院	贵州轻工职业技术学院	江西机电职业技术学院	陕西交通职业技术学院	襄阳汽车职业技术学院
贵州装备制造职业学院	江西交通职业技术学院	陕西职业技术学院	新疆交通职业技术学院	烟台工程职业技术学院
常州机电职业技术学院	包头职业技术学院	河南工业职业技术学院	成都航空职业技术学院	三亚航空旅游职业学院
湖北交通职业技术学院	厦门城市职业学院	顺德职业技术学院		

续表

中职学校（284 所）				
安徽蚌埠科技工程学校	贵阳市交通技工学校	靖宇县第一职业高级中学	上海食品科技学校	延庆区职业学院
安徽电气工程学校	贵阳市乌当区中等职业学校	库伦旗民族职业中等专业学校	上海市宝山职业技术学校	盐城经贸高级职业学校
安徽机械工业学校	贵州省交通运输学校	昆明第一职业中学	上海市曹杨职业技术学校	盐池县职业技术学校
安徽省徽州学校	哈尔滨市第二职业中学校	昆明高级技工学校	上海市大众工业学校	阳江市第一职业技术学校
安吉职业教育中心学校	哈尔滨市汽车职业高级中学校	昆明技师学院	上海市工程技术管理学校	叶集职业学校
保定市理工中等专业学校	哈尔滨市现代应用技术中等职业学校	昆明市官渡区职业高级中学	上海市浦东外事服务学校	伊通满族自治县职业教育中心
北川羌族自治县七一职业中学	海沧区职业中专学校	莱西市职业教育中心学校	上海市现代职业技术学校	仪征技师学院
北京市城市管理高级技术学校	海南省机电工程学校	乐山市第一职业高级中学	上海市杨浦职业技术学校	益阳高级技工学校
北京市房山区第二职业高中	海宁市职业高级中学	林芝市职业技术学校	邵阳县工业职业技术学校	银川市职业技术教育中心
北京市丰台区职业教育中心学校	邗江中等专业学校	临海市中等职业技术学校	深圳市宝安职业技术学校	银川职业技术学院
北京市工业技师学院	邯郸理工学校	临夏州职业技术学校	深圳市第二职业技术学校	营口市农业工程学校
北京市密云区职业学校	杭州技师学院	临沂市工业学校	深圳市龙岗职业技术学校	永吉县实验职业高中
北京市平谷区职业学校	杭州汽车高级技工学校	临沂市机电工程学校	沈阳市苏家屯区职业教育中心	永嘉县职业教育中心
北京市商业学校	杭州市交通职业高级中学	临沂市理工学校	沈阳市汽车工程学校	榆中县职业教育中心

续表

中职学校（284 所）				
北京市延庆区第一职业学校	杭州市临安区职业教育中心	临沂市商业学校	嵊州市职业教育中心	玉环市中等职业技术学校
北京铁路电气化学校	杭州市乔司职业高级中学	灵武市职业技术学校	石家庄工程技术学校/河北工程技师学院	岳普湖县中等职业技术学校
彬州市职业教育中心	杭州市萧山区第一中等职业学校	浏阳市中协高新科技学校	石家庄交通运输学校	云南交通技师学院
滨州航空中等职业学校	合肥市经贸旅游学校	天津市交通学校	石家庄太行科技中等专业学校	枣庄市台儿庄区职业中等专业学校
博兴县职业中等专业学校	河北省科技工程学校	柳州市第一职业技术学校	寿光市职业教育中心学校	扎赉特旗中等职业学校
常州刘国钧高等职业技术学校	衡南县职业中等专业学校	麻城市职业技术教育集团	四川城市技师学院	湛江机电学校
常州市高级职业技术学校	衡山县职业中等专业学校	湄潭县中等职业学校	四川矿产机电技师学院	章丘中等职业学校
郴州技师学院	葫芦岛市连山区职业教育中心	闽侯县职业中专学校	四川省北川羌族自治县七一职业中学	长春市机械工业学校
池州市旅游学校	湖北省鄂州中等专业学校	闽清职业中专学校	四川省德阳黄许职业中专学校	长春职业技术学校
慈溪市锦堂高级职业中学	湖南旅游技师学院	莫旗中等职业技术学校	四川省东坡中等职业技术学校	长沙航天学校
磁县职业技术教育中心	湖南省工业贸易学校	南昌汽车机电学校	四川省江安县职业技术学校	长沙汽车工业学校
从江县职业技术学校	湖州交通学校	南昌市新建区职业技术学校	四川省商贸学校	长沙市望城区职业中等专业学校

续表

中职学校（284 所）				
大化瑶族自治县职业技术学校	黄冈市中等职业学校（集团）	南京交通技师学院	四川省宜宾市工业职业技术学校	长沙县职业中专学校
大邑县技工学校	黄梅理工学校	南京浦口中等专业学校	松滋市职业教育中心	长沙湘江科技中专
德惠市中等职业技术学校	珲春市职业高中	南平市闽北高级技工学校	苏州工业园区工业技术学校	长兴县职业技术教育中心学校
德阳通用电子科技学校	霍邱工业学校	宁夏交通学校	宿州环保工程学校	浙江交通技师学院
德州交通职业中等专业学校	吉林工贸学校	宁乡市职业中专学校	台江县中等职业学校	浙江省瑞安市塘下职业中等专业学校
吉林机电工程学校	彭水苗族土家族自治县职业教育中心	中山市沙溪理工学校	东兰县中等职业技术学校	吉林省东科技工学校
平度市职业教育中心学校	唐山市第一职业中等专业学校	中卫市职业技术学校	东明县职业中等专业学校	吉林省中工技师学院
齐齐哈尔市职业教育中心学校	天津市第一轻工业学校	重庆工商学校	东阳市第二职业技术学校	集美工业学校
迁安市职业技术教育中心（迁安技师学院）	天津市东丽职业职教中心学校	重庆市巴南职业教育中心	丰城中等专业学校	济南理工学校
前郭县第二高级职业中学	天津市劳动保障学校	重庆市工业学校	凤城市职业教育中心	济南市工业学校
天津市劳动经济学校	重庆市梁平职业教育中心	奉节职业教育中心	济南市历城职业中等专业学校	秦皇岛市中等专业学校
天津市西青中等专科学校	重庆市綦江职业教育中心	佛山市华材职业技术学校	济南新技术应用学校	青岛交通职业学校

续表

中职学校（284 所）				
通化县职业教育中心	重庆市轻工业学校	佛山市顺德区勒流职业技术学校	济宁科技职业中等专业学校	青岛市城阳区职业中等专业学校
望城县职业中等专业学校	重庆市三峡水利电力学校	佛山市顺德区中等专业学校	江苏汽车技师学院	青岛西海岸新区中德应用技术学校
威海市职业中等专业学校	重庆市石柱土家族自治县职业教育中心	福建工业学校	江苏省常州技师学院	青岛西海岸新区职业中等专业学校
温州市职业中等专业学校	重庆市万州高级技工学校	福建省长乐职业中专学校	江苏省丹阳中等专业学校	青龙职教中心
乌兰察布中等职业技术学院	重庆市渝北职业教育中心	福州机电工程职业学校	江苏省洪泽中等专业学校	清远市职业技术学校
芜湖高级职业技术学校	重庆万州技师学院	阜平县职业技术教育中心	江苏省淮阴中等专业学校	曲阜市职业中等专业学校
武汉机电工程学校	珠海市理工职业技术学校	阜阳职业技术学校	江苏省昆山第二中等专业学校	日喀则职业技术学校
武汉技师学院	株洲第一职业技术学校	甘肃省白银市职业中等专业学校	江苏省邳州中等专业学校	日照市技师学院
武汉市东西湖职业技术学校	株洲海事职业学校	赣州农业学校	江苏省汽车技术学院	日照市科技中等专业学校
西安市灞桥区职业教育中心	株洲市第一职业中专	高县职业技术学校	江苏省无锡交通高等职业技术学校	厦门工商旅游学校
新田县职业中等专业学校	涿州市技师学院	珙县职业技术学校	江苏省相城中等专业学校	厦门南洋职业学院
邢台技师学院	涿州市职业技术教育中心	广东轻工业职业技术学院	江苏省扬州技师学院	厦门市集美职业技术学校
邢台市信都区职业技术教育中心	淄博电子工程学校	广东省城市技师学院	江西九江科技中等专业学校	厦门市同安职业技术学校

续表

中职学校（284 所）				
邢台现代职业学校	淄博工贸学校	广西第一工业学校	江西省电子信息工程学校	厦门市翔安职业技术学校
兴国中等专业学校	淄博机电工程学校	广西交通运输学校	胶州市职业教育中心学校	厦门信息学校
兴义市中等职业学校	淄博技师学院	广西物资学校	蛟河市职业教育中心	山东技师学院
秀山县职业教育中心	淄博新景职业学校	广州市番禺区职业技术学校	金宁中等职业技术学校	山东省民族中等专业学校
宣城市信息工程学校	遵义市播州区中等职业学校	广州市交通运输职业学校	井冈山旅游中等专业学校	山东省潍坊商业学校
烟台船舶工业学校	江苏省常熟中等专业学校	江苏省昆山第二中等专业学校	江苏省南通中等专业学校	